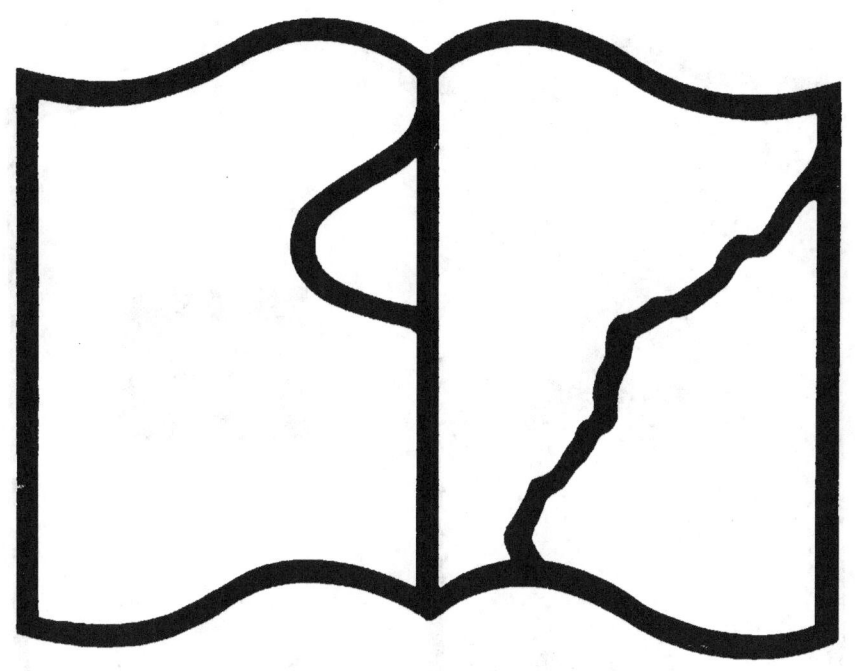

Texte détérioré — reliure défectueuse

NF Z 43-120-11

Contraste insuffisant
NF Z 43-120-14

Z. 2193.
A — 8.

OEUVRES
DE FRANÇOIS
DE LA MOTHE
LE VAYER,
CONSEILLER D'ETAT, &c.
Nouvelle Edition revuë & augmentée.
Tome IV. Partie II.

avec Privilèges.
imprimé à Pfœrten,
& se trouve à Dresde
chez MICHEL GROELL.
MDCCLVI.

AVERTISSEMENT.

ous présentons aux Lecteurs dans cette seconde Partie du quatriéme Volume le Traité intitulé: Jugement sur les anciens & principaux historiens grecs & latins, dont il nous reste quelques ouvrages. Quoiqu'en dise Baillet dans ses Jugemens des Savans; & non obstant le sentiment de Struve dans l'introduction in Notit: Rei liter. Cap. VIII. §. 37. ceux qui ne sont pas préoccupés trouveront, que ce livre est d'une grande utilité, sur tout aux jeunes gens, qui cherchent à avoir une connoissance détaillée des anciens historiens. Les fautes qui s'étoient glissées dans les premières éditions de nôtre Auteur sont corrigées dans la présente suivant l'exemplaire de

AVERTISSEMENT.

Monſ. le Vayer de Boutigny, dont nous nous ſervons.

Ainſi ce Traité ne ſauroit manquer de plaire aux vrais Savans. Nous continuons ce Volume en donnant les autres pièces hiſtoriques de nôtre Auteur, dont la première eſt une préface pour un ouvrage hiſtorique. Nous voions par pluſieurs endroits, qui ſe trouvent dans les Oeuvres de Monſ. le Vayer, qu'il avoit formé le deſſein d'écrire une hiſtoire de ſon tems. Il y a même des gens qui ſoutiennent, que nôtre Auteur avoit pris la qualité d'Hiſtoriographe du Roi. Ce qu'il y a de certain, c'eſt que rien de cette hiſtoire, s'il en a compoſé, n'eſt parvenu à nous, outre la préſente préface, où l'on voit établies les principales maximes, que doit ſuivre un fidele hiſtorien; ſi bien que cette petite brochure peut ſervir d'inſtruction à tous ceux qui ſe mêlent d'écrire en ce genre.

Le Diſcours qui ſuit cette préface, & qui traite de la contrarieté des humeurs entre certaines nations & ſingulièrement entre la françoiſe & l'eſpagnole, parût au commen-

AVERTISSEMENT.

cement sous le nom emprunté de Fabricio Campolini. L'Auteur par des raisons du tems fit passer son ouvrage pour une traduction de l'Italien en François; mais les premiers Editeurs des Oeuvres de Monf. le Vayer ont déja averti le public du véritable Auteur de cette pièce. Le savant Gundling a crû observer, que Monf. le Vayer avoit pris beaucoup du petit livre de Dom Carlos Garcia intitulé: Antipatia de los Franceses y Espagnoles, imprimé à Rouen en 1627. Le Lecteur judicieux pourra en juger lui-même, s'il veut confronter ces deux Ouvrages. Nous finissons par le Discours: En quoi la pieté des François différe de celle des Espagnols dans une profession de même Réligion. Cette pièce avoit été écrite sous Louis XIII. par ordre du Cardinal de Richelieu dans un tems, où l'Espagne étoit extrèmement animée contre la France & où l'on tâchoit de rendre suspect le Catholicisme du Roi très Chrétien à cause de l'Alliance qu'il avoit contractée avec l'Angleterre. Il est vrai, que ces sortes de pièces ne sont d'aucune utilité de nos jours; le

AVERTISSEMENT.

Systeme politique de l'Europe s'étant entièrement changé depuis le tems de Monf. le Vayer; & jamais il n'y eft arrivé de changement auffi confidérable que celui que nous offre l'année 1756. Tout le monde fait, que non feulement la maifon de Bourbon regne en Efpagne, mais que même la maifon d'Autriche s'eft alliée avec celle de France. Cependant il eft toûjours agréable & amufant de lire des réflexions d'un Auteur auffi favant & auffi judicieux que le nôtre, outre que de telles pièces font d'un grand fecours pour illuftrer l'Hiftoire du tems, où elles ont été écrites.

JUGEMENT
SUR LES ANCIENS
ET PRINCIPAUX
HISTORIENS
GRECS
ET
LATINS,
DONT IL NOUS RESTE
QUELQUES OUVRAGES.

AU CARDINAL MAZARIN.

MONSEIGNEUR,

Si ceux dont les actions font la meilleure partie de l'Histoire, ont le principal interêt à la conservation de sa dignité qui dépend plus que de toute autre chose, de l'observation de ses loix: Je ne dois pas apprehender, que Vôtre Eminence n'approuve le dessein, que j'ai eu de les donner au public, en les tirant du bel usage des Anciens, & de ce

EPITRE.

que les premiers Historiens Grecs & Latins ont pratiqué, lorsqu'il n'y avoit point de profession plus honorable dans le monde, que celle du service des Muses. Mais encore que je puisse avoir été assez heureux au choix de ce qui devoit vous plaire, j'ai grand sujet de me défier d'ailleurs du défaut de mon industrie, & de craindre, que je n'aie pas travaillé avec tant d'art, qu'il eût été nécessaire pour faire une piéce digne de vous être présentée. Et néanmoins, puisque les Saints mêmes, dont nous respectons les Images dans nos Temples, prennent en bonne part jusqu'à la fumée des moindres cierges que nous leur offrons, & dont nous noircissons quelquefois leurs Figures ; j'ose me promettre, que vôtre Bonté ne dédaignera pas mon zèle, ni vôtre Génerosité naturelle l'imperfection de mon présent. Il est vrai, que dans la réconnoissance de ma foi-

EPITRE.

blesse j'userai de cette retenuë, que comme ceux, qui ne pouvoient autrefois mettre une couronne sur la tête de leurs Dieux, se tenoient assez satisfaits, s'ils la laissoient à leurs pieds; au lieu d'exposer mon travail aux yeux de Vôtre Eminence, je me contenterai de la supplier, qu'il puisse avoir place dans son incomparable Bibliothèque, pour y être au moins de la façon que le Corbeau & le Liévre sont mêlés au Ciel parmi les plus nobles Constellations. Ce ne sera pas pourtant assez fait de ma part, Monseigneur, quand j'aurai obtenu cette grace de vous. L'usage veut, & le public exige de moi, puisque j'honore cet Ouvrage de vôtre nom illustre, que je l'accompagne de quelques-uns des éloges qui lui sont dûs. Cependant, de quel côté me faut-il tourner pour en commencer l'Exorde? La richesse du sujet me rend pauvre d'adresse; le nombre de vos Vertus m'éblouït;

EPITRE.

& de même que les Chiens de chasse se confondent & se fourvoient facilement, quand ils quêtent dans des lieux pleins de fleurs & de plantes, qui parfument l'air de leurs odeurs; la multitude infinie de vos actions Héroïques me fait perdre la mémoire en me troublant, & dans un désir extrême de parler, je me sens tarir le discours, pour n'en pouvoir trouver le commencement, ni me determiner au choix de ce que je dois dire. Si je considére la grandeur de vôtre Courage par tant d'effets signalés qui se présentent à mon imagination, ceux de vôtre Prudence viennent à la traverse me solliciter, que je leur donne mes premieres attentions. Et quand je pense contempler les forces infatigables de vôtre Esprit; sa douceur & ses charmes me font prendre le change, & m'obligent à de nouvelles réflexions. L'Italie m'appelle d'un côté, pour y admirer les Ouvrages de vôtre ad-

EPITRE.

mirable conduite. L'Efpagne, les Païs-Bas, & l'Allemagne, me font voir d'un autre les fuccès merveilleux de vôtre Miniſtère. Et la France, qui tire fes avantages de tout cela, veut qu'avant toute chofe je mette en confidération le zèle, que fans aucune obligation de naiſſance vous avés toûjours fait paroitre pour fa Grandeur; avec une paſſion pour fa Gloire & une inquietude pour tout ce qui la regarde, qu'elle ne fauroit jamais affez reconnoitre. Me voilà donc juſtement aux termes, MONSEIGNEUR, où fe trouva réduit un des derniers Poëtes de l'ancienne Grèce felon l'ordre du tems, & des premiers felon le mérite. Entreprenant la loüange d'un grand Prince, il protefte qu'il n'eſt pas moins empêché qu'un Bucheron, qui entre dans une vaſte forêt, & qui ne fait par quel arbre commencer fon ouvrage, tant il s'en préfente à fes yeux de toutes parts. Mais j'ai bien plus

EPITRE.

sujet que lui d'être confus dans une juste défiance de mes forces. Et quand je considère ce qui arrive à ceux qui veulent élever des Pyramides avec de trop foibles machines, j'arrête ma témérité tout court, & je m'impose un silence plein de respect, qui certainement ne déplaira pas à Vôtre Eminence. A peine pourrois-je élever mon style jusqu'à une mediocre expression de vos moindres Vertus: & je suis même contraint d'avouër, qu'à quelque extrémité que je porte mon affection, qui n'a point de bornes pour vôtre service, je la trouve toûjours basse, & de beaucoup au dessous de ce que vous doit,

MONSEIGNEUR,

Vôtre très humble & très
obeïssant serviteur
DE LA MOTHE LE VAYER.

AVANT-PROPOS.

JE me sens obligé d'user de quelque Avant-propos pour rendre raison de l'ordre que j'ai tenu dans l'élection des Historiens, dont je traite. Car il ne faut point douter que beaucoup de personnes ne s'étonnent d'abord, de ce que je ne fais ici nulle mention de certains auteurs fort célèbres, & qu'on met assez souvent au rang de ceux, qui ont travaillé sur l'Histoire. Plutarque, Diogene Laërce, Philostrate, & Eunapius, sont de ce nombre parmi les Grecs, & Cornelius Nepos, ou Aemilius Probus entre les Latins, avec le reste des Ecrivains de quelques vies particulières, tels qu'ont été Spartian, Lampride, & les autres qui ont composé ce qu'on nomme ordinairement l'Histoire Auguste. Il est certain, que la plûpart d'entr'eux ont merveilleusement illustré celle du tems, dont ils écrivent, & que la lecture de leurs Livres, puisque nous n'avons pas mieux pour ce regard, ne sauroit être négligée sans un très grand desavantage. Mais parce qu'aucun d'eux n'a composé un juste corps Historique, qui soit venu jusqu'à

AVANT-PROPOS.

nous, s'il est vrai, que les Chroniques de Cornelius Nepos sont entièrement perduës ; mon dessein ne vouloit pas que je les compriſſe tous dans ce Livre, où je ne conſidère que ceux, qui nous ont laiſſé des Hiſtoires plus univerſelles, & dont on peut tirer les loix d'un ſi important métier qu'étoit le leur. En effet, une vraie & legitime Hiſtoire embraſſe bien plus que la ſimple narration d'une vie de qui que ce ſoit, & l'on verra au lieu où j'euſſe dû placer ces Ecrivains Latins de l'Hiſtoire Auguſte, que j'ai eu ſujet de les laiſſer pour ne m'y pas arrêter inutilement. Tout ce gros Volume que nous avons d'eux, eſt plûtôt un cadavre froid & ſans eſprit, qu'un corps Hiſtorique animé, comme il doit être. Le jugement de tous les Savans eſt conforme à celui d'un Auteur, qui les nomme dans ſa Préface. Hiſtoriæ dehoneſtamenta. Et l'on peut dire, qu'il n'y a rien à profiter dans leur lecture, pour ce qui regarde les regles de l'Hiſtoire, qu'à contre ſens, de même qu'au ſon des mauvais joüeurs de flûtes, qu'Iſmenias faiſoit entendre à ſes diſciples, afin qu'ils évitaſſent les fautes qu'ils y remarqueroient. Que ſi l'on prétend, que je devois donc m'être abſtenu de parler de Suetone & de Quinte Curce, qui n'ont écrit que des Vies non plus que les précédens ; il eſt aiſé de faire voir par la diſparité de leurs travaux, que j'ai eu raiſon d'en uſer autrement,

AVANT-PROPOS.

trement, & de leur donner la place, qu'ils tiennent dans cet Ouvrage. Car pour le regard du dernier, je ne l'ai pas tant confidéré comme un Ecrivain de la vie d'Alexandre le Grand, que comme un Hiftorien de ce grand changement & tranfport de l'Empire des Perfes en celui des Macedoniens. Et pour ce qui touche Suetone, la fuite qu'il nous a laiffée du regne de douze Empereurs, durant l'espace de plus d'un fiécle, le diftingue tellement de ceux qui n'ont publié que des Vies feparées, & fans liaifon des unes aux autres, qu'il a reçû fans contredit de tout le monde le nom d'excellent Hiftorien.

Il ne faut pas croire auffi, que tous ceux qui ont donné le titre d'Hiftoire à leurs compofitions, méritent pour cela d'être nommés Hiftoriens. Pline, qui a écrit l'Hiftoire Naturelle, ne fauroit être pris pour tel qu'improprement, ni Ariftote ou Elien non plus, quoiqu'ils aient fait celle des animaux. Et fi nous étendions le mot d'Hiftorien jufqu'où il peut aller, Lucain, Silius Italicus, & affez d'autres Poëtes fe le pourroient attribuer, à caufe des fujets qu'ils traitent, & de la matiere de leurs Poëmes ; ce qui ne nous oblige pas néanmoins d'y faire la moindre réflexion. Car il fe trouve fi peu de rapport au fond entre l'Hiftoire & la Poëfie, que comme l'une ne fe peut paffer de la Fable, l'autre n'eft confidérable que

AVANT-PROPOS.

par la *Vérité*, & tient pour son ennemi mortel le mensonge. Il n'y auroit donc point d'apparence de confondre des choses si dissemblables, & qui n'ont presque rien de commun hors l'équivoque du nom.

Qu'on ne trouve pas étrange de voir le nombre des Historiens Grecs, que j'examine, plus grand que celui des Latins. Cela doit être imputé ou à l'injure du tems, qui a eu plus de pouvoir sur ceux-ci, pour nous les faire perdre, que sur les premiers ; ou à la différence du Génie des Nations, qui a donné cet avantage à la Grecque, qu'encore que l'Empire Romain soit postérieur à celui des Grecs, les Latins pourtant n'ont pas été si curieux de bien écrire l'Histoire que ces mêmes Grecs. Car nous avons trouvé de leurs Historiens dignes de très grande considération jusques sous l'Empereur Justinien, au lieu que ceux, qui ont écrit en Latin avec réputation ne passent pas le siécle des Antonins, où tous les Critiques mettent d'un commun accord la vieillesse de l'Histoire Latine. J'ai été contraint pour la faire descendre un peu plus bas, de placer après Justin cet Ammien Marcellin, qui tout Grec qu'il étoit, écrivit la sienne en Latin, du tems de Julien, Jovien, Valentinien & Valens, où finit sa narration. Il est vrai, que si je ne m'étois déterminé aux seuls Historiens de la premiere Classe, j'aurois pû égaler

AVANT-PROPOS.

le nombre des *Latins* à celui des *Grecs*, & prolonger l'*Histoire* écrite en *Langage Romain*, jusqu'au tems de *Justinien*, par le moien de *Jornandes* & de *Cassiodore*; aussi bien que nous y avons mené celle qui parle *Grec*, à l'aide de *Procope* & d'*Agathias*. Mais dans le dessein que j'avois, de tirer les préceptes nécessaires pour la bien écrire, des réflexions que nous ferions sur ceux des anciens, qui l'ont cultivée avec le plus d'adresse & de réputation, je me suis contenté d'examiner les principaux sans m'arrêter aux moindres; imitant en quelque façon les *Pirates*, qui laissent souvent passer les vaisseaux legers & de peu de port, pour se prendre aux plus chargés où il y a davantage à gagner.

Après avoir assez il me semble justifié mon procedé, il est raisonnable qu'en suite je reconnoisse ici la grande assistance que j'ai reçüe de diverses personnes, qui ont favorisé mon entreprise. Messieurs *du Puy* sont les premiers, qui m'y ont porté, & qui selon leur bonté naturelle, que tant d'hommes d'étude éprouvent tous les jours, m'ont secouru des Livres de trois grandes Bibliothéques, celle du Roi, celle de Monsieur *de Thou*, & la leur propre. Certes la premiere ne pouvoit jamais tomber en meilleure main, & quoi qu'elle soit de la considération que chacun sait, elle reçoit aujourd'hui son plus grand ornement

AVANT-PROPOS.

de l'ordre judicieux qu'ils y mettent, & de leur préfence qui l'anime. Or ils ne fe font pas contentés de m'aider de tout ce que j'ai pû defirer d'eux de ce côté-là; ils m'ont fervi de guide dans le chemin que je devois tenir; & comme on dit de Socrate, qu'il faifoit l'office de Sage-femme aux accouchemens fpirituels des plus grands perfonnages qu'eût la Gréce, je ferois méconnoiffant, fi je n'avoüois, que leurs doctes conférences m'ont fait produire tout ce que cet ouvrage peut avoir de bon, s'il m'eft permis d'ufer par leur feule confidération d'un terme fi hardi. Cette comparaifon, & la retenüe dont ils ont ufé jufqu'ici, à ne vouloir rien publier fous leur nom de ce qui ne verra jamais le jour qu'avec une approbation univerfelle, me font fouvenir de la penfée, dont s'explique Pline le Jeune au fujet d'un de fes amis. Il dit que ceux, qui remplis de favoir & de mérite, fe tiennent néanmoins dans le filence, témoignent plus de force d'efprit que beaucoup d'autres, qui ne fauroient s'empêcher de publier ce qu'ils favent, & de mettre en évidence tout ce qu'ils ont de naturel ou d'acquis; illi qui tacent hoc amplius præftant, quod maximum opus filentio reverentur. J'ai auffi reçû de grands fecours de la Bibliothéque de Monfeigneur le Cardinal Mazarin, par l'entremife de fon favant Bibliothécaire Monfieur

Ep. 25. l. 7.

AVANT-PROPOS.

Naudé, qui a voulu ajoûter aux effets de son humanité ordinaire, ceux d'une ancienne & très parfaite amitié. Pour le regard de quelques Auteurs, qui m'ont devancé par leurs compositions imprimées sur le même thème que j'ai pris, on ne pourra pas m'accuser d'ingratitude en leur endroit. J'ai nommé Sigonius, Vossius, & Balthasar Boniface, qui ont écrit & jugé avant moi des Historiens Grecs & Latins; & si j'ai dit quelque chose après eux, comme il ne se pouvoit faire autrement, ce n'a pas été en Voleur ou en Plagiaire, ni sans ajoûter du mien, ce qu'un Lecteur équitable pouvoit attendre d'un Traité posterieur à tant d'autres, mais qui a du moins cet avantage d'être le premier de cette nature, que je sache qu'on ait vû en François.

Au surplus je connois bien que mon travail n'est pas de ceux, qui peuvent plaire à beaucoup de monde. Ce nombre infini de personnes, qui préfèrent les contes fabuleux aux narrations véritables, & l'Histoire des Romans à toute celle des Romains, ne trouveront pas ici de quoi se contenter. J'y examine les belles manieres dont les Anciens ont usé, pour nous apprendre fidelement & avec satisfaction ce qui s'est passé dans le monde digne de la mémoire des hommes. Mes sentimens y sont expliqués de telle sorte, que sans donner un jugement précis, ni qui vien-

AVANT-PROPOS.

de l'ordre judicieux qu'ils y mettent, & de leur présence qui l'anime. Or ils ne se sont pas contentés de m'aider de tout ce que j'ai pû desirer d'eux de ce côté-là; ils m'ont servi de guide dans le chemin que je devois tenir; & comme on dit de Socrate, qu'il faisoit l'office de Sage-femme aux accouchemens spirituels des plus grands personnages qu'eût la Gréce, je serois méconnoissant, si je n'avoüois, que leurs doctes conferences m'ont fait produire tout ce que cet ouvrage peut avoir de bon, s'il m'est permis d'user par leur seule considération d'un terme si hardi. Cette comparaison, & la retenüe dont ils ont usé jusqu'ici, à ne vouloir rien publier sous leur nom de ce qui ne verra jamais le jour qu'avec une approbation universelle, me font souvenir de la

Ep. 25. l. 7. *pensée, dont s'explique Pline le Jeune au sujet d'un de ses amis. Il dit que ceux, qui remplis de savoir & de mérite, se tiennent néanmoins dans le silence, témoignent plus de force d'esprit que beaucoup d'autres, qui ne sauroient s'empêcher de publier ce qu'ils savent, & de mettre en évidence tout ce qu'ils ont de naturel ou d'acquis;* illi qui tacent hoc amplius præstant, quod maximum opus silentio reverentur. *J'ai aussi reçû de grands secours de la Bibliothéque de Monseigneur le Cardinal Mazarin, par l'entremise de son savant Bibliothécaire Monsieur*

AVANT-PROPOS.

Naudé, qui a voulu ajoûter aux effets de son humanité ordinaire, ceux d'une ancienne & très parfaite amitié. Pour le regard de quelques Auteurs, qui m'ont devancé par leurs compositions imprimées sur le même thême que j'ai pris, on ne pourra pas m'accuser d'ingratitude en leur endroit. J'ai nommé Sigonius, Vossius, & Balthasar Boniface, qui ont écrit & jugé avant moi des Historiens Grecs & Latins; & si j'ai dit quelque chose après eux, comme il ne se pouvoit faire autrement, ce n'a pas été en Voleur ou en Plagiaire, ni sans ajoûter du mien, ce qu'un Lecteur équitable pouvoit attendre d'un Traité posterieur à tant d'autres, mais qui a du moins cet avantage d'être le premier de cette nature, que je sache qu'on ait vû en François.

Au surplus je connois bien que mon travail n'est pas de ceux, qui peuvent plaire à beaucoup de monde. Ce nombre infini de personnes, qui préfèrent les contes fabuleux aux narrations véritables, & l'Histoire des Romans à toute celle des Romains, ne trouveront pas ici de quoi se contenter. J'y examine les belles manieres dont les Anciens ont usé, pour nous apprendre fidelement & avec satisfaction ce qui s'est passé dans le monde digne de la mémoire des hommes. Mes sentimens y sont expliqués de telle sorte, que sans donner un jugement précis, ni qui vien-

AVANT-PROPOS.

ne abſolument de moi, je laiſſe, exemt de toute partialité, la liberté à chacun de contredire les opinions que je rapporte. Car je n'ignore pas, qu'encore qu'aſſez de gens qui ont la vuë courte, déférent librement à ceux, qui l'ont meilleure qu'eux, il y en a fort peu, qui ſe rapportent aux autres en ce qui touche les opérations de l'eſprit, où tout le monde penſe être clair-voyant, & où perſonne ne veut reconnoître de ſuperieur. Qu'on ne prenne donc pas pour des réſolutions, ce que je n'expoſe ici que comme des doutes appuiés de quelque vrai-ſemblance. Mes amis ſavent, pourquoi je me ſuis amuſé à les mettre par écrit. En tout cas, ce m'a été un honnête divertiſſement. Et s'il eſt vrai, comme l'aſſure *Lib. 1.* Clement Alexandrin, que nos ames ſoient de la na-*Strom.* ture des puits, dont il faut toûjours tirer quelque choſe pour rendre leurs eaux plus ſaines & plus pures; je ne me repens pas d'une peine, qui m'a été ſi profitable, & qui pour le moins a empêché ma partie ſuperieure de ſe corrompre faute d'exercice. Pour concluſion j'uſerois volontiers en faveur de cet écrit de la même priere à Dieu, qu'Apollonius fit au Soleil, lorsqu'il entreprit ces longs voiages que Philoſtrate nous décrit ſur la foi de Damis. S'adreſſant à ce grand Aſtre, qu'il tenoit pour le Dieu viſible de la Nature, il lui demanda la grace de pouvoir rencontrer par

AVANT-PROPOS.

le Monde les plus honnêtes hommes qu'il y eût. Si mon livre étoit si heureux, que de n'avoir affaire qu'à ceux-là, ce ne lui seroit pas un petit avantage. Que si les Destinées en ont autrement ordonné, il faut souffrir patiemment ce qui ne peut être évité par ceux, qui donnent quelque chose au public.

TABLE

DES HISTORIENS GRECS.

I. *Herodote*,	page 1
II. *Thucydide*,	17
III. *Xenophon*,	24
IV. *Polybe*,	32
V. *Diodore Sicilien*,	47
VI. *Denis d'Halicarnasse*,	60
VII. *Josephe*,	72
VIII. *Arrien*,	88
IX. *Appien*,	99
X. *Dion Cassius*,	109
XI. *Herodien*,	123
XII. *Zosime*,	134
XIII. *Procope*,	144
XIV. *Agathias*,	167

DES HISTORIENS LATINS.

I. *Salluste*,	page 175
II. *César*,	193
III. *Tite Live*,	201
IV. *Vellejus Paterculus*,	217
V. *Quinte Curce*,	222
VI. *Tacite*,	233
VII. *Florus*,	247
VIII. *Suetone*,	254
IX. *Justin*,	260
X. *Ammien Marcellin*,	269

DES HISTORIENS GRECS.

HERODOTE.

ENCORE qu'il y ait eu plusieurs Historiens Grecs, qui ont precedé Hérodote, c'est le plus ancien néanmoins dont les ouvrages soient venus jusqu'à nous. Car bien qu'on sache que Pherecydes, Dénis Milésien, Hécatée, Xanthus Lydien, Charon de Lampsaque, Hellanicus, & quelques autres avoient écrit des Histoires avant lui; la sienne néanmoins est la plus ancienne qui nous reste, parce que celles des autres sont perduës il y a si long tems, que Ciceron a reconnu dès le sien Hérodote pour le pere de l'Histoire, comme il l'a nommé ailleurs à cause de son excellence le Prince des Historiens.

<small>1. *de leg.* & 2. *de Orat.*</small>

On ne compte pas moins de vint & un Siécles du sien jusqu'au nôtre, puisqu'il vivoit quelques quatre cens cinquante ans avant la Nativité de nôtre Seigneur. Hellanicus & Thucydide sont du même tems, & si peu différens d'âge, qu'on peut voir dans Aulu Gelle qu'Hellanicus n'avoit que douze ans de plus qu'Hérodote, & Thucydide que treize moins que lui. Suidas, Photius, & Marcellin rapportent une circonstance, qui justifie bien cela, à l'égard des deux derniers. Ils disent qu'Hérodote recitant son Histoire dans cette grande assemblée Olympique de toute la Gréce, Thucydide, qui n'étoit encore que fort jeune homme, ne pût s'empêcher de pleurer; ce qui obligea Hérodote d'user de ce compliment envers le pere de Thucydide, qu'il l'estimoit très heureux d'avoir un fils qui témoignoit de si bonne heure tant d'affection pour les ouvrages de Muses.

Noct. Att. l. 15. cap. 25.

Ce n'est pas que je veuille dire qu'Hérodote eût déjà donné lui même le nom de ces filles du Parnasse aux neuf livres de sa composition. L'opinion la plus probable, & que Lucien semble appuier, porte, qu'ils l'ont reçû de la bouche des savans, plûtôt que de celle de leur Auteur. Et certes il y a eu beaucoup d'autres écrits, qu'on a honorés

L. de scr. hist.

de la même inscription, qui ne le méritoient pas comme ceux ci. Don le Rhétoricien fit neuf livres, qui furent nommés les neuf Muses, selon que nous l'apprenons de Diogéne Laërce. Et le même nous assure, que ces productions d'esprit si obscures d'Héraclite, où Socrate ne faisoit pas difficulté d'avouër qu'il n'entendoit presque rien, reçûrent néanmoins ce titre glorieux dont nous parlons, & furent aussi appellées les Muses. Nous lisons encore dans la Bibliotheque de Photius, qu'un certain Cephaleon avoit composé un Epitome d'Histoire depuis Ninus jusqu'à Alexandre le Grand, en neuf Sections, partagées entre les neuf doctes Sœurs, quoique d'un ordre différent de celui, que leur donne Hérodote. Cet Aurelius Opilius que cite quelque part Aulu Gelle, & qui devint de Philosophe Rhéteur, & de Rhéteur Grammairien, tant il alloit dégénérant, ne feignit point d'en user de la même sorte dans un ouvrage qui étoit de neuf livres aussi bien que les précedens. Et personne n'ignore, que comme les trois oraisons du Competiteur de Demosthene eûrent le nom des Graces, ses neuf Epitres reçûrent celui des Muses pour le plus illustre qu'on leur pouvoit imposer.

In Bion. & Herac.

Noct. Att. l. 1. cap. 25. Suet. de ill. Gram. cap. 6. Photius sect. 61. de Æsch.

Il s'est trouvé néanmoins des personnes,

qui ont pris de là sujet de décrier le travail d'Hérodote, l'accusant d'être trop amateur de la Fable, & d'avoir fait une Histoire si Poëtique en faveur des compagnes d'Apollon, que la vérité n'y est souvent pas reconnoissable. Ceux de ce parti reprochent à Hérodote tout ce qu'il a écrit d'étrange, & dont on a le plus douté. Ils veulent que ces mots du Satyrique Latin, qui taxent de mensonge l'Histoire Grecque,

Iuven.
sat. 10.
- - - *& quicquid Græcia mendax*
Audet in historia,

avec ce qui suit, n'aient été mis que pour lui. Et Casaubon même a crû, que les contes d'Hérodote avoient fait inventer à ses calomniateurs nôtre verbe *radoter*, prenant pour une étymologie, ce qui n'est vrai-semblablement qu'une simple allusion.

Mais s'il a eu des accusateurs, il n'a pas manqué de personnes, qui ont pris sa défense. Alde Manuce, Joachim Camerarius, & Henri Etienne ont écrit des Apologies pour lui. Et il semble que les voiages de long cours, tant du côté du Nord, que de celui du Sud & des Indes Orientales, n'aient été faits en nos jours qu'en sa faveur, & pour nous faire voir, qu'une infinité de choses, qu'il a écrites au rapport d'autrui, & dont il a même protesté qu'il doutoit bien fort, ne laissent pas d'être très véritables. En effet, il declare dans sa Melpoméne, au sujet de ces Pheniciens que le Roi Necus fit embarquer dans la mer Rouge, & qui retournèrent en Egypte après plus de deux ans par les Colonnes d'Hercule; qu'encore qu'ils assurassent avoir eu en quelques côtes d'Afrique le Soleil en leur main droite, il ne lui est pas possible néanmoins de le croire. Si est-ce qu'ils ne pouvoient revenir de la mer Erythrée dans la Mediterranée, comme ils firent, sans doubler le Cap à présent nommé de bonne Esperance, & sans avoir eu en ce lieu là le Soleil à la droite, & leur ombre à la gauche, puisqu'ils étoient au delà du Tropique du Capricorne, selon que tout le monde le connoit aujourd'hui. Dans le livre suivant de Terpsichore il dément ceux de Thrace, qui disoient, qu'au delà du fleuve Ister le païs étoit plein d'abeilles, par cette foible raison, que les mouches à miel ne peuvent pas vivre aux lieux si froids que devoient être ceux-là. Cependant personne n'ignore en nos jours que la Moscovie n'en soit si pleine, qu'elles peuplent souvent ses forêts, où ces petits animaux travaillent quelquefois pour la nourriture des Ours d'énorme grandeur qui les ha-

In Euterp. bitent. Il a héſité à croire avec la même crainte de ſe méprendre, que l'Isle de Chemnis fût flottante dans un lac d'Egypte; ſur ce mauvais fondement qu'il ne l'avoit pas vû ſe remuer, & que l'apparence n'étoit pas qu'une Isle pût aller ſur l'eau. Sans parler pourtant de ces fabuleuſes Symplegades, ou Cyanées, l'un & l'autre Pline, Denis d'Halicarnaſſe, Theophraſte, & Seneque, témoignent qu'il s'en trouve en pluſieurs endroits, & même d'en avoir conſidéré quelques unes dans leur agitation. Celles qui ſont auprès de Saint Omer reçûrent l'Archiduc Albert & l'Infante d'Eſpagne ſa femme, qui voulurent même y prendre un de leurs repas. Et les Ecoſſois ne s'étonnent pas d'en voir une de cette nature, & qui a de très bons paturages dans leur lac de Loumond. Bref, leur exiſtence eſt ſi certai-

L. pen. parag. 2. dig. de acq. rer. dom. ne, que les Juriſconſultes Paulus & Labeo ont diſputé de la proprieté de leur fonds, le premier étant d'avis, qu'elles n'appartiennent à perſonne. Et qui n'eût pris pour une

Initio Terpſic. fable ce que le même Hérodote rapporte ailleurs, de certaines femmes de Thrace qui conteſtent entre elles, après la mort de leur mari, à qui aura l'honneur de ſe faire tuer ſur ſa foſſe, & d'être inhumées avec lui? ſi les Rélations des Portugais ne nous euſſent fait voir, que c'eſt une coutume qui ſe pratique dans toute la côte des Malabares, & preſque par tout le Levant; où les femmes ſe jettent d'elles mêmes & à l'envi dans le bucher ardent de leurs maris.

Or comme nous pouvons remarquer par ces exemples, qu'Hérodote n'a quaſi jamais voulu débiter pour certaines les choſes dont il n'avoit pas une parfaite connoiſſance, encore qu'elles ſe ſoient trouvées véritables long tems après le Siécle où il vivoit : Auſſi faut-il obſerver qu'il a été très ſoigneux de condanner ce qu'il jugeoit manifeſtement faux, parce qu'il étoit contre le cours ordinaire de la Nature. Ainſi s'eſt-il moqué dans ſa Thalie de ces prétendus Arimaſpes, qui n'avoient qu'un œil, & qui déroboient l'or des Gryphons vers le Septentrion de nôtre Europe. Dans Melpomene qui ſuit, il ne debite pas plus favorablement le conte des hommes Aigipodes ou Chevrepieds; ni ce qu'il avoit lû des Hyperborées, qui dorment ſix mois de l'année, encore que cela regarde vrai-ſemblablement les longues nuits des peuples, qui vivent ſous le cercle Arctique, & qui paſſent certainement près de la moitié de l'an ſans voir le Soleil, lorſqu'ils ſont fort proches du Pole. S'il parle un peu après de cet

Abaris, qui courût toute la terre fans manger, & avec une fleche qui lui fervoit de Pegafe, c'eft comme d'une fable qui étoit très célèbre de fon tems. Et dans le même livre il protefte contre la créance commune qu'il y eût des hommes voifins des Scythes, qui fe fiffent Loups une fois tous les ans, & repriffent après quelques jours leur forme humaine ; d'où font apparemment venus les Loupsgaroux dont nous faifons tant de peur aux petits enfans. On ne peut donc pas dire qu'il ait indifféremment mêlé la vérité avec le menfonge fans les diftinguer ; ni qu'il ait été menteur, encore que fouvent il ait recité les menfonges des autres, à quoi les plus exactes loix de l'Hiftoire ne s'oppofent pas. Certes, au contraire ces mêmes loix nous obligent à rapporter les bruits qui ont couru, & les opinions différentes des hommes, comme il la fçû fort bien obferver dans fa Polymnie au fujet des Argiens, par un avis qu'il veut qui ferve à toute fa compofition.

Aioutés à cela qu'Herodote aiant été très religieux dans le culte divin, dont il faifoit profeffion, fi l'on peut parler de la forte d'un Payen, il n'y a guéres d'apparence qu'il eût voulu charger fa confcience d'un crime tel que le menfonge, à l'égard d'un Hiftorien.

En effet, il respectoit si fort les choses qu'il croioit divines, tout idolatre qu'il étoit, que jamais il n'a voulu reveler le secret des mysteres que la Réligion de son tems defendoit de publier, encore que l'occasion s'en soit présentée en beaucoup de lieux de son Ouvrage. Et l'on peut voir dans son Uranie, comme il accommode tous les succés du combat naval, où Thémistocle défit l'armée de Xerxes, aux Oracles qui avoient précedé, & dont il veut que chaque prédiction ait été ponctuellement accomplie. Un homme si ami des autels, doit-il être soupçonné d'avoir trahi la vérité en faveur de l'imposture dont nous parlons? qui n'étoit pas moins infame, ni moins detestée de son temps que du nôtre.

Et néanmoins, quoiqu'on puisse le defendre de cette façon, & bien que je croie qu'il ait été souvent calomnié par ceux que l'ignorance ou l'envie ont animés contre lui, je vois deux hommes de si grande autorité, qui l'ont accusé, (sans parler de cet Harpocration qui fit un livre exprès pour le diffamer) que j'ai de la peine à prononcer nettement en faveur de son innocence.

Plutarque est le premier, qui a témoigné un merveilleux ressentiment de voir la Bœotie sa patrie si mal traitée, ce lui semble, par

Hérodote; & ceux de Thèbes chargés d'une infamie du tout insupportable au sujet de la guerre des Perses. C'est le motif qu'il dit l'avoir porté à composer cet opuscule de la malignité d'Hérodote, où il lui impute d'avoir malicieusement taxé l'honneur non seulement des Thebains & des Corinthiens, mais presque de tous les Grecs, pour obliger les Mèdes, & afin de relever davantage la gloire de son païs en la personne d'Artemise Reine d'Halicarnasse, dont il exaggère de telle sorte les faits héroïques à la bataille de Salamine, que cette femme seule fait la plus grande partie de sa narration. Plutarque avouë bien, qu'elle est des mieux écrites, & des plus charmantes qu'on puisse lire. Mais il dit, que sous cette douceur agréable, Hérodote fait avaler le poison de sa médisance, & il compare cette malignité, dont il le charge, à une Cantharide couverte de roses. Quelques uns répondent, que l'invective de Plutarque est accompagnée de tant de chaleur, & paroit si pleine d'animosité, qu'il semble avoir lui même toute la malignité, dont il tâche de noircir son adversaire. Mais j'ai en trop grande vénération ce digne Précepteur de Trajan, pour demeurer pleinement satisfait d'une telle réponse; & il est difficile de voir comme

HERODOTE.

Hérodote parle de Thémistocle, particulierement dans son Uranie, où il le taxe de rapines, & d'intelligences avec les Perses, sans prendre au moins quelque soupçon de ce que Plutarque donne pour très assuré.

Le second Auteur de très grande importance que je produirai contre Hérodote, sera Dion Chrysostome, qui pour n'avoir pas été particulierement Précepteur d'un Empereur, ne mérite peut être pas moins de respect que Plutarque, puisqu'outre qu'il étoit vrai-semblablement aussi avant que lui dans l'affection de Trajan, aux côtés duquel Suidas témoigne qu'on l'a vû souvent en carosse, il a passé sa vie dans l'instruction de tout le genre humain, se promenant par le monde, où il prononçoit au milieu des plus grandes assemblées ces belles Oraisons, que nous avons de lui, pour éloigner les hommes du vice, & leur imprimer jusqu'au cœur, s'il pouvoit, un amour violent de la Vertu. Or nous voions dans sa trente septiéme Oraison, qu'il fait venir Hérodote trouver les Corinthiens, pour recevoir d'eux quelque recompense des Histoires Grecques qu'il avoit composées, & où ils étoient extrèmement interessés. Il ne les avoit pas encore, dit Dion, falsifiées; & parce que ceux de Corinthe témoignèrent, qu'ils ne vouloient pas acheter de l'honneur à prix d'argent, il changea, comme chacun fait, la narration de ce qui s'étoit passé au combat naval de Salamine, imposant au Général des Corinthiens Adimantus, qu'il avoit fui dès le commencement de la bataille, & trahi par ce moien la cause commune de toute la Grèce. Dion ajoute un peu après, qu'il seroit bien faché de déferer à ce qu'Hérodote nous a laissé par écrit là dessus, aiant les épitaphes publics, & les inscriptions des sepulchres érigés du consentement de tous les Grecs dans l'Isle de Salamine, qui portent témoignage contre lui. Il rapporte en suite une partie des mêmes Epigrammes du Poëte Simonides, dont Plutarque s'est servi pour convaincre Hérodote de malignité; & l'autorité de sa profession philosophique, jointe à tant de monumens, qui semblent irreprochables, peuvent bien aujourd'hui partager nos esprits sur un différent, que ceux des anciens n'ont jamais pû décider.

Quoiqu'il en soit, après la perte que nous avons faite de tant d'autres Histoires, il est certain que l'antiquité ne nous a rien laissé ni de plus instructif, ni de plus charmant, que les neuf Muses d'Hérodote. Elles contiennent, selon que Denis d'Halicarnasse l'a fort bien fupputé, ce qui s'eft paffé de plus mémorable dans le Monde, pendant deux cens quarante ans, à commencer de l'Empire de Cyrus, premier Roi de Perfe, jusqu'à Xerxes, du tems duquel nôtre Hiftorien vivoit, comme Photius & Diodore Sicilien le témoignent. Mais ce dernier s'eft trompé, quand il a dit, que l'Hiftoire d'Hérodote s'étendoit depuis la prife de Troye par les Grecs, jusqu'au regne de Xerxes, ce qui enveloperoit une efpace de plus de fept cens ans. L'erreur de Diodore vient de ce qu'Hérodote parle un peu dans fa Préface du tems fabuleux, & de ce qu'on difoit incertainement de fon vivant des reliques de Troye. Mais il n'y a point d'apparence de faire réflexion fur fi peu de chofe, & qui n'eft pas proprement de fon Hiftoire.

Son ftyle ou genre d'oraifon eft plûtôt doux, étendu, clair & facile, qu'élevé, concis & preffant, comme celui de Thucydide. Denis d'Halicarnaffe qui a fait la comparaifon de ces deux Hiftoriens, met presque toûjours l'avantage du côté d'Hérodote. Son dialecte, qui eft une façon de parler particuliere à chaque païs où l'on ufoit de la langue Grecque, eft tout à fait Jonique. Et il fe trouve tant de rapport fur tout cela entre lui & Homère, que le Sophifte Longin affure dans son traité de l'oraison sublime, qu'il n'y a qu'Hérodote seul, qui ait parfaitement imité ce Prince des Poëtes, & qui soit, pour user de son terme ὁ μηρικώτατος. Aussi a-t-on accoutumé de donner pour précepte à ceux qui veulent profiter dans la lecture d'Homère, de faire celle d'Hérodote auparavant, afin que la Prose du dernier prépare un accès facile à la Poësie de l'autre, par le moien de cette grande ressemblance qui est entre eux. Ce fut dans Samos qu'Hérodote se forma au dialecte Jonique, & où il composa son Histoire, avant que de se retirer avec une colonie d'Athéniens dans Thuries, une des villes de cette partie d'Italie, qu'on nommoit alors la grande Grece. Car l'opinion de Suidas, conforme à ce que nous disons, est plus suivie *Nat. hist.* que celle de Pline, qui veut qu'Hérodote ait *lib.12. c. 4.* choisi le tems & le lieu de ce bannissement volontaire pour travailler à un si grand ouvrage. C'est un sentiment qui peut être convaincu de faux puisqu'il avoit recité ses Muses long tems avant cette retraite, comme on le peut voir dans les Chroniques d'Eusebe. En effet, il étoit né dans Halicarnasse, ville de cette Doride, qui fait une des Provinces de l'Asie mineure. Et parce que son illustre naissance l'avoit engagé dans l'expulsion du

Tyran de sa ville, il se retira, comme nous venons de le dire, dans celle de Thuries, où il mourut selon l'opinion de plusieurs ; s'en étant trouvé même, au rapport de Plutarque, qui lui ont donné pour patrie ce propre lieu de sa sépulture.

Tout le monde n'est pas d'accord, que le livre de la vie d'Homère, qui suit la neufiéme Muse, soit d'Hérodote. Quelqu'en soit l'Auteur, il est fort ancien, & rend ridicule le travail de ceux, qui se peinent encore aujourd'hui à dire quelque chose de plus certain & de plus considérable qu'il n'a fait, touchant la patrie d'Homère. Mais cela ne touche pas son Histoire, qui s'est heureusement conservée, nonobstant l'Epitome d'un certain Theopompe dont parle Suidas. Car on accuse Justin, tout grand Auteur qu'il est, d'avoir causé la perte de Trogus Pompeius, & l'on impute à Florus de même celle d'une partie des œuvres de Tite Live, par les reductions en petit que l'un & l'autre ont faites de ces grands ouvrages, qui se fussent vrai-semblablement conservés sans leurs abbréviateurs. (*)

(*) Il ne sera pas hors de propos de donner ici un détail abregé du sujet de chacun des neuf livres de nôtre Historien pour mieux éclaircir l'ordre qu'il a suivi dans son Histoire.

Le 1er contient les traits de l'hiſtoire du Roiaume de Lydie depuis Gigès jusqu'à Creſus, de la minorité de Cyrus, & des Republiques d'Athênes & de Lacédémone.

Dans le 2. on trouve une deſcription de l'Egypte, avec la ſuite de ſes Rois.

Le 3. donne l'hiſtoire de Cambyſes, & l'élection de Darius Hiſtaspes.

Dans le 4. il décrit la malheureuſe expedition de Darius en Scythie.

Le 5. contient les affaires d'Athènes, de Lacedemone & de Corinthe, au tems de Darius Hiſtaspes.

Dans le 6. on voit l'origine des Rois de Lacedemone, les guerres de Darius contre les Grecs, & la bataille de Marathon.

Le 7. rapporte l'expedition de Xerxes dans la Grece, & la bataille des Thermopiles.

Le 8. traite de la bataille de Salamine.

Le 9. rapporte la bataille de Platée, enſuite de laquelle les Perſes furent chaſſés de la Grèce.

THUCY-

THUCYDIDE.

COMME cette forte de Fonteniers, ou de ramaſſeurs d'eau, que les Latins nomment *Aquileges*, prennent à bon augure, s'ils voient ſortir le matin des fumées de certaines terres, parce que c'eſt un des ſignes qui leur font eſperer d'y trouver quelque bonne & abondante ſource: Ceux auſſi, qui ont le plus de connoiſſance de la nature de nos ames, ſe réjouiſſent d'y remarquer dès leur plus tendre jeuneſſe de violens deſirs d'apprendre, & de certains transports pleins d'ardeur pour les ſciences, d'où ils tirent des conjectures preſque aſſurées du mérite des eſprits, & de leur excellence future. C'eſt ſur quoi fut fondée la prédiction d'Hérodote, dont nous avons parlé au Chapitre précédent, quand il vit Thucydide ému juſqu'à pleurer, par la lecture qu'il lui entendit faire de ces belles Muſes dans une des plus célébres aſſemblées de la Grece. Le plus ancien apperçût la grandeur du Génie de l'autre par ſes larmes; & comme l'épine pique en naiſſant, il jugea que l'émotion extraordinaire de ce jeune homme, venant d'un ſi beau ſujet, produi- roit un jour quelque choſe de mémorable, &

seroit suivie des veilles & des inquietudes qui donnent immortalité.

L'Histoire de Thucydide devoit comprendre toute la guerre nommée Peloponesiaque, qui fut durant vint sept ans entre les deux premieres Républiques de la Grece, l'Athénienne, & celle de Sparte: Mais parce qu'il mourut étant exilé en Thrace, comme il écrivoit encore les succés de la vint & uniéme année, il a laissé son Ouvrage imparfait des six dernieres, que Théopompe suppléa depuis, & que Xénophon a mises aussi au devant de ses Histoires Grecques, qu'il commence justement où Thucydide avoit fini. Il s'est trouvé même des Critiques, qui n'ont pas crû, que son huitiéme Livre selon la division ordinaire, fut parti de sa main. Les uns l'ont attribué à sa fille, les autres à Xenophon, ou à Théopompe. Mais la meilleure partie a jugé, qu'il étoit de Thucydide, qui n'avoit pas eu le loisir de le polir comme les précédens, & que la maladie avoit empèché d'agir selon la portée ordinaire de son esprit. Il fut long tems à faire l'amas des matériaux necessaires à un si grand Ouvrage. Et l'on dit même, que comme il étoit d'illustre & roiale naissance, aiant de plus épousé une femme très riche, il emploia des sommes considerables à recouvrir des mémoires utiles à son dessein, non seulement du côté des Athéniens, mais encore de celui des Lacédémoniens, afin de s'éclaircir mieux de la vérité, par ce qu'il apprendroit des uns & des autres.

Pour son Dialecte, il est pur Attique, & Photius porte ce jugement, que comme Hérodote doit servir de regle à ceux, qui veulent se perfectionner au style Jonique, Thucydide est le plus excellent exemplaire, qu'on se puisse proposer d'un langage, qui n'a rien que d'Athenien. On lui reproche néanmoins d'avoir trop affecté de faire revivre des mots anciens, qui n'étoient déjà plus de son tems en usage, & de s'être d'ailleurs quelquefois dispensé d'en composer de nouveaux, ce qui a beaucoup contribué, avec la longueur de ses periodes, à le rendre souvent si obscur, que ceux mêmes de son tems se plaignoient de ce que souvent il n'étoit pas possible de l'entendre. A la vérité, ce Marcellinus qui nous a décrit sa vie, l'a voulu defendre à cet égard, comme s'il avoit affecté l'obscurité, & s'étoit rendu exprès peu intelligible, afin de n'être lû que des Savans, & de ne tomber pas dans le mépris du peuple, qui n'estime d'ordinaire, que ce qu'il ne peut comprendre. Mais ce qui seroit peut-être recevable pour excuser

B ij

les difficultés d'une Satyre, ou les sens cachés d'un Philosophe, qui couvre ses mysteres, dont il croit que la connoissance seroit préjudiciable à beaucoup de personnes, ne peut pas servir de légitime excuse à un Historien, qui n'écrit que pour être entendu d'un chacun, & qui doit instruire ses Lecteurs de quelque condition qu'ils soient, avec des narrations claires & faciles, s'il ne veut renoncer à la premiere fin qu'il doit s'être proposée. Tant y a que nonobstant ce defaut, tout le monde lui accorde unanimement le genre sublime d'oraison, & pas un des Anciens ne lui refuse la gloire d'avoir secondé Pindare dans la grandeur & majesté de l'expression.

Il a de plus cet avantage de s'être avisé le premier d'animer l'Histoire, qui n'étoit auparavant qu'un corps languissant & sans ame, selon la pensée d'un Ancien par le moien des harangues directes, dont il s'est servi dans tous les trois genres d'oraison, le demonstratif, le déliberatif, & le judiciel. Car nous voions bien, qu'Hérodote avoit déja tenté la même chose, mais il s'est contenté d'user de quelques harangues obliques, & presque toûjours imparfaites, n'étant jamais passé jusqu'où Thucydide est allé, qui n'a rien laissé en cela aux plus grands Orateurs, dont ils se puissent prévaloir sur lui. Aussi dit-on que Demosthène voulut prendre la peine de transcrire jusqu'à huit fois toute l'Histoire de Thucydide.

Il n'en a pas été de même pour ce qui touche l'élection du sujet, que l'un & l'autre ont traité, où Denys d'Halicarnasse remarque fort *Denys* bien qu'Hérodote a de grands avantages sur *d'Hali-* Thucydide. Car l'étendue de la matiere, *carn.* que traite le premier, est & beaucoup plus diffuse & incomparablement plus agréable que celle de l'autre. •Hérodote a pour but, de rapporter tout ce que les Grecs & les Barbares avoient executé de plus mémorable durant l'espace de deux à trois cens ans, ce qui comprend tant de belles actions, si diverses & si dignes d'être sçûës, que la narration n'en peut être que très plaisante. Thucydide au contraire, s'est renfermé d'abord dans le tems des vint sept années seulement qu'a duré la guerre Peloponesiaque, qui est un espace non seulement très étroit, mais encore le plus calamiteux qu'il pouvoit choisir dans toute l'Histoire Grecque, qui comprend peu d'actions considérables, & dont le souvenir ne pouvoit être que très ennuieux à ceux de son païs.

Denis d'Halicarnasse trouve encore beaucoup à redire fur l'ordre que tient Thucydide dans la diſtribution des matieres qu'il traite, s'étant aſſujetti à repréſenter par demies années tout ce qui étoit avenu en divers lieux, fans mêler les ſuccès de l'Hiver avec ceux de l'Eté, de façon, qu'il eſt contraint de laiſſer les choſes imparfaites, pour paſſer à d'autres, qui font perdre la mémoire des premieres, quand il en veut reprendre le fil à la demi-année ſuivante. En effet, il n'y a rien qui peine plus l'eſprit, que cette interruption, & il ne fait jamais bien ſon profit d'une narration Hiſtorique, qui n'acheve les choſes, dont elle traite, qu'après avoir brouillé une infinité d'actions les unes dans les autres. Cela n'eſt bon que pour des Romans, qui uſent expreſſément de cet artifice, afin de rendre le menſonge de leur Fable moins reconnoiſſable. Pour la vérité, elle aime à ſe faire voir tout d'un coup & toute entiere; ce qu'Herodote a ſçû incomparablement mieux pratiquer que perſonne. Il ne quitte jamais un évenement ſans l'avoir repréſenté dans toute ſon étenduë; & lorſqu'il a de tout point contenté la curioſité de ſon Lecteur, il ſe ſert de paſſages à d'autres ſuccès, ou, comme parlent les Rhéteurs, de tranſitions ſi juſtes & ſi à propos, que l'eſprit s'y porte non ſeulement sans resistance, mais même avec plaisir & transport.

Pour contrepéser ces défauts, on donne la gloire à Thucydide de n'avoir point mêlé de fables parmi ses narrations véritables. S'il est contraint de dire un mot de Térée & de Procné dans son second livre, ou si en décrivant la Sicile au commencement du sixiéme, il se sent obligé de parler des Cyclopes & des Lestrigons, c'est si legerement, que les chiens d'Egypte ne touchent pas en si grand hâte l'eau du Nil, dont ils craignent les Crocodiles, que cet Historien passe promptement pardessus une circonstance fabuleuse, par apprehension de donner la moindre entrée au mensonge dans son ouvrage. Et néanmoins il n'a pû éviter le reproche de n'avoir pas toûjours dit la vérité, puisque Josephe assûre *Liv. 1.* qu'on le taxoit de l'avoir falsifiée en plusieurs *contre* endroits. Ce n'est pourtant qu'après avoir *Apion.* accusé tous les Grecs d'imposture, que Josephe charge Thucydide de la sorte. Et si l'on prend garde à l'éloge, qu'il lui donne en suite, d'avoir été le plus exact & le plus scrupuleux de son païs à composer une Histoire, l'on verra bien que c'est un Juif qui a pris à tâche de décréditer toute celle des Païens, & qui dans ce dessein eût crû faire une grande faute, s'il eût épargné quelque Historien d'entre eux, & s'il n'eût traité Thucydide, comme les autres. J'ajoûterai ici, que Thucydide ne s'est pas contenté de coucher dans son Histoire toute sorte d'Oraisons, selon nôtre observation précedente. Il a pris la liberté d'y inserer des Dialogues, & celui d'entre les Athéniens & les Méliens, qui contient une grande partie du cinquiéme Livre jusqu'à sa fin, est tel, que je serois bien fâché de le proposer à personne, comme un exemple à imiter. Ceux qui ont à contre-cœur les Digressions, ne trouvent pas aussi leur compte dans cet Auteur, qui en a de très belles, comme celles entre autres de la conspiration d'Harmodius & d'Aristogiton dans le sixiéme Livre, qui peut justifier beaucoup d'autres excursions ou saillies semblables, qu'on censure quelquefois trop legèrement.

XENOPHON.

Ce n'est pas de l'Histoire seule que Xenophon tient la gloire, dont il est en possession depuis tant de siécles. La Philosophie & les armes y ont contribué à l'envi. Et je pense que ces trois parties nous peuvent permettre de lui donner le nom de Trifmegifte, (*a*) auffi bien qu'à cet Hermes d'Egypte, puisqu'il eft univerfellement reconnu pour très grand Philofophe, très grand Capitaine, & très grand Hiftorien. Il a communes avec Céfar les deux dernieres qualités ; & ceux-là ne fe trompent pas, qui trouvent dans leur ftile une troifiéme reffemblance, la pureté, l'élégance & le douceur, étant naturelles à l'un comme à l'autre. Ils ont tous deux une agréable façon de s'exprimer, fans art & fans affectation, quoique nulle forte d'art ni d'affectation ne la puiffe égaler. Mais le furnom d'Abeille, & de Mufe Athénienne, dont tous les anciens ont honoré Xenophon, n'eft pas feulement un témoignage de la beauté de fon langage, & de cette douceur de miel, qu'il femble que les graces y aient voulu répandre de leurs propres mains, pour en parler comme Quintilien : C'eft encore une marque particuliere de fon Dialecte Attique, où il a été excellent, que Diogene Laërce écrivant fa vie, ne rend point d'autre raifon de la mauvaife intelligence, qui étoit entre Platon & lui, que

---

(*a*) Ter Maximus. Hermes fut ainfi nommé parce qu'il étoit Roi, Prêtre & Philofophe.

celle de la jaloufie, qui fe mit entre eux là deffus. Si eft-ce que quand Marcellin attribuë à Thucydide dans fon Eloge le genre fublime d'Oraifon, il ne laiffe que le plus bas à Xenophon, plaçant Herodote entre deux. Et lorsque Denis d'Halicarnaffe remarque, comme Xenophon a fouvent imité Herodote, il ajoûte, que le premier eft toûjours demeuré inferieur de beaucoup à l'autre.

Quoiqu'il en foit, c'eft une chofe fort confidérable, que Xenophon ait été le premier des Philofophes, qui fe foit appliqué à com- *Diog. Laërt.* pofer une Hiftoire. La fienne, pour ce qui concerne les affaires des Grecs, eft de quarante-huit années, & commence où Thucydide avoit fini, faifant voir d'abord Alcibiade de retour parmi les fiens, que Thucydide avoit laiffé dans fon dernier livre méditant cette retraite. Or ce n'eft pas une petite gloire à Xenophon, ni une preuve de probité ordinaire, d'avoir franchement donné au public l'ouvrage de Thucydide, qu'on tombe d'accord, qu'il pouvoit fupprimer, ou même fe l'approprier, s'il eût voulu être plagiaire, (puisque nous n'avons point d'autre mot propre pour exprimer ce vice infame) & s'attribuer les travaux d'autrui, comme beaucoup d'autres ont fait, & font encore tous les jours.

Outre la continuation de l'Histoire commencée par Thucydide, Xenophon nous a laissé celle de l'entreprise du jeune Cyrus contre son frere Artaxerxes, & de cette mémorable retraite de dix mille Grecs des extrémités de la Perse jusques chés eux, dont il eût presque tout l'honneur, tant pour ce qui touchoit le conseil & la bonne conduite, que pour ce qui concernoit le commandement.

Quant à ce qu'il a écrit de l'Institution de Cyrus l'ainé, (*a*) ce n'est pas un ouvrage Historique, mais purement moral, où il nous a dépeint la figure d'un grand Prince, sans s'être soucié des véritables évenemens, hors deux ou trois tels que la prise de Babylone & la captivité de Crœsus. Tout le reste est inventé, & n'a rien que l'agrément de la Fable, comme Hermogène l'a fort bien observé au sujet de la mort de Panthée, qui se tuë avec trois Eunuches sur le corps de son mari Abradate, dans le septiéme Livre de l'Institution de Cyrus.

Cependant toutes ces compositions de Xenophon, dont nous venons de parler, sont telles, qu'avec ce qu'elles peuvent servir de

---

(*a*) Cyrus ille à Xenophonte non ad Historiæ fidem scriptus est, sed ad effigiem justi Imperii. **Cic.**

regle aux premiers hommes d'Etat dans toute l'étenduë de la Politique, felon le beau jugement qu'en fait Dion Chryfoftome; elles font encore capables de former de grands Capitaines, & de donner au monde des Généraux d'armée. Nous en avons deux notables exemples parmi les Romains. Car n'ont-ils pas avoüé eux mêmes, que leur Scipion, furnommé l'Africain, avoit presque toûjours entre fes mains les œuvres de Xenophon? Et que rien ne rendit Lucullus capable de s'oppofer à ce redoutable ennemi le Roi Mithridate, que la lecture de ce même Auteur? dont Lucullus fit un tel profit, étant fur mer, lui, qui n'avoit auparavant que fort peu de connoiffance du métier de la guerre, qu'il en fçût affés après cela pour remporter les célébres victoires, que chacun fait, & rendre tributaires les plus confidérables Provinces de l'Afie.

Orat. 38.

Cicer. 2. Tufc. qu.

Xenophon a écrit fur plufieurs autres fujets, & il femble qu'en beaucoup il y ait eu bien de l'émulation entre lui & Platon. Car l'un & l'autre ont compofé une défenfe de Socrate, un Convive, & affés d'autres Traités de Morale & de Politique, felon l'obfervation de Diogene dans la vie de Platon, fans s'être jamais nommés avec éloge réciproquement, quelque occasion qui s'en soit présentée, parmi tant de conversations, qu'ils font voir de leur Précepteur commun avec ses Disciples. On veut même que Xenophon *Morale.* n'ait représenté avec de si vives couleurs les defauts d'un certain Menon Thessalien, sur la fin de son second livre de l'Expedition de Cyrus, qu'à cause de l'amitié dont ce Menon étoit lié avec Platon. Mais à l'égard de cet autre livre des Equivoques, imprimé depuis un siécle, sous le nom de Xenophon, il le faut tenir pour une des impostures d'Annius de Viterbe, qui l'a commenté avec celui de Bérose, & une douzaine d'autres encore, dont il a fait le texte & la glose. C'est ainsi qu'on voulut autrefois débiter l'Histoire du siége de Troye, sous le nom d'un Dictys de Crète compagnon d'Idomenée, & d'un Dares de Phrygie, dont on a même falsifié le Traducteur. Car jamais Cornelius Nepos ne songea à faire cet ouvrage, qui n'a rien de la pureté, ni de l'élegance qu'on remarque dans ses vies des Capitaines Grecs, ou dans celle d'Atticus. A parler franchement, ce sont des suppositions honteuses, & qui ne sauroient être trop detestées par ceux, qui aiment la vérité. Et néanmoins c'est une chose merveilleuse, qu'il se trouve des personnes si portées d'affection pour la fable & le menſonge, qu'elles ſe repaiſſent de telles bagatelles, bâtiſſent ſur ces beaux fondemens, & donnent par ce moien l'envie & le courage à d'autres d'uſer de pareilles ſupercheries. Nous avons vû depuis peu l'Itineraire d'Alexandre Geraldin Evêque de Saint Dominique, qui trouve par toute l'Ethiopie deçà & delà la Ligne des inſcriptions Romaines, & des antiquités de telle conſidération, que toutes celles du reſte de la terre ſeroient à mépriſer, ſi la moindre des ſiennes étoit véritable. L'importance eſt, que jamais perſonne ne les a vûës avant ni après lui, & qu'il n'y a point d'Ecolier ſi neuf dans cette ſorte de lecture, qui ne s'apperçoive auſſi-tôt de la fauſſeté de ſes remarques, tant elles ont peu de vrai-ſemblance. N'eſt-ce pas une grande impertinence, de dreſſer des colomnes qui témoignent la conquête & le pouvoir abſolu des Romains, en des lieux où jamais apparemment aucun d'eux ne mit le pied, & contre tout ce que nous avons dans leurs propres Hiſtoires ? Il faut faire le même jugement de ces antiquités Hetrusques ou de Toſcane, qu'un certain Inghiramius nous a préſentées encore plus recemment. Certes, il y a trop d'effronterie à vouloir en impoſer de la ſorte. Et il devroit y avoir des peines établies, ce me semble, contre ceux, qui osent exposer au public des alimens spirituels si corrompus & si mortels que ceux là; puisqu'il n'y a point de poison qui opere avec tant d'effort & de mauvais effet sur le corps, que l'erreur & l'imposture (lorsqu'on les débite pour des vérités) agissent puissamment sur nos ames, qui en sont aussi-tôt infectées.

Un Auteur du dernier siécle accuse Xenophon d'avoir aimé avec tant de passion le Roi Agesilaüs, que non seulement dans son Livre de la Roiauté, mais dans ses Histoires mêmes il fait des jugemens temeraires en sa faveur, & relève ses victoires beaucoup plus, que les loix de l'Histoire ne le permettent. C'est le caprice d'un Italien, que peu de personnes approuveront, puisqu'il choque les sentimens de toute l'Antiquité, qui n'a jamais parlé si desavantageusement de Xenophon. (*a*)

Speron Speroni dial. di Senoph.

Pour ce qui concerne son style, on peut voir ce qu'en écrit Hermogène, qui ne le recommande de rien tant que d'une certaine

___

(*a*) Ciceron lorsqu'il parle de cet éloge ne taxe point Xenophon d'une telle incongruité.

douceur, & naïveté ou simplicité comme il la nomme, dont ce Rhéteur fait un des principaux ornemens de l'Oraison. Aussi préfere-t-il de beaucoup Xenophon à Platon à cet égard. (*b*)

(*b*) Xenophon étoit né à Athènes. Son pere se nommoit Grillus. Il vivoit environ quatre cens ans avant la naissance de J. C.

POLYBE.

Si Xenophon a été le premier des Philosophes, qui se sont plûs à nous écrire des Histoires, Polybe a cet avantage d'être celui d'entre eux, qui nous a donné la plus considérable de toutes, & qui a le plus évidemment fait voir que l'Histoire est comme la Métropolitaine de toute la Philosophie, pour user des termes dont s'est servi un autre Historien, duquel nous parlerons au Chapitre suivant. Nous reconnoitrons bien mieux ce que je dis de Polybe, si tout le corps de son Ouvrage nous étoit demeuré, dont il ne nous reste que la moindre partie, puisque de quarante livres dont il étoit composé, nous n'en avons plus d'entiers que les cinq premiers,

Diod. Sic. initio lib. 1.

premiers, avec l'Epitome des douze fuivans, qui va jufqu'au commencement du dix-huitiéme. Plufieurs croient, que cet Epitome eft de la façon du grand ami de la liberté Romaine Marcus Brutus, parce qu'on fait, que n'aiant point de lecture fi agréable que celle de Polybe, lui, qui étoit difficile jufqu'à ce point, que celle de Ciceron ne le fatisfaifoit pas, il prit plaifir à reduire en abregé l'Hiftoire du premier, y trouvant outre l'inftruction, qu'il y cherchoit, la confolation, dont il avoit befoin dans les derniers tems de fa vie qui furent fi calamiteux.

Le fujet de cette Hiftoire comprenoit tout ce qui s'étoit paffé de plus confidérable dans le monde, depuis le commencement de la feconde guerre Punique, jufqu'à la fin de celle, qui termina tous les différens des Romains avec les Rois de Macedoine, par la ruine entiere de leur Monarchie. Cela envelope un efpace de cinquante trois années, dont Polybe faifoit voir tous les évenemens dans les derniers trente huit livres, parce que les deux premiers ne font pas tant du corps de fon Hiftoire, qu'ils lui fervent de préparatif, dans une narration fommaire de la prife de Rome par les Gaulois, fous la conduite de Brennus, & de ce qui fuivit jufqu'à la première année de la seconde guerre contre les Carthaginois. Or quoique les affaires de l'Empire Romain fussent beaucoup plus exactement traitées par Polybe que par les autres, dautant que son but principal étoit de ne rien omettre de ce qui pouvoit servir à nous donner une parfaite connoissance de celles-là ; si est-ce qu'il avoit représenté de telle sorte tout ce qui concernoit le reste des Puissances de la terre, qu'on voioit décrits en même tems dans son ouvrage les interêts des Rois de Syrie, d'Egypte, de Macedoine, du Pont, de Cappadoce, & de la Perse, avec ceux de toutes ces différentes Dynasties qui étoient alors en Grèce. Ce fut pourquoi il donna à son Histoire le nom de Catholique, ou d'Universelle, comme à celle qui nous apprenoit les destinées de tous les peuples de la terre, n'y en aiant presque point de ce tems-là, qui n'eussent quelque chose à démêler avec les Romains.

Il reçût en naissant de grands dons de Nature qui favorisèrent son entreprise. Et ce coup de Fortune, qui le fit venir à Rome, ne lui fut pas peu avantageux, puisqu'il lui doit, outre ses plus belles connoissances, l'importante amitié qu'il contracta avec Scipion & Lélius, qui ont tant contribué à faire valoir son Histoire. Mais la peine, qu'il se donna pour acquerir tout ce qui pouvoit le rendre capable de la bien écrire, & de travailler pour l'éternité, me semble très digne de confidération. Il crût que pour être bon Historien, il faloit avoir vû la meilleure partie des choses, qu'on rapportoit, selon l'étymologie du nom que les Grecs ont donné à cette profession. Il savoit les fautes, que l'ignorance des lieux fit commettre à Timée, puisqu'il lui a reproché dans son douziéme livre, que pour s'être fié au rapport d'autrui, & n'avoir pas voiagé, on le pouvoit convaincre d'un nombre infini d'erreurs. Et possible que comme il avoit appris la langue latine avec grand soin, il se souvenoit du mot que Plaute, qui vivoit un siécle devant le sien, fait dire par Messenion à Ménechme, qu'à moins que d'être dans le dessein d'écrire une Histoire, il lui sembloit qu'ils avoient assés couru le Monde.

A. Gellius noct. Att. l. 5. c. 18.

- - - Quin nos hinc domum
Redimus, nisi si historiam scripturi sumus.

Tant on tenoit pour constant de ce tems-là, que les voiages étoient nécessaires à un Historien, qui ne peut faire aucune description à propos, ni s'assûrer de ce que portent les mémoires, de quelque lieu qu'il les tienne,

C ij

s'il ne les a rectifiés par fa propre vuë, en confidérant lui même les païs, dont il a deffein de traiter. Il voulut donc prendre une exacte connoiffance de beaucoup d'endroits, tant de l'Europe que de l'Afie & de l'Afrique, où il fe transporta exprès, afin de fe rendre certain de ce qu'il en devoit écrire. Et il fe fervit même de l'autorité de Scipion, pour avoir des vaiffeaux propres à faire voile fur l'Ocean Atlantique, jugeant que ce qu'il y remarqueroit, pouvoit être utile à fon entreprife. C'eft une chofe certaine qu'il traverfa les Alpes & une partie des Gaules, dans le defir qu'il avoit de bien repréfenter le paffage d'Annibal en Italie. Et que de crainte d'omettre la moindre circonftance des actions du même Scipion, il fut par toute l'Efpagne, & s'arrêta particulièrement dans Carthage la neuve, dont il étudia très foigneufement la fituation.

Ce que nous venons de dire du célébre deftructeur de la vieille Carthage Scipion Emilien, petit fils par adoption de Scipion l'Africain, qui défit Annibal après l'avoir contraint de quiter l'Italie, m'oblige à rapporter ce que Polybe a laiffé lui même par écrit de l'étroite amitié qui étoit entre le premier & lui. J'en tirerai le discours d'un fragment de son trente-uniéme livre, pris des Recueils de Constantin Porphyrogenete sous le titre du vice & de la vertu. Il nous apprend donc en ce lieu là, que cette affection réciproque n'eût point d'autre principe, que le plaisir qu'ils prenoient ensemble à parler de livres, & à se les communiquer l'un à l'autre. Cela fut cause que Scipion employa tout son crédit & celui de son frere Fabius, à obtenir pour Polybe le sejour de Rome, lorsqu'on distribuoit par toutes les autres villes d'Italie les autres Grecs, qu'on avoit fait venir, aussi bien que lui, afin d'y demeurer comme ôtages. Un jour qu'ils avoient diné tous trois ensemble, Scipion se trouvant seul l'aprèsdinée avec Polybe, se plaignit à lui en rougissant un peu, de ce qu'à table il adressoit toûjours la parole à son frere. C'est peut être, ajoûta-t-il, que me voiant moins actif que lui, & dans le mépris du Barreau, ne me plaisant pas à la plaidoirie où s'occupent les autres jeunes hommes de cette ville, vous faites un mauvais jugement de moi, aussi bien que beaucoup d'autres ; ce qui ne me donne pas peu de déplaisir. Polybe reconnut aussitôt la jalousie loüable de Scipion qui n'avoit pas encore dix huit ans accomplis, & l'assûrant de la grande eſtime qu'il faiſoit de ſa perſonne, très digne de porter tant de beaux noms, que ſes prédeceſſeurs lui avoient laiſſé, il s'excuſa à l'égard de Fabius ſur ce qu'étant l'ainé, la civilité vouloit ſouvent qu'on parlât directement à lui, ce qu'il le prioit de ne prendre pas en ſi mauvaiſe part. Depuis ce petit éclairciſſement, qui fut ſuivi d'une mutuelle proteſtation de bien-veillance, Scipion ne reçût jamais perſonne, Lelius excepté, dans une familiarité ſi étroite, ni ſi cordiale, qu'il l'avoit avec Polybe.

Or j'ai crû les circonſtances de cet entretien entre deux ſi grands perſonnages dautant plus conſidérables, qu'outre ce qu'elles nous découvrent de leur Génie, qui paroit toûjours plus dans l'entretien privé, que dans ce que leurs ſemblables font de plus ſerieux, elles me peuvent ſervir pour refuter l'impertinence d'un Ecrivain moderne, qui a eu l'effronterie de dire mille injures contre Polybe. C'eſt un certain Sebaſtian Maccius, lequel dans une declamation qu'il fait en traitant de l'Hiſtoire & parlant contre les digreſſions, prend ſujet de condanner celles de Salluſte & de Polybe, n'aiant point de honte de nommer l'un & l'autre des faquins, & des gens venus de la lie du peuple. Il ajoûte pour diffamer particuliérement le dernier, que c'étoit un franc Pédant, qui avoit été donné à Scipion pour le fervir en qualité de Pédagogue. Certes, il y a trop d'impudence en tout cela, jointe à une très profonde ignorance, pour demeurer ici fans repartie à l'égard de Polybe; nous refervant à parler tantôt de Sallufte, quand nous traiterons des Hiftoriens Latins. Tout le monde fait, que Polybe étoit de Megalopolis ville d'Arcadie, & qu'il eût pour pere ce Lycortas qui fut Chef des Achaïens, c'eft à dire de la plus puiffante République, qui fut pour lors dans toute la Grèce. Ce grand Etat les envoia tous deux avec la qualité d'Ambaffadeurs vers le Roi Ptolomée, furnommé Epiphane; & le fils reçût encore depuis le même honneur, quand il fut deputé pour aller trouver le Conful Romain, qui faifoit la guerre au Roi Perfée dans la Teffalie. Sa naiffance étoit donc très illuftre, contre ce qu'a dit Maccius, & il n'y a guéres d'apparence qu'un homme exercé dans les affaires d'Etat, & accoutumé comme Polybe aux grands emplois, ne fe fût approché de Scipion, que pour lui faire répéter quelque leçon de Grammaire. Auffi n'y a-t-il eû que ce calomniateur, qui fe le foit imaginé de la forte. Tous les Anciens, qui ont parlé de Polybe, l'ont toûjours fait avec de grands éloges, & presque tous n'estiment de rien tant Scipion, que d'avoir sçû faire choix d'un si fidèle conseiller, & de l'avoir mené avec soi dans toutes ses expédi-

Cic. l. 1. tions militaires. Si est-ce que Caton repro-
Tusc. qu. cha autrefois à un Consul Romain d'avoir eu un Poëte parmi ceux de sa suite, lorsqu'il alloit visiter une Province hors d'Italie. Je ne veux pas dire qu'il n'y eût en cela un peu trop de la sévérité philosophique, dont le vieux Caton faisoit profession, encore qu'on ait dit de lui, qu'il s'en relâchoit assés souvent dans les passe tems de la bonne chere: Mais tant y a qu'on ne trouva jamais à redire au choix que fit Scipion de la personne de Polybe pour l'accompagner, parce qu'il ne fut aussi jamais considéré, ni comme Poëte, ni comme simple Grammairien. Le même Fragment, que nous avons cité dans la section précédente, est fort exprès pour nous assûrer de ce que nous maintenons. En suite des termes dont Polybe se servit à dessein de contenter Scipion, il lui ajoûta, que son frere Fabius ni lui n'auroient jamais faute de Précepteurs en ce qui regardoit les belles lettres, & ce qu'on nommoit proprement Disciplines, vû le grand nombre d'hommes savans,

qui venoient tous les jours dans Rome de toutes les parties de la Grèce. Mais qu'il s'ofoit promettre, que perfonne n'égaleroit ni fon zèle, ni fon induſtrie à lui donner les fentimens dignes de fa naiſſance, & de ce qu'on attendoit d'un fucceſſeur des Scipions & des Emiliens. Depuis cette conférence, dit le même texte, Polybe demeura presque toûjours inféparablement attaché aux côtés de Scipion, qui lui communiquoit les plus importantes affaires, & fe prévaloit de fes conſeils dans toutes les occurrences des grands emplois qu'il avoit. Cependant, il fe trouve des perſonnes aſſés infolentes pour traiter cet illuſtre Hiſtorien en homme de néant, lui, qui fut honoré d'inſcriptions & de ſtatuës par ceux de fon païs, comme on peut voir dans Pauſanias, pour reconnoitre *In Arcad.* avec fes bienfaits l'eſtime qu'ils faiſoient de fon rare mérite.

Il y auroit peut-être plus d'apparence de lui imputer, comme quelques-uns ont fait, de n'avoir été aſſés réligieux. Car quoiqu'il parle en pluſieurs lieux fort avantageuſement du culte des Dieux, comme quand il met toute la gloire de fon païs d'Arcadie au grand foin qu'on y avoit du fervice des autels, & lorsqu'il déteſte ailleurs la fureur des

C v

guerres, qui caufent la deftruction des temples, dont il fait un crime très capital : Si eft-ce qu'il prononce fi formellement dans un autre endroit contre la Divinité, & tout ce qui étoit tenu pour conftant de fon tems des peines de l'Enfer, qu'on voit manifeftement qu'il ne croioit rien de tout cela. C'eft fur la fin de fon fixiéme livre, où il obferve que la fuperftition, qui étoit reputée vicieufe parmi toutes les autres nations, paffoit pour une vertu entre les Romains. Si l'on pouvoit, dit-il, former une République, qui ne fût compofée que d'hommes fages & vertueux, il faut avoüer que toutes ces opinions fabuleufes des Dieux & des Enfers, feroient tout-à-fait fuperfluës. Mais puisqu'il n'y a point d'Etats dont le peuple ne foit, tel que nous le voions, fujet à toute forte de déreglement & de méchantes actions, il faut fe fervir pour le reprimer des craintes imaginaires qu'imprime nôtre Religion, & des terreurs paniques de l'autre monde, que les anciens ont fi prudemment introduites pour cela, qu'elles ne peuvent être contredites aujourd'hui que par des perfonnes téméraires, ou qui ne font pas dans le bon ufage de la raifon. En vérité, quoi que veuïllent dire ceux qui defendent Polybe en tout & par tout comme a fait

Casaubon, ils ne le feront jamais paſſer dans un texte ſi formel pour homme fort attaché à la religion de ſon tems. Et je trouve, qu'ils feroient beaucoup mieux pour lui, d'en parler comme d'un eſprit éclairé du Ciel parmi les tenebres du Paganisme, & qui ne croiant qu'un ſeul principe, ou un ſeul Dieu, ſe mocquoit de tous ceux que l'Idolatrie d'alors faiſoit adorer, auſſi bien que de ces champs Eliſées, de ces Cerberes & de ces Rhadamantes, qu'elle repréſentoit à ſes ſectateurs. C'eſt par là, il me ſemble, qu'on le peut décharger plus à propos, ſi faire ſe peut, du crime d'impieté, en le mettant au rang d'Heraclite & de Socrate, que S. Juſtin ſoûtient avoir été Chrétiens long-tems avant le Chriſtianisme; ce que nous avons interpreté fort au long dans nôtre traité de la vertu des Paiens.

Outre les quarante livres de ſon Hiſtoire univerſelle, il eſt à croire par une des lettres que Ciceron écrit à Lucceius, qu'il avoit fait *Lib. 5. ep.* un ouvrage à part de la guerre de Numance. Son grand âge lui donna la commodité d'écrire beaucoup, puisque nous apprenons de Lucien, qu'il paſſa la grande année climacte- *In Macr.* rique & ne mourut que dans la quatre vint deuxiéme. Il avouë lui-même, que les avis de Lelius, qu'il interrogeoit souvent dans leurs conférences ordinaires, & les mémoires que ce grand personnage lui fournissoit, lui furent extrémement avantageux. Mais quant à son genre d'écrire, tous les anciens tombent d'accord qu'on ne le peut pas nommer éloquent. Dénis d'Halicarnasse, le plus fâcheux & austere critique d'entre eux, le nomme mal poli, & lui reproche sa négligence aux choix des dictions, & en la structure ou composition de ses périodes. Son excellence néanmoins est telle en tout le reste, qu'on doit penser qu'il a négligé les paroles comme de peu d'importance, pour s'attacher entierement aux choses plus sérieuses. Aussi n'y a-t-il personne, qui n'ait trouvé bien étrange, que Tite-Live se soit contenté de lui donner, pour tout éloge, la qualité *d'Ecrivain, qui n'étoit pas à méprifer*, vû qu'on voit de ses livres entiers transcrits de mot à mot dans les Décades du premier. Certes, nous n'avons point d'Historien, où l'on puisse plus apprendre en matiere de gouvernement & de prudence civile, que dans Polybe. Il ne se contente pas d'une simple narration, il émeut pathétiquement, & n'instruit pas moins en Philosophe, qu'en Historien. Patrice est injuste de le reprendre là dessus; sans considerer l'affinité qu'on a toûjours mife entre l'Hiftoire & la Philofophie, qui eft telle, qu'on a fouvent nommé celle-là, par forme de definition, *une Philofophie remplie d'exemples.* Peut-être qu'un fimple Auteur de Commentaires feroit à condanner de faire trop le Philofophe, & de s'étendre fi avant ; ce qu'on ne peut pas dire de celui, qui entreprend d'écrire une jufte Hiftoire. Nous apprenons de Suidas qu'un certain Scylax, qu'il confond avec le Mathématicien, fit une invective contre Polybe qui n'étoit peut-être pas plus raifonnable, que la cenfure du Patrice. Je me moque auffi de ceux, qui ne peuvent fouffrir, qu'il ait nommé Pelore un de ces Caps ou Promontoires de Sicile, long-tems avant qu'on lui eût impofé ce nom. Car traitant de la premiere guerre Punique, il appelle ainfi le lieu, où fut enterré cet innocent Pilote qu'Annibal tua long-tems depuis fi mal à propos, & qui donna fon nom de Pelore au Promontoire, dit aujourd'hui *capo di Faro;* fi tant eft, que cette étymologie, que combat le docte Cluverius, foit recevable. Quoi- *Sic. ant.* qu'il en foit, c'eft une façon de parler que les *l. 1. c. 6.* Lettres faintes & humaines tolèrent, & pratiquent, lorsqu'elle eft neceffaire pour fe faire mieux entendre. Il eft bien plus blâmable, si contre la vérité de l'Histoire il a flatté son Scipion, jusqu'à lui faire exercer ce mémorable exemple de continence à l'endroit de la belle captive Espagnole, dont néanmoins il ait été si épris, qu'il ne se soit jamais pû resoudre à la rendre. Valerius Antias est celui qui le charge de ce crime dans Aulu-Gelle: ce que je trouve d'autant plus étrange, que Polybe a comparé l'Histoire, qui n'a pas la vérité pour guide, à un animal, auquel on auroit crevé les yeux, & qu'il a même voulu rendre après Timée la vérité aussi essentielle à l'Histoire, que la rectitude à la regle; en quoi l'on peut le contredire avec raison, comme il me souvient de l'avoir fait dans un autre ouvrage que celui ci. Cette grande affection qu'il avoit pour Scipion me fait souvenir du conseil excellent qu'il lui donna, de ne retourner jamais chés soi autant de fois qu'il en sortiroit, qu'il n'eût auparavant tâché de gagner l'amitié de quelqu'un, en l'obligeant par tous les moiens qui lui seroient possibles. Quoique ce fût un avis fort utile à celui qui le recevoit, je le trouve encore plus considérable par la grande humanité, qui paroit en celui qui le donne. Au surplus, nous sommes redevables au Pape Nicolas V. ce grand ami des Muses, & ce re-

Lib. 6.
noct
Att. c. 8.
Lib. 1.
hist.

Tr. de
l'Hist.
sur Sand.

ſtaurateur des lettres au tems, que les Turcs envahirent Conſtantinople, de la premiere publication des œuvres de Polybe, bien qu'elles aient été augmentées de beaucoup dans les dernieres éditions.

DIODORE SICILIEN.

LE plus exact de tous les Géographes modernes Cluverius, nous apprend, que cet *Agyrium*, dont parle Diodore Sicilien, comme du lieu de ſa naiſſance, s'appelle aujourd'hui *San Filippo d'Agyrone*. C'eſt un grand honneur à cette petite place d'avoir donné à ſon Isle un tel perſonnage, ſans qui l'on n'auroit aucune connoiſſance de ſon antiquité, ni d'une infinité de choſes, qui la rendent très conſidérable. Il dit dès le commencement, qui tient lieu de Préface à ſon Hiſtoire, qu'il n'a pas emploié moins de trente ans à l'écrire dans la ville capitale du Monde, d'où il tiroit des connoiſſances, qu'il n'eût jamais pû prendre ailleurs, avoüant, que la grandeur de l'Empire Romain avoit extrémement favoriſé ſon deſſein. Et néanmoins il ne laiſſa pas d'aller lui même par la plus grande partie des Provinces de l'Europe

& de l'Afie, où il courut beaucoup de perils & endura d'extrèmes fatigues, afin de ne commettre pas les fautes, qu'il avoit remarquées, dit-il, en ceux, qui s'étoient mêlés de parler des lieux, où ils n'avoient jamais été. Il ne paroit point en cet endroit-là qu'il eût vû l'Afrique, & néanmoins nous lifons dans la feconde Section de fon premier livre, qu'il voiagea en Egypte du regne de ce Ptolomée, qu'on diftingue des autres par le furnom du nouveau Bacchus ou Dionyfius, & qui fut le premier mari de fa fœur Cleopatre. Surquoi l'on fe peut fouvenir que la meilleure partie de l'Egypte étoit autrefois de l'Afie, lorsque les Géographes la féparoient de l'Afrique, plûtôt par le Nil que par la Mer Rouge.

Ce n'eft pas fans fujet que Diodore a donné le nom à fon ouvrage de Bibliotheque Hiftorique, puisqu'étant entiere nous y voions reüni en un, felon l'ordre des tems, tout ce que les autres Hiftoriens ont écrit féparément. Car il avoit compris en quarante livres, dont il ne nous en refte que quinze, ce qui s'étoit paffé de plus remarquable dans le monde, pendant l'efpace d'onze cens trente huit ans, fans compter ce que comprenoient fes fix premiers livres du tems fabuleux,

buleux, c'est à dire, de tout ce qui avoit précedé la guerre de Troye. Son Histoire est donc vraiement œcumenique ou universelle, dont nous devons d'autant plus regretter ce qui nous manque, qu'après la perte de Bérose, de Théopompe, d'Ephore, de Philiste, de Callisthène, de Timée, & de tels autres grands Auteurs, la lecture de Diodore seul reparoit en quelque façon nôtre dommage, aiant compilé & digeré tous leurs travaux dans sa Bibliothéque. Des six premiers livres, dont nous venons de parler, le dernier ne se trouve plus, quoique Raphaël Volaterran & quelques autres, le citent quelquefois comme si nous l'avions encore. Si l'on y prend garde, l'on trouvera qu'ils datent mal, & que ce qu'ils rapportent pour être du sixiéme, est dans le précedent, que Diodore nomme l'Insulaire, & qui est le cinquiéme seulement. L'erreur vient de la premiere impression, qui fut toute Latine, & où Pogge Florentin Auteur de la Traduction, que le Pape Nicolas Cinquiéme lui avoit demandée, fit deux livres du premier, à cause que Diodore l'a divisé en deux Sections différentes. Par ce moien le second devint le troisiéme, & consécutivement celui qui n'étoit que le cinquiéme a été pris pour le suivant ; comme si nous n'avions rien perdu des antiquités fabuleuses de la Grèce, contenuës dans le quatriéme, cinquiéme & sixiéme livre, non plus que de celles des Barbares, qui nous restent entieres dans le premier, second & troisiéme des livres, dont nous parlons.

Le surplus de la Bibliothéque de Diodore a deux parties, qui se reglent par deux Epoques assés connuës. La premiere s'étend depuis la destruction de Troye jusqu'à la mort d'Alexandre le Grand, pour l'intelligence de laquelle, & de tout ce qui étoit arrivé dans le monde durant ce tems-là, il emploie onze livres entiers, qui sont ceux, qui suivent le sixiéme jusqu'au commencement du dix-huitiéme. De ce nombre les quatre premiers sont perdus, & nous n'avons que les sept autres. La seconde Epoque se prend du tems où finit la premiere, jusqu'à celui des conquêtes de Jules César dans les Gaules, lorsqu'il donna l'Angleterre & l'Ocean Britannique pour borne du côté du Nord à l'Empire Romain. Vint trois livres nous expliquoient les succès merveilleux de tout cet intervalle, mais il ne nous en reste plus que le dix-huitiéme, le dix-neuviéme & le vintiéme, les autres qui venoient après jusqu'au quarantiéme ne paroissant plus. L'on en a feulement quelques petits Fragmens, pris d'Eufebe, de Photius, & de quelques-uns encore, qui fe font fervis du texte de Diodore dans leurs ouvrages. Seroit-il bien poffible, que cet excellent Auteur fe trouvât entier dans quelque coin de la Sicile? comme Henri Etienne affure qu'on l'avoit mandé à Lazare Baïf, qui lui fit voir les lettres qu'il en avoit reçuës. J'avouë que j'irois volontiers jusqu'au bout du monde, pour parler de la forte, fi j'y croiois trouver un fi grand thréfor, & que j'envie à ceux, qui viendront après nous, cette importante découverte, fi tant eft qu'elle fe faffe un jour, lorsque nous ne ferons plus, & qu'au lieu de quinze livres feulement dont nous jouïffons, ils poffedent les quarante tout entiers.

Puisque Diodore parle de Jules Céfar, ce qu'il fait en plus d'un lieu, & toûjours avec attribution de quelque Divinité à la façon des Païens, il ne peut pas être plus ancien que lui. Mais quand Eufebe dit dans fes Chroniques, que Diodore Sicilien a vécû fous cet Empereur, il femble qu'il limite la vie du premier au tems de la domination de l'autre. Si eft-ce que Suidas lui prolonge les jours jusques fous Augufte, & Scaliger obferve fort bien dans fes animadverfions fur Eufebe,

D ij

qu'il faut que Diodore ait vécû un fort grand âge, & qu'il foit venu pour le moins jusqu'à la moitié du regne d'Augufte, vû qu'il fait mention au fujet des Olympiades, de l'année Biffextile des Romains, qui eft un nom dont on ne s'étoit point fervi avant la Correction des Faftes & du Calendrier, que fit Octave Augufte, pour rendre plus parfait le travail de fon prédeceffeur. Nous avons à préfent dans la derniere impreffion de Diodore, un Fragment de fon trente-feptiéme livre, qui mettroit tout cela hors de difficulté, s'il étoit véritable. Car l'on y voit la mort de Céfar vengée par le Triumvirat fur Brutus & Caffius, avec la chûte d'Antoine, & l'établiffement d'Augufte dans l'Empire pour toute fa vie. Cela voudroit dire que Diodore auroit vécû encore plus qu'Augufte. Mais ce même recueil qui eft un peu plus ample dans Photius, montre par ceux qu'il nomme Illuftres, d'un titre inconnu au fiécle de Diodore, qu'un autre que lui en eft l'Auteur, ou que fon texte a reçû des additions de quelqu'un, qui vivoit long-tems depuis lui, d'où par conféquent nous ne pouvons rien conclure de certain.

Ad annum 1567.

Le fiécle de ces deux Empereurs Céfar & Augufte eft bien celui de la belle Latinité, comme tous ceux, qui s'y connoiffent, en démeurent d'accord. Mais il n'en eft pas de même pour ce qui touche le bel emploi de la langue Grecque, parce que de leur tems l'éloquence d'Athènes étoit déjà paffée à Rome; & cette faculté qui fe plait au commandement avoit quitté les vaincus, pour fuivre la Fortune, en prenant l'habit & le langage des victorieux. Ce n'eft donc pas merveille, que Diodore n'aille pas du pair, à cet égard, avec Herodote, Thucydide, ni Xenophon, lui qui n'étoit que Sicilien, & qui d'ailleurs avoit le defavantage d'écrire en une faifon, telle que nous venons de dire. Photius néanmoins ne laiffe pas de louer fon ftyle comme fort clair, non affecté & très approprié à fon fujet, qui eft l'Hiftoire. Il n'eft, ajoûte-t-il, ni trop Attique, ni trop dans la recherche des mots anciens. Son genre d'écrire eft celui, qu'on nomme médiocre, entre le plus élevé, & l'autre que l'Ecôle appelle humble & rampant, à caufe de fa baffeffe que fuit toûjours Diodore. Certes, il y a bien plus d'appa- *Math.* rence d'en croire ce favant Patriarche de Con- *hift. c. 5.* ftantinople, qui étoit très exact Critique en fa langue, que Jean Bodin, qui dans une beaucoup moindre connoiffance de la même langue, ofe faire un jugement tout contraire,

& reprendre la diction, avec la façon d'écrire de Diodore, comme si un étranger pouvoit prononcer aujourd'hui quelque chose de considérable là dessus, après ce qu'en ont dit les anciens, & contre le sentiment de ceux, qui ont eu la langue Grecque pour maternelle.

5. de trad. disc. Il ne faut pas faire plus d'état de l'invective, dont use Loüis Vives Espagnol contre Diodore, que de celle de Bodin François. Celui-ci s'est pris jusqu'à l'expression, & aux paroles; l'autre attaque le corps de son Histoire, & les choses dont est composée sa narration. Si nous en croions Vives, il n'y a rien de plus vain, que la Bibliothéque Historique de nôtre Sicilien; & Pline a eu grand tort de dire dans sa Préface, que Diodore est le premier des Grecs, qui a parlé serieusement, & qui s'est abstenu d'écrire des bagatelles. Je sai bien que l'autorité de cet accusateur n'est pas petite, aiant été très savant, eu égard à son siécle, & l'un des ornemens de son païs. Je n'ignore pas non plus que d'autres que lui, comme Pighius & Sigonius, se sont plaints des fautes que Diodore a commises dans la Chronologie, pour avoir suivi de mauvais Fastes. Et je considére assés que Vives aiant commenté les livres de Saint Au-

guſtin de la Cité de Dieu, il y avoit remar- *Lib. 18.*
qué de quelle ſorte ce grand Docteur de l'E- *cap. 40.*
gliſe s'eſt moqué des Egyptiens, qui diſoient
avoir dans leurs Livres des mémoires de cent
mille ans, à quoi le texte de Diodore ne re- *Lib. 2.*
pugne pas. Il paſſe même ce terme, lorſ-
qu'il rapporte la grande connoiſſance des
choſes du Ciel qu'avoient acquiſe les Chaldéens, qui ſe vantoient d'en avoir des obſervations de quatre cens ſoixante & douze mille ans avant le tems des conquêtes, que fit
Alexandre le Grand dans l'Aſie. Il avoit déjà *Lib. 1.*
dit, que les Egyptiens comptoient les uns
dix, les autres vint trois mille années depuis
Iſis & Oſiris, juſqu'au même Alexandre: Et
que leurs premiers Rois, qui étoient Dieux,
n'en regnerent pas moins chacun de douze
cens. C'eſt ſans doute ce que n'a pû ſouffrir
Vives, & ce qui l'a porté à déclamer ſi hautement contre Diodore, qu'il veut n'avoir été
loüé de Pline, qu'à cauſe du titre de ſon Hiſtoire, qui n'eſt pas empoulé ni ridicule,
comme celui que mettoient ordinairement
les autres Grecs au devant de leurs ouvrages.

Or quoique ce ſoit là le ſujet ſur lequel
Pline a prononcé ce bel éloge de Diodore,
primus apud Græcos deſiit nugari Diodorus, ſi
eſt-ce qu'on l'a toûjours favorablement éten-

du fur toute fa Bibliothéque, & c'eft une pure injuftice de vouloir, comme Vives, qu'il n'y ait rien de plus vain, ni de moins folide que fon Hiftoire. Déjà quant aux Ephémérides des Egyptiens, & aux fupputations Aftronomiques de ceux de Chaldée, elles n'y font rapportées, que pour faire voir ce qui étoit de la créance commune de ces peuples, fans témoigner, qu'il y défère aucunement. Tant s'en faut, il dit expreffément dans fon fecond livre, qu'il lui eft impoffible d'acquiefcer à ce que le College des Chaldéens avoit determiné du long efpace de tems, qui avoit précedé les victoires d'Alexandre, felon que nous venons de le faire voir. Pour ce qui concerne les fables, & cette excellente Mythologie que contiennent les cinq premiers livres de Diodore, je fuis fi fort éloigné de les condanner, qu'à mon avis, nous n'avons rien de plus précieux dans tout ce qui nous refte de l'Antiquité. En effet, outre qu'on peut conter des fables ferieufement, & qu'il faudroit rejetter le Timée de Platon, avec affés d'autres ouvrages de très grande confidération, fi elles étoient abfolument inutiles ; nous pouvons dire de celles-ci, qu'elles nous apprennent toute la Théologie des Idolatres. Et s'il étoit permis de donner un

om très saint à une chose profane, j'oserois
ommer les cinq livres dont nous parlons, la
ible du Paganisme. Ils nous instruisent
'abord de ce qu'ont crû les Gentils de l'Eter-
ité, & de la création du Monde. La naif-
ance des premiers hommes s'y voit décrite
n suite selon les pures lumieres naturelles.
t ils nous représentent si bien toute la Théo-
onie des Egyptiens d'où celle des Grecs tiroit
on origine, que nous ignorerions sans Dio-
lore ce que cette sorte de connoissance a de
lus curieux. Il n'est pas néanmoins le pre-
nier des Infidèles, qui a commencé son Hi-
toire par l'origine de toutes choses, aussi
bien que Moïse par la création du Monde.
Lui même nous apprend au cinquiéme livre
de sa Bibliothéque, qu'Anaximène de Lampsaque avoit écrit non pas le premier, comme
quelques-uns ont mal traduit, mais la premiere Histoire de la Grèce, parce qu'il la prenoit dès la naissance des Dieux, & l'enfance
du genre humain, afin de parler comme lui,
la continuant jusqu'au célèbre combat de
Mantinée, & à la mort glorieuse d'Epaminondas. Quoiqu'il en soit, puisque nôtre
mauvaise destinée n'a pas voulu, que les travaux des autres soient venus jusqu'à nous;
je crois qu'on ne sauroit aujourd'hui trop esti-

D v

mer ceux de Diodore, qu'elle ne nous a pas enviés, ni trop fortement rejetter l'inique cenfure de Vives, & de ses semblables.

Aussi ne ferons nous rien en cela que suivre le sentiment de tous les hommes de lettres, non seulement Ethniques, mais même Chrêtiens & Fideles. Justin Martyr appelle Diodore en divers lieux le plus célébre & le plus estimé de tous les Historiens Grecs. Il prouve par ses textes l'excellence & l'antiquité du grand Legislateur des Hébreux. Et lorsqu'il veut faire voir, qu'Homere avoit appris en Egypte ce qu'il a mis de plus beau dans ses Poësies, il se sert encore de l'autorité de Diodore, qu'il ne nomme point sans éloge. Eusebe l'encherit pardessus Justin Martyr, soit en titres d'honneur, soit en citations de passages tirés de Diodore, dont il remplit tous les livres de la préparation Evangelique. S'il veut traiter de la naissance du Monde, de ce que les anciens ont crû du Soleil & de la Lune, de la coûtume qu'avoient les Carthaginois d'immoler les hommes, & d'une infinité d'autres sujets, qui tombent dans son principal dessein, c'est toûjours en alleguant Diodore. Sur tout, quand il examine la Théologie des Egyptiens dans son second livre, que ne dit-il point à la gloire de

Paræn. ad Gr.

ce Payen? Il le nomme très illuſtre Ecrivain, très exact en ſes narrations, qui eſt dans l'eſtime de tous les hommes ſavans à cauſe de ſa profonde doctrine, & tel en ſomme, qu'il n'y a point de Grecs qui ne le veuïllent lire par une commune approbation & préférence au reſte de leurs Auteurs. Mais lorſqu'il inſiſte dans ſon dixiéme livre du même ouvrage, ſur ce que la Grèce avoit reçû des mains de ceux, qu'elle appelloit Barbares, & particulierement de celle des Juifs, toutes ces Sciences ou diſciplines dont elle faiſoit tant de cas, c'eſt où je trouve qu'il lui attribuë le plus d'honneur. Après s'être ſervi des témoignages de Saint Clement, de Porphyre, de Platon, de Démocrite, d'Héraclite, de Joſephe, & de ſemblables Auteurs de la premiere claſſe, il finit ſa preuve par un texte, qu'il rapporte du premier livre de cette incomparable Bibliothéque, dont nous traitons, afin, dit-il, que l'autorité de Diodore ſoit comme le ſceau de toute ma démonſtration. En vérité, c'eſt lui donner un merveilleux avantage, de le citer & de le mettre expreſſément après les autres, pour faire voir combien on l'eſtime ; de même que les Architectes placent la derniere de toutes cette pierre qu'on nomme la clef de la voûte, & qui ne ſert pas moins à la folidité qu'à l'ornement de tout l'édifice.

Voilà ce que j'ai voulu ajoûter aux fuffrages de Pline & de Photius en faveur de nôtre Hiftorien, de peur que les mauvais termes dont Bodin & Vives fe font fervis contre lui, ne lui fuffent préjudiciables. Si j'avois à le blâmer, ce feroit bien plûtôt de la grande fuperftition qu'il fait paroitre dans tous fes écrits, auffi bien que Tite-Live parmi les Latins, que d'avoir eu la diction mauvaife, ou d'avoir mal traité fon fujet, comme ces fâcheux Critiques l'en accufent, n'y aiant nulle apparence de vouloir préjudicier à fa réputation par ce côté-là.

DENYS D'HALICARNASSE.

QUAND Denys d'Halicarnaffe n'auroit point dit lui-même dès le commencement de fon Hiftoire, qu'il vivoit du tems de l'Empereur Augufte, Strabon nous l'apprendroit dans le quatorziéme livre de fa Géographie, où parlant de la ville d'Halicarnaffe, il obferve qu'elle a donné au monde deux grands perfonnages, Herodote, & de nôtre tems (dit-il) Denys l'Hiftoriographe. De forte que puisque Strabon témoigne dans ce même ouvrage, qu'il y travailloit fous Augufte & Tibere, nous fommes certains, que Denys d'Halicarnaffe étoit auffi du même fiécle, qui eft, comme chacun fait, l'un de ceux, qui ont le plus favorifé les Mufes.

Suidas nomme entre plufieurs Ecrivains, qui ont porté le nom de Denys, un autre que celui dont nous parlons, qui étoit d'Halicarnaffe comme lui, & de fa pofterité, aiant paru fous l'Empereur Adrien, avec le furnom de Muficien, parce qu'encore qu'il fût Orateur, fon principal talent étoit dans la Mufique, dont il fit plufieurs livres, & entre autres un, où il interpretoit tous les endroits de la République de Platon, qui ne fauroient être bien entendus fans une connoiffance particuliere de cet art. Ce qui me fait dire que cet autre Denys étoit defcendu du premier, c'eft que le même Suidas fait venir de Denys l'Hiftorien un Denys, qu'il appelle l'Atticifte, qui vivoit fous Adrien, & qui avoit fait un Lexicon des dictions Attiques, comme on peut voir dans la cent cinquante-deuxiéme Section de Photius. Or je me perfuade facilement que cet Atticifte & ce Muficien ne font qu'une même perfonne, puifqu'on met l'un & l'autre fous un même Empereur.

Pour nôtre Historien, il vint à Rome un peu après qu'Auguste eût heureusement terminé les guerres civiles, & il y séjourna vint-deux ans entiers, apprenant la langue Latine, & faisant provision des choses nécessaires au dessein qu'il avoit, d'écrire l'Histoire.

Il lût pour cela tous les livres qu'on nomme Commentaires & Annales, faits par ceux d'entre les Romains, qui avoient écrit avec quelque réputation de ce qui concernoit leur État, comme le vieux Caton, Fabius Maximus, Valérius Antias, Licinius Macer, & quelques autres. Mais il reconnoit, que la conversation des honnêtes gens de cette capitale du Monde, & les conférences qu'il y eût avec une infinité d'hommes savans, ne lui servirent pas moins, que toutes les autres diligences qu'il pût faire. Ce fut pour composer ses vint livres d'antiquités Romaines, dont il ne nous reste plus que les onze premiers, qui finissent au tems, que les Consuls reprirent la principale autorité dans la République, après le gouvernement des dix personnes, qu'on nommoit *Decemviros;* ce qui arriva trois cens douze ans depuis la fondation de Rome. L'ouvrage entier comprenoit bien davantage. Car il alloit depuis la prise de Troye, à travers le tems fabuleux &

'hiſtorique, jusqu'au commencement de la remiere guerre Punique achevant par où olybe entame ſon Hiſtoire, près de deux ens ans plus tard, que ce que nous diſions out à cette heure.

Surquoi il faut remarquer l'erreur de Sigismond Gelénius, qui s'eſt imaginé que jamais Denys d'Halicarnaſſe, qu'il a très bien traduit, n'avoit achevé ſon travail, & que la mort l'empêcha de faire plus d'onze livres, des vint qu'il s'étoit propoſé de donner au public. Cependant, *cet Etienne*, Auteur Grec, qui a écrit des Villes, cite le ſeiziéme & le vintiéme livre des Antiquités Romaines de nôtre Denys; & Photius dit dans ſa Bibliothéque, qu'il a fait lecture de tous les vint livres, donnant au dernier le même terme, ou la même fin, que nous venons de lui aſſigner.

Ce docte Patriarche nous aſſure auſſi, avoir vû l'abregé, ou *Synopſis*, que Denys fit de ſa propre Hiſtoire, qu'il reduiſit en cinq livres avec beaucoup d'élégance, mais fort peu d'agrément pourtant, à cauſe du retranchement de tout ce qui n'étoit pas abſolument néceſſaire. La perte de l'Epitome ſeroit moins ſenſible, ſi nous avions entiere la premiere compoſition. Elle a reçû tant d'approbation, fur tout à l'égard de la fupputation des tems, & de ce qui touche la Chronologie, que tous les Critiques préférent en cela Denys d'Halicarnaffe à Tite Live. Et Scaliger avouë dans fes remarques fur Eufebe, qu'il ne nous refte point d'Auteur, qui ait fi bien gardé l'ordre des années que celui là.

Pour fon ftyle, Photius le confidére comme extraordinaire & nouveau, mais accompagné d'une fimplicité, qui le rend agréable; & il ajoute, que l'élegance de fon difcours, ou oraifon, corrige & adoucit quelque rudeffe qui fe trouve quelquefois dans fa diction. Il le louë fort auffi d'avoir fû ufer de beaucoup de digreffions, qui retiennent & recréent l'éfprit des lecteurs, lorfque l'égalité d'une narration Hiftorique commence à leur être ennuieufe & à les laffer.

Et certes il n'eft pas imaginable, qu'un homme de la réputation, qu'avoit acquife Denys d'Halicarnaffe dans les bonnes lettres, pût rien produire, qui fût très poli & digne de fon nom. Nous avons fes compofitions de Rhétorique & de la plus fine Critique, qui le mettent au premier rang de ceux, qui fe font plûs à cette forte d'étude. Et quand il n'y auroit que la priére qui lui fut faite par le
grand

grand Pompée, de lui donner son jugement des premiers Historiens Grecs, d'Herodote sûr tout, & de Xenophon; elle montre assés l'estime où il vivoit de son tems, & de quelle autorité il étoit dans Rome parmi les savans, puisque Pompée le choisit entre tant d'autres pour être instruit là-dessus.

S'il y a quelque chose où l'on puisse trouver à redire, soit dans cette lettre, soit dans d'autres, qu'il addresse à Ammée, & à Tubero, sur la même matiere, c'est d'avoir été trop exact & trop austere, donnant des loix à l'éloquence si pleines de sévérité, qu'elles lui enlevent une de ses plus belles parties, qui est la généreuse liberté, dont elle a toûjours fait profession. En effet il met souvent ce bel art tellement à l'étroit, qu'il en ôte presque toute la réalité, & le réduit à la simple idée, sans esperance de pouvoir être pratiquée par personne à l'avenir, comme on peut dire, que dans la rigueur de ses maximes il n'y eût jamais de parfait Historien, ni de véritable Orateur. Qu'on étudie ses préceptes de Rhétorique sur tous les genres d'oraison, ses characères des anciens, où il montre ce qu'on doit imiter d'eux, ou ce qu'on en doit éviter, avec son autre traité, fait pour apprendre à examiner leurs écrits; l'on fera contraint d'avoüer ce que je dis, & d'admirer le chagrin d'un Critique qui trouvoit des defauts dans le ſtyle de Platon. Ce fut un des ſujets de la lettre que Pompée, prenant le parti de ce Philoſophe, lui écrivit. Et nous voions par la réponſe de Denys, qu'encore que, pour contenter Pompée, il ſe diſe admirateur de Platon, il ne laiſſe pas de lui préférer Démoſthène, proteſtant, que ce n'eſt que pour donner tout l'avantage à celui-ci, qu'il a exercé ſa cenſure contre le premier. Je m'aſſure pourtant qu'en une autre occaſion il n'eût pas épargné ſon Démoſthène non plus que les autres, tant il avoit d'inclination à reprendre, parce qu'après avoir conçû les choſes dans la plus haute perfection, il ne trouvoit rien en ſuite, qui n'en fût fort éloigné, & qui ne lui déplût par conſequent.

Mais puisque nôtre intention n'eſt pas de le conſidérer tant ici comme Orateur, que comme Hiſtorien, contentons nous de faire quelques obſervations ſur ſes Antiquités Romaines, pour reconnoitre les ſentimens, qu'il avoit, touchant les principales maximes de l'Hiſtoire.

Nous avons déjà vû, qu'il n'étoit pas ennemi des digreſſions, quand nous avons dit, que Photius tiroit un des plus grands sujets de le loüer, de ce qu'il s'en étoit si bien servi. Et celle qu'il fait dans son septiéme livre, pour décrire tout le cours de la Tyrannie d'Aristodème, surnommé le Mol, montre bien, qu'il les croioit l'un des ornemens de l'Histoire. Les longues harangues de Tullus Hostilius, & de Metius Suffetius du troisiéme livre, avec d'autres de Servius Tullius, qui sont au quatriéme, font assés voir aussi, qu'il ne condamnoit pas, comme quelques-uns ont voulu faire, toute sorte d'oraisons directes, quoiqu'il ait ailleurs blâmé les mauvaises. Il ne lui suffit pas de loüer dans le cinquiéme P. Valerius Publicola, il prend occasion sur lui de prescrire aux Historiens, qu'ils ne se contentent pas de représenter les belles & éclatantes actions des hommes illustres, sans faire voir leurs vertus particulieres & domestiques, accompagnées des éloges, qu'elles méritent; ce qui est directement contraire à l'opinion de ceux, qui veulent qu'on s'en abstienne, & de tout ce qui peut exciter les passions, afin de n'entreprendre pas sur le métier des Orateurs. C'est dans le même Livre, qu'au sujet de la conjuration des Tarquins, découverte & sévérement punie par le Consul Sulpitius, il donne cet autre important précepte à ceux qui écrivent l'Histoire, de ne mettre pas simplement dans leur narration l'évenement des choses, mais de les représenter toûjours conjointement avec leurs causes, & les moiens qui ont été tenus pour les faire reüssir, sans oublier les moindres circonstances, jusqu'à pénétrer, si faire se peut, dans les conseils des premiers auteurs, & de ceux, qui ont eu le plus de part à l'exécution. Ajoûtons qu'encore que Denys d'Halicarnasse ait repris Théopompe, d'avoir emploié mal à propos quelques comparaisons, il ne les juge pas néanmoins toutes vicieuses, s'en servant quelquefois, & de ces paralléles ou rapports d'actions, que tant de personnes ne peuvent souffrir. Ainsi sur ce que fit Tarquin, quand pour toute réponse au serviteur de son fils, il abatit en sa présence la tête de quelques pavots qui l'avoient beaucoup plus haute que les autres; il ne manque pas de remarquer comme Thrasybule avoit déja pratiqué la même chose à l'endroit de Periandre, arrachant devant son courier les épics de bled, qui avoient quelque éminence pardessus le reste de la moisson. Et lorsqu'il traite de la création, & du pouvoir absolu des Dictateurs Romains, il ne manque pas d'observer, que ce fut vrai-semblablement à l'i-

Lib. 4.

Lib. 5.

mitation des Grecs, qu'on s'avisa de faire ce Magistrat dans Rome; puisque ceux de Mitylene avoient autrefois élevé Pittaque à une dignité semblable, & terminée à un certain tems seulement, contre quelques bannis de leur Etat qui étoient compagnons du Poëte Alcée.

Or comme tous ces sentimens, que nous avons examinés ailleurs plus amplement qu'ici, me semblent fort recevables; il faut au contraire prendre bien garde à beaucoup de contes qu'il débite quelquefois avec trop de certitude, & trop d'apparence d'y déférer. Il fait que sur la parole de l'Augure Navius *Lib. 3.* Actius, un rasoir trenche en deux la pierre affiloire. Il représente Castor & Pollux, qui *Lib. 6.* combattent pour le parti Romain contre les Latins. Les fleuves Vulturne & Glanis re- *Lib. 7.* montent vers leur source en faveur des habitans de Cumes. Et une Statuë de la Fortune *Lib. 8.* prononce par deux fois ces mêmes mots, *rite me matronæ dedicastis*, selon le texte des An- *Lib. 5.* nales qu'il pense être obligé de rapporter, & avec raison, pourvû qu'il eût laissé quelque marque de n'en rien croire, comme il eût fait peut-être s'il lui eût été permis. Mais je ne vois rien dans toute l'Histoire Romaine de plus mal rapporté que l'action de Cloélie, telle qu'il la repréſente. Il veut que cette fille Romaine, qui avoit été donnée en ôtage avec pluſieurs autres au Roi Porſene, ſe ſoit retirée, & toutes ſes compagnes à ſon imitation, du camp Toſcan dans la ville de Rome, en paſſant le Tibre à la nage où elles avoient demandé à ſe baigner. Comme s'il étoit poſſible de s'imaginer, que des filles craintives, & qui n'apprenoient point à nager, euſſent ſeulement oſé regarder une telle riviere pour la traverſer, en ſe jettant dedans comme des déſeſperées, ſans aucune néceſſité, vû que la paix étoit preſque concluë. Car quoique Plutarque décrive ce lieu dans la vie de Publicola comme fort agréable & commode pour ſe baigner, il avouë pourtant que la riviere y étoit très rapide & très profonde pour ceux, qui la vouloient paſſer. Je ſai bien que Tite Live n'eſt pas plus vrai-ſemblable, quand il fait le même conte; Et que Plutarque doute ſeulement de Cloëlie, que pluſieurs diſoient avoir ſeule paſſé le Tibre à cheval, donnant courage aux autres de ſon ſexe, qui le traverſoient à la nage. J'oſe dire néanmoins, que la rélation de Valere-Maxime a beaucoup plus d'apparence de vérité, que celle de tous les autres, encore qu'il fût moins obligé qu'eux à la ſuivre rigoureuſe-

Dioi. l. 2.

ment, puisqu'il n'étoit pas Historien, & que son sujet ne l'engageoit qu'à enrichir, & s'il faut ainsi dire, enluminer de belles couleurs les actions mémorables comme celle-ci. Il se contente pourtant de représenter cette Cloelie, qui dans la faveur d'une nuit obscure se sauve du camp des ennemis, montée sur un cheval, qui la porta de l'autre côté du Tibre vers les siens. Et certes la statuë *Equestre*, qui lui fut dressée, & dont ils parlent tous, les forçoit presque à être de ce sentiment, s'ils n'eussent mieux aimé suivre le plus populaire, & celui qui rendoit leur narration plus agréable, parce qu'elle tenoit davantage de l'extraordinaire & du merveilleux; en quoi l'on ne sauroit dire combien pèchent la plûpart des Historiens.

Je ne veux pas oublier, pour corollaire à tout ce que dessus, comme du consentement d'autant qu'il y a d'hommes savans, Denys d'Halicarnasse explique beaucoup mieux les antiquités Romaines, non seulement pour le tems dont nous avons déjà parlé, mais encore pour les matiéres, qu'aucun des Historiens Latins n'a fait. Car tant s'en faut que sa condition d'étranger lui ait été préjudiciable, qu'il s'est efforcé là dessus d'observer pour son instruction une infinité de choses très curieuses de l'Etat des Romains, qu'on lit dans ses Livres & que nous n'apprenons point dans leurs propres Auteurs ; soit à cause qu'ils ont negligé d'écrire ce qu'ils croioient, que tout le monde savoit aussi bien qu'eux, soit parce que ce Grec s'est rendu plus curieux & plus diligent, qu'ils n'ont été, à rechercher tout ce qui pouvoit servir à la connoissance de leurs affaires. Cependant ce lui est une grande gloire de les avoir tous passés, en des choses où il sembloit, qu'ils dussent avoir de si grands avantages sur lui.

JOSEPHE.

Aulus Albinus.

L'ON s'est autrefois moqué d'un Consul Romain, qui s'étoit mêlé d'écrire une Histoire en Grec, s'excusant dans la Préface de ce qu'on pouvoit rencontrer de moins pur dans son élocution, à cause de sa naissance dans l'Italie où l'on ne parloit que Latin. Et Caton dit de fort bonne grace en lisant cela, que cet Auteur étoit bien ridicule, d'avoir mieux aimé demander pardon d'une faute, que de l'éviter, vû que rien ne l'obligeoit à la faire, & que le péché n'étoit pas encore commis lorsqu'il prioit qu'on lui fit grace. Plu-

Maluisti culpam deprecari, quàm culpa vacare. A. Gell. l. 11. c. 8. Plu. in Cat.

tarque tourne cela d'une autre façon, & veut que Caton ait prononcé, qu'il iugeoit ce Conful fort digne d'excuse, pourvû qu'il fit voir comme il avoit été contraint d'écrire en Grec par un Arrêt des Amphictyons. Or cette ingénieuse raillerie, qui signifie, qu'une excuse est toûjours déraisonnable, quand elle n'est pas nécessaire, ne sauroit avoir lieu à l'égard de Josephe; parce qu'encore que comme Juif il fut aussi étranger dans la Langue Grecque, que celui de qui nous venons de parler; il étoit obligé de s'en servir, ou de la Latine, s'il vouloit être entendu des Grecs & des Romains, pour qui principalement il declare dans son Prologue de la guerre Judaïque, qu'il mettoit la main à la plume. Car personne n'ignore combien ces Peuples étoient peu curieux du langage Hebreu; & nous savons, que quand ce grand Capitaine Hannibal voulût se délasser à coucher sur le papier les gestes de Cn. Manlius Volso dans l'Asie, il le fit non pas en langue Punique ou Carthaginoise, qui étoit un Dialecte de l'Hébraïque, mais en Grec, qu'il avoit appris de l'Historien Sosile de Lacédémone son Précepteur, afin que son travail eût quelque cours parmi le monde. Dans le même dessein, Josephe n'aiant pas vrai-semblablement assés de connoissance du

Æmil. Prob in Hann.

Latin, se vit obligé d'écrire en Grec, qui lui étoit bien plus familier, à cause de son usage par la plus grande partie de la Syrie. Ajoutons, que dans une égale possession de ces deux Langues, il auroit dû préférer, comme il a fait, la derniere, qui étoit alors maitresse de toutes les Sciences, & dont on faisoit tant de cas à Rome même pour cela, qu'il s'est trouvé de ses Citoyens, qui ont mieux aimé s'expliquer en Grec qu'en Latin dans leurs Livres. Tel fut, bien-tôt après Josephe, sous les Empereurs Nerva, Trajan, & Hadrien, cet Elien qui a écrit l'Histoire qu'il nomme diverse, avec celle des animaux, & assés d'autres traités. Il étoit natif de Préneste, & comme tel reputé Romain, aiant composé ses ouvrages d'une si belle expression en Grec, que Philostrate dit de lui, après l'avoir couché entre ses Sophistes, qu'il n'a pas moins Attiquement parlé, que les hommes les plus méditerranées du terroir Attique, pour user de ses propres termes. Quant à Josephe, son style est fort clair, si nous en croions Photius, & dans une grande pureté, il réunit le poids des raisons, & la force des sentences, avec l'élegance du discours. Il est, ajoute ce Pere, agréable & persuasif, avec une extrême adresse tant à émouvoir les pasfions, qu'à les adoucir, lorsqu'il le juge à propos. Certes ce ne lui est pas un petit honneur d'avoir si bien réüssi dans une langue étrangere, qu'on lui donne de tels éloges. Mais il ne faut pas oublier qu'outre ce qu'il a merité de ce côté-là, Eusebe veut, qu'il ait donné ses livres, tant des guerres que des Antiquités Judaïques, en Hébreu aussi bien qu'en Grec, afin d'être utile à plus de monde. *Hist. Eccles. lib. 3. cap. 9.*

Sa naissance fut très illustre, tant du côté de son pere, qui venoit des premiers Sacrificateurs de Hierusalem, que de celui de sa mere qui étoit du sang Royal des Asamonéens ou Machabées. Il vint au monde du tems de Caligula, & il y étoit encore sous Domitien, de façon qu'il a vécu durant le regne de neuf Empereurs pour le moins. A l'âge de vint six ans il fit le voiage d'Italie en faveur de quelques Ecclesiastiques de sa Nation, que le Gouverneur de Judée nommé Felix avoit envoiés prisonniers à Rome. Un Comédien Juif (*a*) que Néron aimoit, lui donna du support en Cour, & lui fit même connoitre l'Imperatrice Poppée de qui il reçût quelques bien-faits, de sorte, qu'aiant eu une très heu-

---

(*a*) nommé Aliturus. Vossius de hist. græc. lib. 1. c. 8.

reuse issuë de son affaire, il s'en retourna content en Palestine. Les factions qui étoient alors dans la Terre Sainte le firent élire Capitaine des Galiléens, charge qu'il exerça très dignement jusqu'à la prise de Jotapata, où il se vit réduit à se jetter dans ce puits qui avoit déjà servi de retraite à quarante des siens, pour y souffrir durant trois jours des extrémités merveilleuses, demeurant enfin prisonnier des Romains. Ce fut en ce tems là qu'étant captif il prédit à Vespasien son exaltation à l'Empire, & qu'il le délivreroit bien tôt de ses liens, comme Suetone le rapporte dans la vie de cet Empereur, & comme Josephe l'écrit lui même dans le troisiéme livre de la guerre Judaïque chapitre quatorziéme. Il fait voir aussi sa délivrance & la rupture de ses fers dans le cinquiéme livre de cet ouvrage au Chapitre douziéme, après que Vespasien eût reconnu par le succès la vérité de ses prédictions. Elles méritent bien qu'on observe ce que les Historiens profanes, tels que Tacite & Suetone, on dit de conforme. Ils assurent que toutes les Provinces d'Orient étoient pour lors dans une ferme opinion, que ceux à qui les Destinées & les livres sacrés avoient promis l'Empire du Monde, devoient sortir en ce tems-là de la Judée. Les Juifs

Cap. 5.

Lib. 5.
hist. *In*
Vesp. c. 4.

& Joſephe entre autres interprétoient ce qui regardoit le vrai Meſſie, de Veſpaſien & de ſon fils Titus, à cauſe des victoires qu'ils venoient d'obtenir ſur eux, & de l'immenſe étendue de la domination Romaine. Tant y a qu'en ſuite de ſa délivrance il fut ſpectateur de la priſe de Hieruſalem par le même Titus, & compoſa depuis comme témoin oculaire, les ſept livres de la guerre Judaïque, dont il lui fit, & à Veſpaſien qui vivoit encore, un préſent ſi agréable, que Titus voulût qu'on les mit ſouſcrits & approuvés de ſa main dans la Bibliothéque publique. Joſephe ajoute dans ſa propre vie, qu'il nous a lui même donnée par écrit, que le Roi Agrippa lui avoit témoigné par une infinité de lettres, qu'il le tenoit pour le plus véridique Auteur de tous ceux, qui s'étoient mêlés de traiter des affaires de leur païs. Etant repaſſé à Rome avec Veſpaſien, il y vécût ſous ſa protection & de ſes deux fils, aiant été gratifié de leurs penſions, du droit de Bourgeoiſie Romaine, & de beaucoup d'autres bien-faits, qui lui donnèrent le moien d'achever paiſiblement ſous Domitien, ſes vint livres des Antiquités Judaïques, priſes depuis la création du Monde, & conduites juſqu'à la douziéme année de l'Empire de Néron.

Ses deux livres contre Apion Alexandrin, sont faits en faveur des Juifs, que ce même Apion surnommé le Grammairien avoit diffamés autant qu'il avoit pû, dans un ouvrage qu'il publia, étant député à Rome, au desavantage de Philon & de ceux de sa Nation. Mais le discours de l'Empire de la Raison, ou du Martyre des Machabées, est la plus éloquente de toutes les piéces qui sont parties de la main de Josephe. Et pour le traité de sa vie, il le composa à l'imitation de plusieurs grands hommes, qui avoient fait la même chose avant lui, & qui ont encore été imités par beaucoup d'autres depuis. Car pour ne rien dire de Moïse, qui seul rempli de l'Esprit de Dieu a écrit non seulement sa vie, mais même sa mort; ne savons-nous pas qu'un peu avant Josephe, les Empereurs Auguste, Tibére & Claude, s'étoient plûs à laisser le plan de leur vie à la posterité tracé de leurs propres mains ? Agrippine mere de Néron, n'en fit pas moins au rapport de Tacite. Et des particuliers, tels que Sylla, Varron, Rutilius Rufus, Æmilius Scaurus, & Nicolas Damascène, avoient déjà pratiqué le même genre de composition. S'il faut parler des autres, qui s'y sont aussi exercés depuis Josephe, nous nommerons en premier lieu les

Empereurs Hadrien, Marc Antonin & Severe; secondement, pour nous approcher davantage de ces derniers tems, Jacques Roi d'Arragon, Maximilien Premier, l'Abbé Trithème, Cardan, & Auguste de Thou, qui tous nous ont donné des livres de leurs propres vies.

Mais le différend n'est pas petit aujourd'hui entre les hommes de savoir, touchant le crédit, que doit avoir parmi nous l'Histoire de Josephe. Car si nous nous en rapportions à Maldonat, Melchior Canus, Pererius, Salmeron, Baronius, Salian & quelques autres, il ne faudroit faire nul état de tous ses travaux, qu'ils diffament, comme pleins d'anachronismes dans la supputation des tems, & de mensonges dans la narration des choses qu'il traite. Baronius entre les autres le reprend *Ad ann.* avec une merveilleuse séverité dans sa Préface *Chr. 58.* qu'il nomme Apparat, & en une infinité d'au- *cap. 158.* tres lieux encore de ses Annales, jusqu'à lui imputer de n'avoir pas sçû bien dire au juste quel âge il avoit, & de s'y être trompé de six ans entiers. Que si d'un autre côté nous déférons à ses Partisans, tels que Scaliger & Calvisius, qui mettent Justin Martyr, Eusebe, Saint Jerôme, Suidas, & assés d'autres anciens de leur parti, nous serons obligés de le placer au rang des meilleurs Historiens, qui nous restent. Et véritablement quand je considére avec quelle recommandation Saint Justin a parlé de Josephe, j'ai de la peine à le condanner aussi absolument que plusieurs le font. Il le nomme plusieurs fois un très sage Historiographe, & le joignant avec Philon, il dit, que ce sont deux personnages dignes de grand respect. Pour Eusebe, il remarque dans son Histoire Ecclesiastique, comme Josephe avoit été honoré d'une Statuë à Rome, ce que nous avons déja observé, le nommant un Auteur très véritable, & qui mérite, qu'on ajoûte foi à ce qu'il dit. Les livres de la Préparation Evangelique du même Eusebe sont pleins de passages de Josephe ; & dans le troisiéme de sa Démonstration aussi Evangelique il rapporte cet endroit des Antiquités Judaïques, qui fait une si expresse mention de Jesus Christ. Quant à S. Jerôme après avoir mis Josephe entre les Ecrivains Ecclesiastiques, il confirme les faveurs qu'il reçût de Vespasien & de Titus, avec l'honneur qu'on lui fit, de mettre ses livres dans la Bibliothéque publique, & de lui ériger une Statuë dans Rome. Il cite aussi son témoignage de Jesus Christ dont nous venons de parler. Et dans une de ses Epitres il n'a point

Lib. 3. c. 9.

Ep. 22.

point feint de le nommer le Tite Live des Grecs, par un éloge, qui montre bien la grande estime qu'il faisoit de son Histoire. A l'égard de Suidas, il répere presque toutes les mêmes choses, qu'il avoit pû voir dans Justin, dans Eusebe, & dans Saint Jerôme; & il lui donne particulierement cette qualité d'amateur de la vérité, qui est merveilleusement considérable sur le sujet où nous sommes. Certes, je ne m'étonne pas, qu'il se trouve après cela des personnes, qui prennent l'affirmative pour Josephe contre ceux, qui l'ont voulu tout-à-fait décréditer. Scaliger néanmoins a passé un peu trop avant, lorsqu'il l'a nommé dans l'avant-propos sur le livre de la Correction des Tems, tantôt le plus diligent, & le plus ami de la vérité de tous les Ecrivains, *diligentissimum*, καὶ Φιλαληθέςατον *omnium Scriptorum*, encherissant ainsi sur Suidas par un superlatif; tantôt le plus véritable & le plus réligieux de tous les Auteurs, *omnium Scriptorum veracissimum & religiosissimum.* Il ajoûte à cela que la probité & l'érudition de Josephe se faisant reconnoitre par tout, il ne fera pas difficulté de soutenir hardiment, que non seulement en ce qui touche les affaires des Juifs, mais même en toutes les autres, il est plus à propos & plus sûr de s'en rapporter

à cet Hébreu, qu'à tout le reste des Auteurs Grecs & Latins. Je ne voudrois pas cautionner un avis si extrème. Je pense pourtant, qu'on peut dire sans hazard & sans méconte, que hors ce qui peut être contraire dans Josephe au Texte sacré du vieux & du nouveau Testament, c'est pour le surplus un Historien de grande autorité, & qui mérite, qu'on lui défère beaucoup, sur tout en ce qu'il raporte des choses de son tems, dont il parle comme témoin oculaire. Car nous devons, il me semble, interpréter principalement par là ce que tant de Chrétiens ont souvent prononcé à sa recommandation.

Or quoique le passage de Josephe touchant Jesus Christ & le Christianisme naissant, ait été cité, comme nous venons de voir, dès le tems d'Eusebe, & par de grands hommes depuis, il ne laisse pas d'être suspect à beaucoup d'autres, qui le croient supposé, & inseré dans le texte de Josephe par une de ces fraudes pieuses, dont ils croient, qu'on s'est quelquefois servi en faveur de la Réligion. Ba- *Ad ann. 34. c. 226.* ronius, qui n'est pas de leur avis, dit qu'on trouvera cet endroit rayé dans un manuscrit Hébraïque des Juifs de Rome, qu'il ne donne pas pour être du propre langage de Josephe, comme il eût pû être selon Eusebe, mais seulement pour une Traduction du Grec en Hébreu. Cela juſtifie plûtôt l'antiquité du paſſage, & l'animoſité des Juifs contre nôtre croiance, qu'il ne décide pleinement la queſtion. Et bien que le même Cardinal s'ef- *Ad ann.* force de montrer ailleurs ce qui a pû porter *96. cap. 1.* humainement Joſephe à rendre un ſi glorieux témoignage de nôtre Sauveur, outre l'impulſion divine, qui l'a peut-être contraint d'en uſer ainſi; il reconnoit néanmoins, que ce paſſage, tel que nous l'avons à préſent, eſt incorrect, & que celui du tems de Saint Jerôme paroiſſoit plus vrai-ſemblable, où Joſephe ne dit pas que Jeſus étoit le Chriſt attendu, *Chriſtus hic erat*, mais ſeulement qu'on croioit qu'il le fût, *& credebatur eſſe Chriſtus*. Il y a dequoi s'étonner, que Pho- *Sect. 47.* tius ne ſe ſoit jamais ſouvenu d'un texte ſi *76. & 238.* notable dans trois différentes Sections, où il examine cet Auteur. Le principal eſt que nous ne ſommes plus aux ſiécles, où l'autorité de Joſephe étoit importante à l'établiſſement de l'Egliſe. Ceux néanmoins, qui s'en voudront prévaloir en ceci, ſoit contre les Juifs, ou autrement, le peuvent bien faire après tant de Peres, dont il eſt toûjours permis de ſuivre les ſentimens.

Mais il faut bien prendre garde de plus

F ij

près aux omissions de Josephe, qui vont à la suppression de beaucoup de vérités Evangeliques. Car encore qu'il n'ait rien écrit de la venuë des Mages dans la Judée, non plus que du massacre des Innocens, dont parle Saint Matthieu, ce n'est pas à dire qu'on doive tant soit peu douter de ce que nous en apprenons dans l'Histoire des Evangiles. En vérité, c'est une chose étrange, que Josephe, qui ne pardonne rien à Hérode, qui s'est bien souvenu de tant de jeunes hommes, que ce Tyran fit égorger ou brûler avec leurs Précepteurs, pour avoir abatu l'Aigle Romaine de la porte du Temple de Hierusalem, & qui nous a si expressément fait voir tous les autres crimes du même homme, notamment dans cette harangue des Juifs prononcée à Rome contre sa mémoire, en présence de l'Empereur; que ce Josephe, dis-je, n'ait pas dit le moindre mot d'une action si cruelle, si odieuse, & de si grand éclat, que dût l'être celle du massacre de tant de pauvres enfans, par l'ordonnance du même Hérode. Mais son oubli, ou sa malice Judaïque, s'il s'en est tû à dessein, ne peuvent pas préjudicier à la vérité, ni être alleguées contre l'autorité de nos textes sacrés, & celle même d'un Payen tel que Macrobe, qui est expresse

Cap. 2.

Lib. 1. de bello Iud. cap. 21.

Ib. lib. 2. cap. 4.

pour cela dans le second livre de ses Saturnales, où il rapporte le mot d'Auguste, Qu'il valoit mieux être l'un des pourceaux d'Hérode, que l'un de ses enfans. Josephe a écrit aussi beaucoup de choses dans ses Antiquités tout autrement, que Moïse n'a fait, en quoi il ne peut pas être suivi sans impieté. Pour le surplus, on ne sauroit nier, qu'il ne nous ait appris mille belles curiosités de l'Histoire de son païs, que nous ignorerions sans lui, qui nous les a fort bien représentées, encore que, comme on l'a observé, il ne soit pas toûjours d'accord avec son Compatriote Philon.

Ce qui nous doit recommander bien fort l'Histoire de Josephe, c'est qu'outre l'avantage de son extraction pour la connoissance des choses, puisque la science & le Sacerdoce étoient dans une étroite union parmi les Juifs, il fut si bien instruit aux bonnes lettres dès sa plus tendre jeunesse, qu'à l'âge de quatorze ans, comme il dit, les Pontifes & les premiers hommes de Hiérusalem le consultoient sur les plus grandes difficultés de la Loi. A seize ans il se mit à étudier ce qui étoit particulier à chacune des trois Sectes, qui avoient cours dans son païs, la Pharisienne, celle des Saducéens, & l'autre qu'ils ap-

F iij

pelloient des Esseniens. Et pour mieux reconnoitre cette derniere, qui faisoit profession d'austerité & de solitude, il fut trouver au desert un Banus, que nous pouvons nommer Hermite, vû sa façon de vivre de fruits & d'herbages, ne se couvrant que de feüilles, ou d'écorces d'arbres, & se lavant de nuit & de jour le corps dans des eaux froides contre les tentations de la chair. Josephe passa trois ans auprès de cet Anachorette, au bout desquels il reprit le train de la vie civile, & fit profession publique de suivre la Secte des Pharisiens, qu'il soûtient être fort semblable à la Stoïque, dont les Grecs & les Latins ont fait tant de cas. C'est une chose certaine, qu'il n'y avoit que les Pharisiens, qui fissent profession de la Politique, & qui eussent part au gouvernement de l'Etat; de sorte, que si un Saducéen étoit contraint d'exercer quelque Magistrature, ce qu'il faisoit toûjours très mal volontiers, le peuple l'obligeoit de déferer au sentiment des Pharisiens, & de se conduire par leurs maximes, comme on peut *Lib 18.* voir dans Josephe même, où il traite de ces *Antiq.* *Iud. c. 2.* trois Sectes, dont nous venons de parler, & d'une quatriéme qui étoit un raffinement du Pharisianisme. Tant y a que selon les principes de sa Secte, il accepta les premiers emplois soit de paix soit de guerre parmi les Juifs ; ce qui donne une merveilleuse autorité à son Histoire, comme étant ordinairement des choses, qu'il a vuës lui-même, & des actions où souvent il a eu la meilleure part.

Il se faut bien garder de confondre, comme a fait Munster, le faux Josephe surnommé Gorionide (qui a fait aussi, ou plûtôt falsifié, une Histoire de la guerre Judaïque) avec celui de qui nous traitons ici. Quand ce Pseudo-Josephe a mis dans son troisième livre des Gots en Espagne, & fait occuper dans le cinquiéme les Gaules par des François; il a suffisamment declaré son impertinence, d'avoir voulu en disant cela, passer pour le vrai Josephe, du tems duquel il n'y avoit ni Gots en Espagne, ni François en nos Gaules. Il est rempli de repugnances semblables, qui ne peuvent être supportées, que par la crédulité des Juifs de ces derniers siécles, qu'on ne voit ingenieux qu'à se tromper eux mêmes. Scaliger prend celui-ci pour un François circoncis, qui n'est pas un fort ancien Auteur, ou du moins qui a écrit depuis le sixiéme siécle de nôtre salut. L'invective dont j'ai déjà usé dans le Chapitre de Xenophon contre de tels imposteurs, m'empéchera de déclamer ici davantage contre eux.

ARRIEN.

Du tems de l'Empereur Adrien, & des deux Antonins le Pieux & le Philosophe qui lui succedèrent, un auditeur d'Epictete nommé Arrien se mit à écrire l'Histoire. Il est difficile de dire, si elle a précédé ou suivi les quatre Livres qu'il nous a donnés des Propos de son Maitre, avec son Enchiridion, que Simplicius, qui l'a commenté, nous assure, dès le premier Chapitre, être de la main d'Arrien. Car comme on pourroit penser d'une part que selon le cours ordinaire & naturel, il se seroit porté aux contemplations Philosophiques sur l'arriere saison de sa vie: d'un autre côté aussi nous voions dans la Préface de ces mêmes Propos, dont nous venons de parler, qu'il les avoit écrits tels simplement qu'Epictete les prononçoit, les recueillant de sa bouche, lorsqu'il étoit encore disciple de ce grand homme. Il se plaint même de ce que contre son intention, & sans qu'il le sçût, on les avoit publiés; ce qui nous oblige apparemment à les prendre pour un ouvrage de sa jeunesse, lequel Photius dit avoir été autrefois de douze Livres, sans les huit de *Dissertations* aussi Philosophiques, dont il fait mention, & dont il ne nous reste rien. Pour ce qui est des compositions Historiques d'Arrien, encore que nous en aions perdu une grande partie, il nous en est assés demeuré pour l'estimer beaucoup ; & les sept Livres des conquêtes d'Alexandre le Grand, avec le huitiéme, qui traite de l'Inde en particulier, suffisent pour lui donner rang entre les premiers Historiens.

Je ne parle point ici de la description qu'il nous a aussi laissée du Pont Euxin, & de toutes les terres qui l'environnent; non plus que de celle de la Mer Erythrée, qui comprend une partie des côtes de l'Ocean Indique, avec le Golphe Persique, & celui de la Mer Rouge; parce que ce sont des piéces de Géographie plûtôt que d'Histoire : & si nous n'avions que cela de lui je me serois abstenu de le nommer, aussi bien que je me suis tû de Strabon, pour me tenir dans la seule considération de ceux, qui ont entrepris de justes corps d'Histoire. J'observerai seulement après le curieux Rhamusio, que beaucoup de personnes ont voulu distinguer nôtre Arrien qui décrit dans son huitiéme Livre le voiage de Nearche, Admiral d'Alexandre, depuis le fleuve Indus jusqu'au Golphe Persique, de celui qui est Auteur du Periple, ou de la description des côtes de la Mer Ery-thrée. La différence du style où ils se fondent me semble bien legere pour établir assés fortement leur opinion, vû même qu'on tombe d'accord, que l'un & l'autre Arrien, s'il en faut mettre deux, étoient d'un même tems, qui est celui d'Antonius, & du Prince des Géographes Claude Ptolomée Alexandrin. Mais ce qu'ajoûte Rhamusio est de grande considération, qu'encore qu'Arrien ait souvent suivi Marinus Tyrius, que Ptolomée reprend perpetuellement, il n'a pas laissé de nous donner beaucoup plus au juste la situation de plusieurs endroits des Indes Orientales, que n'a fait Ptolomée, comme les Rélations modernes des Portugais nous l'ont appris avec certitude.

Quoiqu'il en soit, le rare mérite d'Arrien le rendit si recommandable aux Empereurs de son tems, qu'ils l'élevèrent jusqu'à la dignité du Consulat. Il étoit de Nicomedie ville de Bithynie, où il fit ses études, & devint Sacrificateur de Cérès & de Proserpine, selon que lui-même le rapportoit dans ses huit Livres Bithyniques, dont parle Photius, qui commençoient l'Histoire de son païs par le tems fabuleux, & la continuoient jusqu'à la mort du dernier Roi Nicomède qui laissa les Romains héritiers de sa Couronne. Ce fut, à ce qu'il dit, par impulsion divine qu'il entreprit cette autre Histoire des Gestes d'Alexandre le Grand, sous le même titre de ἀναϐάσεως ou d'expédition, & avec le même nombre de sept Livres, dont Xenophon s'étoit servi pour décrire les conquêtes de Cyrus. Aussi a-t-on observé qu'il s'est tellement plû à suivre cet Ancien, que pour l'avoir parfaitement imité tant au style qu'en plusieurs autres choses, on lui donna communément le nom de jeune ou de second Xenophon. Il declare dans sa Préface, qu'il écrit sous la foi d'Aristobule, & de Ptolomée, qui accompagnèrent Alexandre dans toutes ses entreprises, & qui étoient d'autant plus croiables, qu'outre la qualité Roiale du dernier, ils ne donnèrent tous deux leurs rélations au public, que depuis la mort d'Alexandre, & sans y être obligés que par la seule envie de faire savoir la vérité. Si est-ce qu'Arrien avoüe au sujet de la mort du Philosophe Callisthène, qu'elle a été diversement rapportée par ces deux Auteurs, bien qu'ils se fussent trouvés tous deux aux côtés d'Alexandre, lorsqu'on instruisoit le procés de ce pauvre homme, Aristobule disoit qu'on le mena les fers aux pieds à la suite du camp, jusqu'à ce qu'il mou-

rut de maladie. Et Ptolomée affuroit, qu'après avoit été mis à la torture, il fut étranglé, pour s'être trouvé mal-heureufement enveloppé dans la conjuration d'Hermolaüs. Tant il eft difficile de favoir au jufte le vrai des chofes; & tant il eft certain qu'une même action eft presque toûjours différemment recitée par ceux, qui l'ont vuë, à caufe des divers refpects & interêts dont fort peu de perfonnes fe peuvent dire exemtes. Cela n'empêche pas qu'à parler en général, & nonobftant ces defauts particuliers qu'Arrien ne pouvoit pas corriger, fon Hiftoire ne foit d'autant plus à prifer, que celles d'Ariftobule & de Ptolomée ne fe trouvent plus. Ajoutés à cela, qu'il fe rencontre beaucoup d'endroits dans Quinte-Curce, qui ont befoin d'être reparés par le texte d'Arrien. Car quand le premier dit dans fon fixiéme livre, qu'Alexandre partit de chés les Bataves, il n'y a point de doute, qu'il ne faille mettre comme dans Arrien, qu'il fortit d'Ecbatane. Et tous les voiages des Indes Orientales faits depuis cent cinquante ans, montrent que celui-ci a mieux parlé en repréfentant les maifons ou cabanes de quelques Ichthyophages, bâties d'offemens de Baleine & d'arètes de poif-
Lib. 9. fon, que Quinte-Curce qui fe contente de

nommer ces materiaux dont elles étoient conftruites des conques ou coquilles, & des excrémens de la Mer, *conchas*, & *purgamenta maris*. J'avouë qu'il fe trouve aufli quelquefois des lieux d'Arrien, que cet autre Hiftorien éclaircit merveilleufement. Et je ne voudrois pas determiner, lequel des deux a le mieux rencontré au nom du Médecin d'Alexandre, qu'Arrien appelle Critodème, & Quinte-Curce, Critobule, Plutarque ne s'étant point déclaré là deffus. Il eft vrai que quand Pline recommande l'excellence du Médecin, qui tira la fléche de l'œil du pere d'Alexandre, fans lui rendre le vifage difforme, le nommant Critobule, il donne un grand fujet de croire, que le fils fe fervit encore du même Médecin, & par conféquent que Quinte-Curce ne s'eft pas mépris au nom qu'il lui attribué.

Au furplus, c'eft l'opinion de Photius, qu'Arrien ne cede à pas un de ceux, qu'on met au rang des meilleurs Hiftoriens. Sa narration eft toujours agréable, parce qu'il eft bref & intelligible tout enfemble. Et jamais il n'ennuye par des digreffions importunes, ni par des parentheles, qui obfcurciffent fon difcours. A peine trouverés-vous dans toute fon Hiftoire un évenement miraculeux, qui vous la puisse rendre suspecte, si vous en exceptés quelques prédictions d'Aristandre, avec le conte de ces deux fontaines nouvelles, d'eau, & d'huile, qui parurent auprès du fleuve d'Oxus, aussi-tôt qu'Alexandre s'y fut campé. Le modele, que nous avons déjà dit qu'Arrien s'étoit proposé, ne lui permet pas de s'élever jusqu'au genre sublime d'oraison, puisque l'éloquence de Xénophon n'est pas de cet ordre là. Mais il ne laisse pas d'user de si belles figures, qu'en retenant toute la clarté de celui, qu'il imite, son style n'a rien de bas ni de rampant. Il se sert à propos tantôt des harangues obliques, tantôt des directes ; & couche même tout au long dans son second livre la lettre impérieu-

Lib. 4. se d'Alexandre à Darius. L'oraison de Callisthène contre Anaxarche, qui vouloit faire adorer Alexandre, est des plus considérables entre les directes ; avec deux autres du même Prince à ses soldats qui commençoient à se mutiner, une fois dans l'Inde, & l'autre

Lib. 5. & 7. sur les bords du Tigre. Celles, qu'il leur fit avant les batailles données aux portes Amaniques, & dans la plaine d'Arbelle ou de Gaugamele, sont seulement obliques, & beaucoup plus concises comme le lieu le réqueroit. Enfin pour reprendre le favorable jugement, que fait Photius de l'Histoire d'Arrien, il tient pour assuré, que quiconque la conférera avec les plus anciennes, que tout le monde estime si fort, trouvera, qu'il y en a beaucoup d'entre elles, qui n'approchent nullement de sa valeur.

Cela ne m'empêchera pas pourtant de remarquer un endroit que je souhaiterois qui n'y fût pas, & que je tiens pour une tache, qui seroit tort à tout le corps de l'Ouvrage, si nous n'étions obligés de le regarder avec la même indulgence, dont nous avons souvent besoin, qu'on considére ce qui vient de nous. C'est sur le milieu de son premier livre, où il declare, que la grandeur & le nombre des belles actions d'Alexandre, lui ont fait entreprendre son Histoire, par la connoissance qu'il a d'être capable de s'en bien acquiter. Il ajoûte, que sans y mettre son nom, qui n'est pas obscur parmi les hommes, & sans dire ni sa patrie, ni son extraction, ni sa qualité, il lui suffit d'avertir en général, qu'il a dequoi prendre avantage en tout cela. Pour conclusion, il ne feint point de prononcer, qu'aiant aimé les lettres dès sa plus tendre jeunesse, comme Alexandre a mérité le premier rang entre ceux, qui ont commandé les armées, on ne lui peut refuser sans injustice un lieu aussi avantageux parmi les gens qui se mêlent d'écrire. A ne rien dissimuler voilà des pensées si pleines de vanité, qu'il faut toute la patience d'un Lecteur bien moderé pour les souffrir, & pour ne se rebuter pas là dessus. Elles me font souvenir de l'impertinence d'un autre Grec, qui vivoit du même tems qu'Arrien, puisque nous apprenons de Photius, qu'il dédioit la composition, dont je veux parler, à l'Empereur Marc Antonin. Afin de gagner créance, & de se préparer une favorable attention, il promettoit d'abord, que son style ne seroit pas moindre que les gestes d'Alexandre le Grand, qui étoient le sujet de son Livre: Et néanmoins il n'y avoit rien de plus froid que ses narrations, ni de plus imbecille que la façon, dont il s'exprimoit, par le témoignage du même Patriarche. Il est aisé de juger, que l'ambition de cet homme n'étoit guéres différente dans son principe de celle d'Arrien, quoique la suite ait rendu le premier beaucoup plus ridicule, à cause qu'il ne fit rien qui répondit à ses promesses, là où Arrien nous a laissé pour gage de sa parole un des plus beaux ouvrages de l'Antiquité. Cela n'empèche pas pourtant, que nous ne remarquions la faute, que tous ceux, qui l'imiteront au reste, doivent soigneusement

Sect. 131.

ſement éviter, n'y aiant choſe au monde plus inſupportable, que la louange de ſoi même, qui attire la haine & le mépris d'un chacun, au lieu de l'eſtime, qu'on s'étoit propoſée, & de la réputation, qu'on vouloit acquerir comme de haute lutte.

Outre les ſept Livres, dont nous venons de parler de l'expédition d'Alexandre le Grand, & le huitiéme qui eſt de l'Inde Orientale, telle qu'elle étoit connuë de ce tems-là, Arrien écrivit l'Hiſtoire de ce qui ſe paſſa après la mort de ce Prince invincible entre ſes Capitaines, qui ne ſe pûrent jamais accorder au partage de leurs conquêtes. Ce travail étoit diviſé en dix livres, desquels il ne nous reſte que l'Abregé, que Photius nous en a donné dans ſa Bibliothéque. Nous avons ſemblablement perdu les Bithyniques, dont j'ai déja dit un mot, & où il citoit lui même deux autres livres de ſa façon, le premier de ce que Timoleon Corinthien avoit fait de conſidérable dans la Sicile, & le ſecond des moiens, que tint Dion de Syracuſe pour délivrer la ville du même nom & toute la Sicile de l'oppreſſion du ſecond Denys, qui la tirannifoit. Le malheur n'a pas été moindre à l'égard d'un autre ouvrage de dix ſept livres, que Stephanus cite plus d'une fois dans ſes villes, & qui concernoit les Parthes, leur origine des Scythes, & leurs guerres avec les Romains du tems de Trajan. Photius dit encore, qu'il avoit fait une Histoire Alanique, ce qui se rapporte à ce que nous lisons dans Dion Cassius d'un Arrien, qui gouvernoit la Cappadoce sous l'Empereur Adrien, & qui mit à la raison les Alains & les Massagetes, y aiant grande apparence, que c'est de nôtre Arrien, qu'il veut parler. Il ne faut point douter non plus, que ce ne soit le même, à qui Pline le Jeune adresse sept de ses Epitres, & que leur amitié ne vint du Proconsulat, que Pline avoit exercé dans la Province du Pont & dans la Bithynie, qu'Arrien reconnoissoit pour le païs de sa naissance. Que si nous lui attribuons encore, comme quelques-uns font, ce que les Jurisconsultes Ulpien & Paulus décident par l'autorité d'un de son nom, ce sera ajoûter la Jurisprudence aux autres connoissances de la Géographie, de l'Histoire, & de la Philosophie, que nous lui avons déja accordées. Mais l'un des plus grands éloges qu'on lui puisse donner, c'est sans doute celui, qu'il a reçu de Lucien, quand il s'excuse de la peine, qu'il a voulu prendre à mettre par écrit la vie de son faux Prophete Alexandre. Que personne ne m'accuse, dit-il, de m'être oc-

Lib. 43. dig. tit. 3. leg. 1. par. 4. & lib. 44. dig. tit. 7. leg. 47. In Pseud.

cupé sur un trop petit sujet, puisqu'Arrien, ce digne disciple d'Epictete, qui est l'un des premiers hommes d'entre les Romains, & qui avoit passé tout son âge parmi les Muses, n'a pas fait difficulté d'écrire la vie du larron Tiliborus. Il est constant qu'il y a eu plusieurs Arriens sans celui de qui nous parlons. Car Jules Capitolin se sert du témoignage d'un *In Gord.* Historien Grec nommé Arrien, pour prouver, qu'il y a eu trois Gordiens, contre l'opinion de ceux, qui n'en mettoient que deux, ce qui ne peut pas convenir à nôtre Arrien, qui vivoit un siécle avant celui des Gordiens. Et Suetone parle d'un Poëte qui portoit le même *In Tiber.* nom d'Arrien, mais qui étoit plus ancien que *art. 70.* les précédens, puisque Tibere tachoit de l'imiter dans les Poësies Grecques. C'est vraisemblablement celui que cite Suidas pour Auteur d'une Alexandriade, qui étoit un Poëme Héroïque, divisé en vint-quatre livres, & fait à l'honneur d'Alexandre le Grand.

APPIEN.

ENTRE ceux, qui ont travaillé sur l'Histoire Romaine, Appien est d'autant plus considérable, qu'outre l'Eloge que lui donne

Photius, de l'avoir écrite auſſi véritablement, qu'elle pouvoit l'être, il n'y a que lui ſeul, qui nous l'ait donnée particuliere, ſelon les Provinces & les Regions différentes. Ce n'eſt pas pour dire qu'il ſoit en cela préférable aux autres Hiſtoriens. Tant s'en faut, nous voions que les premiers d'entre eux ont toûjours ſuivi l'ordre des tems, & fait voir d'année en année ce qui s'eſt paſſé en des lieux totalement éloignés les uns des autres. Mais encore qu'Appien ſemble s'être aſſujetti à un ordre contraire à la Nature, & que perſonne des anciens n'a voulu obſerver que lui, ſi faut-il avoüer, que ce même ordre eſt très propre à repréſenter chaque choſe à part, & à mettre comme devant les yeux tout ce qui s'eſt paſſé dans un païs, n'y aiant point de methode, qui contente & inſtruiſe mieux l'eſprit à cet égard que la ſienne. Quoiqu'il en ſoit, nous apprenons de Suidas, qu'on nommoit autrefois l'Hiſtoire d'Appien Baſilique ou Roiale, par un titre fort glorieux, ſi ce n'eſt qu'il ſe rapporte particulierement au premier de ſes livres, qui contenoit outre les deſcendans d'Enée juſqu'à la fondation de Rome, le gouvernement de ſes ſept Rois; comme on le peut conjecturer par le texte de Photius. En vérité, l'Epitome de Florus est aussi composé de guerres & d'affaires separées les unes des autres. Mais ce n'est pas pourtant à la façon d'Appien; qui représente chaque chose en son entier, de quelque durée qu'elle ait été; là où Florus les brouille les unes dans les autres, & met, par exemple, entre la premiere, la seconde & la troisiéme guerre Punique, toutes celles que les Romains eûrent avec les Gaulois, les Liguriens, les Macedoniens, & assés d'autres peuples, qu'ils attaquèrent dans l'intervalle des deux trêves, qui intervinrent entre les Carthaginois & eux.

Or le jugement favorable de Photius n'a pas empêché Bodin d'accuser Appien de quelques faussetés Historiques, ou plûtôt de quelques defauts, tantôt de mémoire, & tantôt de jugement. Car quand ce rigide censeur soutient, que jamais les Romains ne se sont prêté leurs femmes l'un à l'autre à la mode des Parthes & des Lacédémoniens, c'est tout au plus réprocher à nôtre Historien, d'avoir été trop crédule, puisque Plutarque avoit déjà écrit la même chose, & assuré que Caton envoia librement à l'Orateur Hortense sa Martia pour en tirer lignée; à quoi la loi de Romulus, ou celle dont parle Aulu Gelle contre les adultéres, ne repugne pas, comme Bo-

Meth. hist. cap. 4.

In vita Cat. V.

din se l'est imaginé. Mais lorsqu'il lui impute, d'avoir fait dire à Céfar au fecond livre des guerres civiles, des paroles, qui ne furent jamais proférées que par Pompée dans la menace dont il ufa au Senat, en mettant la main fur la garde de fon épée: Que s'il ne lui accordoit ce qu'il demandoit, cette même épée le lui donneroit; cela fe peut aifément excufer fur un fimple manquement de mémoire, auquel tous les hommes font fujets; auffi bien que de s'être mécompté, en prenant Calphurnia pour Pompeia femme de Céfar, débauchée par Clodius dans le Temple, que les Romains nommoient de la bonne Déeffe. Sigonius le traite beaucoup plus mal, le taxant de legereté & d'omiffions, fans en donner néanmoins aucune preuve. Et Scaliger paffe encore plus outre dans fes Animadverfions fur Eufebe, où il ne feint point de nommer Appien un vrai enfant dans l'Hiftoire, fi ce n'eft, dit-il, qu'on ait ajouté une infinité de chofes à fon traité des guerres de la Syrie. Ce que je penfe qu'on peut avec plus de raifon remarquer de moins bien dans fes ouvrages, comme affés de perfonnes l'ont fait, c'eft d'avoir trop flatté les Romains, mettant toûjours le droit auffi bien que l'avantage de leur coté, au préjudice de toutes les autres nations de la terre, & de la sienne même.

Il reste un crime, qu'on lui objecte, & dont je crois qu'il est impossible de le bien défendre. On voit qu'il s'est attribué les travaux d'autrui par un grand nombre de textes, pris mot à mot de Polybe, de Plutarque & d'autres Auteurs plus anciens que lui, qu'il insère dans ses Livres, sans citer personne, & sans témoigner la reconnoissance, qui est duë en semblable occasion à ceux, des veilles de qui nous nous prévalons. Il y en a qui assurent, qu'il a transcrit de la même façon la plûpart de ces Commentaires d'Auguste, qui contenoient, à ce que nous apprenons de Suetone, les principales actions de sa vie. Sans mentir, c'est commettre une espéce de larcin bien infame, *deprehendi in furto malle, quam mutuum reddere*, comme dit Pline à Vespasien sur le même sujet. Et je trouve que Scaliger n'a pas mal rencontré là dessus, d'appeller Appien *alienorum laborum fucum*, puisque c'est imiter cette sorte de mouches, qui se nourrissent du miel des autres, de s'approprier de la sorte le travail de ceux, qui ont mis la main à la plume avant nous. Les Rhodiens, ainsi que j'ai lû quelque part, ne faisoient rien autre chose que changer la tête des vieilles Statuës de leur ville, & leur en donner une nouvelle, autant de fois que pour honorer la mémoire de quelqu'un, ils ordonnoient que sa représentation seroit mise en lieu public. Ceux de qui nous parlons pratiquent à peu près la même chose, par une action encore plus ridicule. En mettant leur nom sur un travail étranger, ils croient se l'acquerir, & ne voient pas, qu'au lieu de cette acquisition & de l'immortalité où ils visent, ils ne retirent ordinairement que de la honte & du mépris d'une si lâche entreprise. Cela me fait encore souvenir du trait d'Alcibiade, envers Diomede son ami, qui lui avoit donné la charge des chevaux, qu'il envoioit aux Jeux Olympiques. Car en changeant l'inscription, qu'ils devoient avoir, & les faisant courir sous le nom d'Alcibiade, il s'attribua tout l'honneur de leur victoire, qui n'étoit pas de petite considération en ce temslà; & il fut même assés injuste pour les retenir, sans en vouloir faire restitution à Diomede qui les lui avoit confiés. N'est-ce pas user d'une semblable supercherie, quand nous debitons pour nôtres, les productions d'autrui, & qu'au lieu de rendre la gloire, que doivent recueillir ceux, des pensées de qui nous nous servons, nous voulons faire passer ces mêmes pensées pour de pures inventions de nôtre esprit? Le nom figuré de *Plagiaires*, qu'ont donné les Latins à ceux qui se laissent convaincre d'un crime si bas & si odieux, montre assés en quelle abomination ils l'avoient, l'aiant ainsi appellé *Plagium*, comme s'il ne se pouvoit expier que par le foüet & par les étriviéres. Et cela me fait souvenir de ce que j'ai appris de Vitruve, dans la Préface du septiéme livre de son Architecture. Après avoir soutenu, que ceux de qui nous parlons, doivent être punis comme impies, il rapporte avec quelle sévérité le Roi Ptoloméé traita ignominieusement de certains Poëtes, qui avoient été si impudens que de réciter dans Alexandrie des vers pris de différens Auteurs, de même que s'ils eussent été de leur propre veine. Cependant ils emportoient le prix que ce Prince avoit proposé, par les suffrages de six Juges, & de tout le Peuple, si le septiéme qui se nommoit Aristophane, & qui avoit plus de lecture que les autres, n'eût fait voir le larcin de ces imposteurs, leur préférant le Poete de tous, qui avoit été écouté avec le moins d'applaudissement, mais qui pour le moins n'avoit rien prononcé qui ne fût de sa façon. En vérité, Theocrite a bonne grace de se vanter dans un de ses Epigrammes, de n'avoir jamais été du nombre de ceux, qui dérobent les vers des autres, pour les faire passer sous leur nom. Je sai bien ce qu'ont accoûtumé de répondre des personnes, qui sont obligées quelquefois de s'excuser là-dessus. Elles disent, que Clement Alexandrin a fait voir dans ses Tapisseries, & Eusebe de même dans sa Préparation Evangelique, comme les Grecs ont butiné ce qu'ils ont de meilleur sur les Hébreux, & se sont même oté leurs ouvrages les uns aux autres, dont ces deux Auteurs donnent des exemples sans nombre. L'on peut ajoûter à cela le jugement, que fait Strabon, des écrits d'Eudorus & d'Ariston Péripateticiens, qui avoient fait des Commentaires du Nil de telle conformité, que l'Oracle seul de Jupiter Hammon pouvoit découvrir qui étoit le voleur d'eux deux, qui s'entre-accusoient du même larcin. Marcianus Héracleota témoigne, qu'Eratosthène transcrivit d'un bout à l'autre un Epitome des Iles de la composition de Timosthène, & le publia pour être de la sienne. Athenée diffame Platon sur la fin de l'onziéme livre de ses Deipnosophistes, comme s'il avoit soutrait la plûpart de ses Dialogues à Byrson, à Aristipe, & à Antisthène. Et quoique nous connoissions tous le vol de

Lib. 5. & 6. Strom.
Lib. 9. c. 2. & 3.

Lib. 17. Geogr.

l'Ane d'or d'Apulée, perſonne ne ſait, ſi c'eſt ſur Lucius Patrenſis, ou ſur Lucien qu'il l'a fait, tant l'un ou l'autre de ces deux derniers a ſçû ingénieuſement faire paſſer ſa copie pour un parfait original. Mais tous ces exemples avec une infinité d'autres ne peuvent pas produire l'effet qu'on s'en eſt promis. Ce n'eſt pas bien excuſer une faute, que de montrer ſimplement, qu'elle eſt ordinaire, & commune à beaucoup d'autres. Si cela ſuffiſoit, il n'y en a point, qui ne devint aiſément pardonnable. Et pour moi j'aime mieux ſouffrir, qu'on taxe Appien d'avoir été plagiaire, que de pallier en ſa faveur un crime, duquel j'ai déjà témoigné plus d'une fois, en d'autres ouvrages que celui-ci, que j'avois une extrême averſion.

Il n'a pas ſeulement vécu du tems des Empereurs Trajan & Adrien, il a prolongé ſes jours jusques ſous celui des Antonins, (*a*) comme il le témoigne lui même. L'on peut voir auſſi dans ſa Préface ſon extraction d'une des bonnes maiſons d'Alexandrie; d'où étant venu à Rome, il ſe rendit ſi conſidérable dans la charge d'Avocat, plaidant pour les parties, qu'on le choiſit au Barreau pour l'en-

_____
(*a*) vers l'an de J. C. 140.

roller au nombre de ceux, qu'on nommoit Procureurs de César, & lui commettre, dit Photius, l'administration d'une Province. Sigonius & quelques autres le nomment Sophiste Alexandrin & Egyptien. Son Histoire étoit partagée en trois volumes, qui contenoient vint quatre livres selon le même Photius, & vint deux seulement, si nous en croions Charles Etienne, Volaterran, & Sigonius. Elle commençoit par l'embrasement d'*Ilium*, & s'étendoit au delà de l'Empire d'Auguste, aiant fait des saillies ou excursions, & donné quelquefois jusques dans le tems de Trajan. Quant au style dont il s'est servi, ce Patriarche de Constantinople, qui juge de tous, observe que comme la façon de parler est simple, aussi n'a-t-elle rien d'enflé ni de superflu. Le même donne cette prérogative à Appien, d'être non seulement véritable, comme nous avons dit dès le commencement, mais encore l'un de ceux, qui ont le plus fait paroître leur grande connoissance dans l'art de la guerre & dans la discipline militaire. On ne croit pas lire les combats qu'il décrit, on pense les voir, & être souvent au milieu de la mêlée. Son grand talent, ajoûte-t-il, est dans ses oraisons, où il manie & remuë comme il veut toutes les affections, foit pour redonner du courage aux foldats languiffans, foit pour reprimer la trop grande ardeur de ceux, qui ont befoin de retenuë. Or de ce grand nombre de livres, qu'il avoit donnés au public, nous n'en avons aujourd'hui que la moindre partie, qui font ceux des guerres Puniques, Syriaques, Parthiques, contre Mithridate, contre les Efpagnols, contre Annibal, avec les civiles, & celles d'Illyrie ; car pour les Celtiques ou Gauloifes, il ne nous en refte qu'un petit échantillon ou fragment, plus propre à nous faire regretter ce qui manque, qu'à nous contenter de ce qu'il contient. (*)

(*) Le Traducteur Anglois blame nôtre auteur, fur ce qu'il reproche à Appien d'avoir emprunté dans fon ouvrage quelques paffages de Polybe & de Plutarque fans le citer. Tout ce qu'il dit, n'étant pas de confequence, feroit comme deplacé ici, & ne feroit que rendre cette note trop longue.

DION CASSIUS.

DION Cassius, qui est encore connu par les surnoms de Cocceius, & Cocceianus, étoit né dans Nicée, ville de Bithynie, où il se retira sur le déclin de sa vie, pour y passer en repos ce qui lui en restoit, à l'exemple de ces animaux, qu'on dit, qui reviennent toûjours mourir au gite. L'infirmité de ses jambes le convioit à faire cette retraite, & il dit, que son Génie la lui avoit prédite long tems auparavant par un vers de l'Iliade d'Homere, rapporté par Photius. En effet, comme l'on attribuë à Socrate un Démon familier & Directeur de sa vie, Dion se vante d'avoir été averti par le sien, d'éviter en se retirant les embûches que lui préparoit la milice Prétorienne. Il ajoûte, que ce fut le même Démon ou la même Déesse, pour user des termes de son soixante & douziéme livre, qui lui fit écrire l'Histoire, ne se mêlant auparavant que de sujets philosophiques, tel qu'est celui des songes divins, & de leur interprétation, dont il avoit composé un Livre. Son pere Apronianus, homme Consulaire, selon qu'on parloit alors, fut Gouverneur de la Dalmatie, & en suite Proconsul de Cilicie.

pour lui, il reçût deux fois l'honneur du Confulat, qu'il exerça conjointement avec l'Empereur Alexandre, fils de Mammée, après avoir paffé par diverfes charges fous les Empereurs précédens. Car Macrinus l'avoit établi Préfect ou Gouverneur de Pergame, & de Smyrne. Il commanda depuis en Afrique. Et on lui commit en fuite l'adminiftration de l'Autriche & de la Hongrie appellées en ce tems-là Pannonies. Ces chofes ne font pas inutiles à favoir avant que de parler de fon Hiftoire, parce qu'elles la recommandent & l'autorifent grandement. Elle étoit autrefois de quatre-vints livres, divifés en huit Decades, dont fort peu fe font fauvés d'une perte fatale, comme nous avons déjà remarqué aux plus beaux ouvrages de cette nature, que les fiécles d'ignorance & de barbarie nous ont enviés. A préfent le trente-cinquiéme livre eft le premier de ceux qui nous reftent, & nous n'avons que quelques éclogues ou petits fragmens des trente-quatre précédens. Ce qui fuit jufqu'au foixantiéme eft affés entier. Mais au regard des vint derniers, il faut fe contenter de ce que Xiphilin, Moine de Conftantinople, nous en a donné par Epitome ou Abregé, le texte de Dion ne fe trouvant plus en fon entier, par un malheur qui a presque toujours suivi les livres raccourcis. Photius obferve qu'il avoit pris fon Hiftoire Romaine, auffi bien que les autres, non feulement dès la fondation de Rome, mais même dès l'arrivée d'Enée dans l'Italie, la pourfuivant jufqu'à ce monftre d'Héliogabale, avec quelque fuite du regne d'Alexandre Severe fon fucceffeur. Ce que nous en poffédons aujourd'hui, qui comprend les évenemens de trois cens ans pour le moins, ne commence qu'au tems des grands commandemens, qu'eût Lucullus, (*a*) & finit par la mort de l'Empereur Claude, le furplus étant de Xiphilin.

Or quoique tout ce que nous avons perdu de ce rare homme foit fort à regretter, je crois que rien ne l'eft en comparaifon des quarante années dernieres, dont il parloit comme témoin oculaire, & comme aiant eu part au gouvernement de l'Etat. Car pour ce qui avoit précédé l'Empire de Commode, il n'en pouvoit écrire que fur des rélations étrangères, & conformément à ce que d'autres avoient déja publié. Mais depuis cet Empereur jufqu'à celui, dont il eût l'honneur d'être

―――――――――――――――

(*a*) Lucullus vivoit environ 71. ans avant J. C.

tre collegue au Consulat, ce n'est plus sur la foi d'autrui, qu'il appuie ses narrations, c'est pour avoir vû lui même ce qu'il débite par l'organe de Xiphilin, & pour ce qu'il est intervenu souvent dans les principales actions qu'il représente. Certes, nous pouvons tirer une preuve bien claire de la prudente conduite de Dion, d'avoir sçû passer tant de mauvais tems sous les dominations tyranniques d'un Commode, d'un Caracalla, d'un Macrin, & d'un Héliogable, sans perdre ni la vie, ni les biens, ni la réputation, qui courent toûjours fortune sous de tels Princes, si l'on n'use d'une merveilleuse dextérité d'esprit. La sienne sut si loüable, qu'après avoir écoulé ces saisons d'orages & de tempêtes, où la qualité d'étranger & les richesses l'exposoient à beaucoup d'envie, il parvint heureusement comme en un port assuré, au regne d'Alexandre, très grand ami de la Justice, & puissant protecteur des hommes de Vertu.

Ce fut donc sous lui, qu'il publia l'Histoire Romaine, qu'outre son génie Septimius Severus lui avoit commandé d'écrire. Il avoüe lui même qu'il fut dix ans à ramasser les matériaux nécessaires à l'édification de ce grand bâtiment, il en emploia douze autres à l'élever, & à lui donner cette majesté, qui fait

que nous en admirons encore aujourd'hui les
piéces démembrées & les ruines. Un homme de grande naissance, comme lui, qui avoit
passé toute sa vie dans le maniement des affaires, & joint aux sciences contemplatives la
connoissance du monde, avec l'experience
de sa conduite, ne pouvoit pas reüssir autre,
que très considérable Historien. Et véritablement il n'y en a point eu, qui nous aient
si bien revelé que lui ces secrets d'Etat que
Tacite nomme *arcana Imperii*, & dont il fait
de si hauts mysteres. Il est tellement exact
à décrire l'ordre des *comices*, l'établissement
des Magistrats, & l'usage du droit public des
Romains, que ces choses là ne s'apprennent
point plus distinctement ailleurs. Et pour
ce qui concerne la consécration des Empereurs, leur apothéose, ou enrollement au
nombre des Dieux, nous pouvons dire, qu'il
est le seul Historien, qui nous en ait fait voir
une belle forme, sinon qu'Herodien l'a voulu depuis imiter sur le même sujet. C'est
particulierement dans le cinquante sixiéme
livre où Dion représente la pompe des funerailles d'Auguste, son lit de parade, son effigie de cire, & son oraison funèbre que Tibere recita par écrit devant le peuple. Il expose en suite de quelle façon son corps fut

brûlé, comme Livia recueillit & mit ses os à part, bref avec quelle adresse on fit partir l'Aigle du haut du bûcher, d'où il sembloit, que cet oiseau de Jupiter emportât au Ciel l'ame de l'Empereur.

L'oraison funebre, dont je viens de parler, m'oblige à remarquer, comme Dion s'est librement servi non seulement des obliques, mais même des directes dans le corps de son Histoire. Celles de Pompée au peuple Romain, & de Gabinius en suite, dans son trente sixiéme livre, sont des dernieres. Le discours philosophique de Philiscus à Ciceron, qu'on voit au trente huitiéme, pour lui faire souffrir constamment son exil en Macedoine, est aussi en forme de Prosopopée, après un très considérable Dialogue entre eux deux. Les harangues d'Agrippa & de Mécénas, dont le premier portoit Auguste à quitter l'Empire, & le second au contraire à le retenir, sont encore du même genre, & contiennent tout le cinquante deuxiéme livre. Et Xiphilin ne s'est pas contenté dans son abregé du soixante deuxiéme, de faire reciter à Paulinus Gouverneur de la Grande Bretagne une oraison directe à ses troupes prêtes de choquer les Angloises; après les avoir divisées en trois corps différens, il lui fait prononcer trois harangues séparées, sur le même sujet de bien combattre, pour obtenir la victoire. L'on peut voir par là, que ceux, qui croient, que toutes sortes de harangues sont messéantes dans l'Histoire, ne trouveront pas leur compte avec Dion, puisqu'il ne s'est pas abstenu des plus rudes à souffrir qui sont les directes; & qu'il a même emploié le Dialogue, beaucoup plus contraire à leurs regles.

S'il faut remarquer ses défauts, il y en a d'autres dont je pense qu'on a bien plus de sujet de se plaindre. On l'accuse d'avoir trop soutenu le parti de César contre celui de Pompée, pour s'accommoder au cours de la Fortune. Il ne paroit pas plus équitable à l'égard de la faction d'Antoine, qu'il favorise toûjours au préjudice de celle de Ciceron. Et quiconque lira dans le quarante sixiéme livre l'invective de Q. Fufius Calenus contre cet incomparable Orateur, aura bien de la peine à souffrir toutes les injures, dont il semble que Dion ait voulu noircir sa réputation. Non content de lui faire réprocher, qu'il étoit fils d'un Foulon ou Teinturier, le plus souvent reduit à travailler aux vignes, ou à la culture des Oliviers; il attaque sa personne, & touche son honneur par toutes les parties les plus sensibles. Les manquemens de sa mémoire lui sont imputés à crime, sa timidité est renduë ridicule, & on lui soutient, que de toutes les oraisons, qui se voioient de lui, il n'en avoit pas prononcé une seule de la façon, qu'elles étoient rédigées par écrit. Mais Calenus n'en demeure pas là. Il lui dit effrontement, qu'il se fût bien passé de porter une robe longue, s'il n'eût eu besoin de cacher ses vilains pieds, & de couvrir ses jambes mal faites. Il découvre son lit conjugal, pour mettre en évidence ce que ses femmes pouvoient avoir de vicieux, de l'une desquelles il veut qu'il ait lui-même prostitué l'honneur. Et descendant jusqu'à ses enfans, il lui fait commettre des incestes avec sa fille, représente son fils comme un infame débauché, qui étoit ivre jour & nuit. En vérité, c'est traiter en Satyrique plûtôt qu'en Historien l'un des plus grands personnages de la République Romaine, dont Dion semble avoir pris tellement à cœur la diffamation, que dans le livre suivant il reprend un nouveau sujet de faire vomir mille opprobres contre sa mémoire par Fulvia femme d'Antoine, qui lui perce la langue d'une infinité de coups d'aiguille.

Il n'a guéres été plus respectueux envers Séneque, si la conjecture de quelques uns n'est véritable, que Xiphilin ait malicieusement debité les sentimens de Suillius, ou de quelque autre aussi méchant homme, pour ceux de Dion. Tant y a qu'on lit dans ce que Constantin avoit recueilli de lui, & dans l'Abregé de Xiphilin, que Séneque avoit mené une vie du tout contraire à ses écrits, & à sa

Lib. 60. profession philosophique. Les adultères avec Julie & Agrippine lui sont imputés, avec la mort de celle-ci. On lui fait faire des leçons de *pederastie* à Néron, & on l'accuse d'avoir monté avec ce Prince sur le theatre où il lui applaudissoit. Bref, son luxe & son avarice y sont exagerés à tel point, qu'on le jugeroit auteur des revoltes de l'Angleterre, qui ne pouvoit plus souffrir ses usures, non plus que Néron les conjurations, dont il lui fut impossible de se garentir, qu'en faisant mourir ce mauvais précepteur. Et néanmoins Dion n'a pas laissé de parler fort honorablement de la sagesse de Séneque dans son cinquante neuviéme livre, qui seroit une contradiction si formelle, que j'aime mieux attribuer à tout autre qu'à cet Historien les calomnies que nous venons de rapporter, puisque d'ailleurs aucun des anciens n'en a parlé que les seuls abbréviateurs.

Nous pouvons ajoûter aux taches de

l'Histoire, que nous examinons, quelques traits de superstition & de crédulité, qui seroient capables de la décréditer, si l'on ne donnoit quelque chose à l'humanité, & si nous ne savions, que les premiers Auteurs en ce genre d'écrire sont presque toûjours tombés dans les mêmes inconveniens. Au quarante septiéme livre le Soleil parût à Rome tantôt plus petit, & tantôt plus grand, que de coutume, avant cette sanglante bataille donnée aux champs Philippiques, qui fut encore précédée d'une infinité d'autres prodiges. Ce qu'on a crû de l'étrange naturel des Psylles contre les venins, se lit dans le cinquante uniéme, au sujet de la mort de Cleopatre, que ces hommes (puisqu'il n'y avoit point de femelle Psylle, & qu'ils s'engendroient eux mêmes) tentèrent en vain de faire revivre. Dans le cinquante huitiéme un Phenix fut vû en Egypte, l'an de la fondation de Rome sept cens quatre vints dix. Ailleurs Vespasien guérit un aveugle en lui *Lib. 66.* crachant sur les yeux, & fit un semblable miracle sur la main d'un, qui en étoit estropié, laquelle il remit en vigueur & redressa en marchant dessus, après que l'un & l'autre eûrent été avertis en songe, qu'ils recevroient ce bien-fait de l'Empereur. En un autre en- *Lib. 67.*

droit le fameux Apollonius de Thyane vit, étant dans la ville d'Ephese, ce qui se passoit à la mort de Domitien dans Rome, au même instant qu'il la recevoit, de sorte qu'il s'écria, nommant l'assassin par son nom d'Etienne, que quelques Parélies ou Couronnes Solaires avoient désigné, qu'il frapât hardiment, & un peu après, que c'en étoit fait ; comme si Dion s'étoit voulu conformer à Philostrate, qui écrivoit au même tems la vie imaginaire de ce Philosophe; & qu'il n'y eût point de différence entre l'Histoire véritable & la fabuleuse.

V. lib. 8 de vita Apol. c. 10.

Ce que quelques-uns, & Baronius entre autres, trouvent à redire dans Dion, de n'avoir pas été favorable au Christianisme, ne me semble pas de grande considération, puisqu'on ne le doit considérer que comme un Auteur Paien, qui n'avoit garde par conséquent d'appuier une réligion contraire à celle, dont il faisoit profession. Il est vrai, qu'en parlant des victoires de Marc Aurele, il attribuë à l'art Magique d'un Arnuphis Egyptien, plûtôt qu'aux prieres des Chrêtiens, les pluies miraculeuses, qui tombèrent en faveur des Romains, & les tempêtes étranges qui affligèrent l'armée des Quades, que le docte Cluverius prend pour les Moraves d'aujourd'hui.

Ad an. Chr. 176.

Mais faut-il s'étonner, qu'en des choses sujettes à diverses interprétations, comme le sont ordinairement de semblables prodiges, un Historien Idolatre, tel que Dion, ne fasse pas le même jugement, que feroit un Fidele? & qu'il en ait parlé d'autre sorte, que Tertullien, Eusebe, Paul Diacre, & quelques autres n'ont fait?

Il nous reste à observer quel a été son style, que Photius met entre les plus relevés, la hauteur des pensées où il est employé, l'enflant extraordinairement. Son discours, dit-il, est rempli de façons de parler, qui tiennent de l'ancienne construction ou syntaxe, & de termes, qui répondent à la grandeur des matiéres, qu'il traite. Souvent les periodes sont entrecoupées de parenthéses, & il use de beaucoup de *hyperbates*, ou transgressions, qui sont fort importunes, si l'on ne s'en sert à propos comme lui. Mais ce qui est fort rémarquable, c'est, qu'encore que son oraison soit très nombreuse & très ajustée selon l'art, il ne paroit pas néanmoins, & le Lecteur ne s'apperçoit aucunement du soin qu'on y a pris, à cause qu'elle est d'ailleurs si claire & si intelligible, que chacun présuppose autant de facilité dans la composition, qu'il y en a dans la lecture. Au surplus, il s'étoit proposé Thucydide à imiter, qu'il suit, sur tout dans ses narrations & dans ses harangues. Mais il a cet avantage sur lui, qu'on ne lui peut pas reprocher l'obscurité. Pour tout le reste, c'est un modéle qu'il copie avec toute sorte de curiosité. Voilà le jugement, à peu près, qu'en fait Photius, bien plus croiable en cela que Sigonius, qui pour dire quelque chose du sien, s'est avisé depuis peu d'accuser Dion, d'avoir été trop Asiatique, & de s'être étendu dans ses harangues jusqu'à l'importunité. Il faut laisser à tout le monde la liberté d'opiner, suivant la loi des Romains, *populo libera sunto suffragia*. Je pense pourtant qu'en ce qui touche le langage, le plus sûr est de s'en rapporter toûjours aux naturels, & à ceux, qui l'ont succé avec le lait, plutôt qu'aux étrangers, qui sont bien plus sujets à se méprendre.

Outre l'Histoire de Dion, & ses petits traités, dont nous avons déja parlé: il semble que Suidas lui attribue quelques autres compositions, comme la Vie du Philosophe Arrien, les Gestes de Trajan, & de certains Itineraires. Raphaël Volaterran le fait encore Auteur de trois livres intitulés du Prince, & de quelques petits traitez de Morale.

Il faut aussi remarquer, qu'il y a eu plusieurs Dions de grande considération, & un entre autres, qui vivoit un siécle avant Dion Cassius, au tems de ce même Empereur Trajan. C'est celui, que l'Eloquence fit surnommer Chrysostome, qui étoit de Pruse, & par conséquent de Bithynie comme l'autre, & que Trajan aimoit si particulierement, qu'il l'a souvent honoré d'une place auprès de lui dans son carrosse. Ces deux Dions se distinguent par leurs professions aussi bien que par leurs surnoms. Le premier selon le tems étoit Orateur & Philosophe, le second Historien & homme d'Etat, tel que nous l'avons représenté dans cette Section.

HERODIEN.

L'HISTOIRE d'Hérodien reçoit sa principale recommandation, comme la plûpart de celles, dont nous avons déja parlé, du mérite de son Auteur. Il declare dès l'entrée de son premier livre, qu'il n'écrira que les choses de son tems, & ce qu'il a vû lui même, ou entendu de personnes croiables; mais qu'il en dira beaucoup où il a été emploié, à cause des offices publics par lui exercés, se pouvant vanter d'avoir passé par les principales charges de l'Etat. Sur la fin du second il fait une autre déclaration assés conforme, avant que d'entamer le regne de Septimius Severus, qui contient tout le troisiéme livre, avec cette particularité, qu'en géneral son Histoire sera de soixante dix ans, & comprendra le gouvernement de tous les Empereurs, qui ont succedé les uns aux autres, durant ce tems-là, c'est à dire depuis Marc Aurele, ou Antonin le Philosophe, jusqu'au jeune Gordien petit fils du premier, & que quelques-uns, comme Jules Capitolin, comptent pour le troisiéme du nom. En effet, le huitiéme livre, qui est le dernier de ceux d'Hérodien, finit par la mort indigne de ces deux vieillards, Balbinus, & Pupienus qu'il appelle Maximus, dont la milice Prétorienne fit un massacre infame, pour élever tumultuairement au thrône Imperial le jeune Gordien.

Quant au style d'Hérodien, Photius rend ce témoignage de lui, qu'il a écrit d'un air d'autant plus clair & plus agréable, que sans affecter trop les termes Attiques, il en emploie, qui relevent de beaucoup son discours au dessus du plus bas genre d'oraison. Il ajoûte, que comme on ne voit rien de superflu dans ses ouvrages aussi ne peut-on pas dire qu'il ait omis les choses nécessaires, ou qui devoient être sçûes.

Et pour comble d'éloge, Photius ne feint point de dire, qu'eu égard à toutes les vertus de l'Histoire, il y a fort peu d'Auteurs à qui Hérodien doive ceder.

Nous avons remarqué dans la Section précédente, comme il s'est plû à nous faire connoitre, aussi bien que Dion Cassius, les cérémonies Païennes, dont on usoit à la consecration des Empereurs Romains. C'est au commencement de son quatriéme livre, où il représente si bien tous les honneurs funebres rendus aux cendres de Severus, que ses enfans avoient transportées d'Angleterre à Rome dans un vase d'albâtre, qu'il est difficile de rien voir de plus instructif, ni de plus exact. Il montre, comme elles furent reçûës avec adoration de tout le peuple & du Senat, dans ce vaisseau qu'ils nommoient *Urne*, & que les Consuls portèrent jusqu'au Temple où étoient les sacrés monumens des Empereurs, pour nous servir de ses propres termes. De là passant à la pompe des funerailles & de l'Apothéose de Severe, il fait mettre son effigie de cire à la porte du Palais, dans un lit d'ivoire fort haut élevé & magnifiquement paré; où sept jours durant les Senateurs vétus d'un noir de dueil, & les Dames Romaines habillées de blanc sans aucun ornement, lui venoient rendre leurs respects, prenant séance les uns à la droite, les autres à la gauche de ce lit, avec une contenance fort triste. Il observe même, comme tous les jours de cette cérémonie les Médecins venoient visiter la même figure de représentation, en s'approchant du lit, & déclarant tout haut, que le mal alloit de pis en pis, tant il est vrai, que ce Monde est une continuelle Comédie. Ce tems passé, les plus considérables de la jeunesse, du Senat & des Chevaliers, portoient le même lit sur leurs épaules, premierement au marché vieil, où tous les Magistrats de Rome avoient accoutumé d'être destitués de leurs charges, & où divers chœurs de jeunes hommes d'un côté, & de filles de l'autre, chantoient des hymnes composés à la loüange du defunt. De là l'on alloit avec le même ordre dans le Champ de Mars, qui étoit hors de la ville, où le lit & l'effigie étoient posés dans un tabernacle de face quarrée, & élevé en forme de Phare maritime, dont nôtre Historien fait la description si naïve, soit pour l'ornement extérieur, soit pour les différens étages & départemens du dedans, qu'il n'y a personne, qui n'en comprenne facilement la structure. Les Chevaliers Romains faisoient en suite courir leurs che-

Universises mundus exercet histrioniam Sen.

vaux autour de cette grande machine, par des mouvemens reglés qu'on nommoit alors Pyrrhiques, & par des évolutions, qu'on appelle aujourd'hui caracols. Il y avoit même un certain nombre de chariots chargés de personnes, qui repréfentoient les premiers hommes de ce grand Etat, qu'on faifoit encore retourner à l'entour du même édifice, ou Bucher mortuaire, jusqu'à ce que le fucceffeur du defunt au gouvernement de l'Empire, prenoit le premier une torche, dont il mettoit le feu à des matiéres difpofées par le bas à le recevoir. Elles embrafoient bientôt tout ce fuperbe bâtiment, parce qu'il n'étoit compofé que de bois, & l'on voioit au même tems partir de fon plus haut étage l'Aigle, que la fuperftition Paienne croioit fervir de vehicule à l'ame de l'Empereur.

Au furplus, Hérodien emploie librement par toute fon Hiftoire les harangues directes. Vous avez dans le premier livre, celle de Marc Antonin à fes amis, qu'il leur fit un peu avant que de mourir; avec une autre que recita Commode encore fort jeune devant fa milice, pour gagner le cœur des foldats. Et le huitiéme livre qui eft le dernier, finit presque par l'oraifon, que prononça Maximus au milieu de fon armée, un peu auparavant que de la ramener à Rome. Tous les autres livres font remplis de femblables discours, qui tiennent de la déclamation. Et comment eût il fait difficulté d'en ufer, s'il a crû pouvoir mettre tout au long dans fon Hiftoire, fans lui faire tort, la lettre que Macrinus écrivit d'Antioche au Senat, & au Peuple Romain, qu'on voit au commencement de fon cinquiéme livre?

Il ne s'eft pas abftenu non plus des Digreffions. Il y en a une dans le premier livre, au fujet de cette Idole de la Mere des Dieux, que les Romains firent venir de Phrygie. Après avoir conté, comme la pierre toute taillée étoit tombée du Ciel dans le champ de Pefinunte, il fait arrêter le vaiffeau qui la portoit, comme s'il eût été immobile à l'embouchûre du Tibre, jufqu'à ce qu'une Veftale l'eût tiré avec fa ceinture, pour preuve de fa pudicité. Et fans fe taire des Orgies, que célébroient les Eunuches d'une telle Divinité, & beaucoup d'autres fables, qui en dépendent, il ne rend point d'autre raifon de fa faillie ou diverfion, finon, qu'écrivant en Grec, il a crû obliger ceux de fon païs de leur faire favoir ce que portoit la Théologie Latine à cet égard, parce que fort peu d'entre eux en avoient connoiffance.

Jules

Jules Capitolin cite Hérodien dans la vie de Clodius Albinus, comme un Historien très digne de Foi; & néanmoins il ne laisse pas de l'accuser dans ses deux Maximins, d'en avoir favorisé l'un en haine d'Alexandre Severe, dont la mémoire lui étoit odieuse. Si est-ce qu'Hérodien loüe ce Prince de clémen- *Lib. 6.* ce, & de grande douceur d'esprit, qui le fi- Anaima- rent regner quatorze ans sans verser de sang, perium. & sans faire mourir personne hors des termes de la Justice ordinaire; ce qu'il remarque pour une vertu bien rare, & sans exemple depuis Antonin le Philosophe. Mais à la vérité, il a merveilleusement décrié le gouvernement de l'Imperatrice Mammée, que d'autres proposent pour modele à toutes celles qui doivent avoir soin de l'éducation des Souverains, qu'elles ont mis au Monde. Tantôt il la dépeint comme une avaricieuse infame, qui pilloit les successions de plusieurs personnes par de mauvais & frauduleux moiens, & que son fils même haïssoit pour cela. Tantôt il la représente si orgueilleuse, qu'elle ne pût jamais souffrir, qu'on nommât sa Belle Fille Auguste, désirant posseder toute seule le titre d'Imperatrice. Il dit que ce fut là dessus qu'elle fit enfin relleguer honteusement en Afrique, contre le gré d'Alexandre,

Tome IV. Part. II. I

cette pauvre innocente; après avoir moiénné la mort de fon pere, qui n'avoit pû s'empêcher de fe plaindre publiquement de tant d'injures, qu'ils recevoient, lui & fa fille, de Mammée. Et quand il décrit la perte d'une armée Romaine, qui s'étoit avancée dans le païs des Parthes, n'en rejette-t-il pas toute la faute fur la même femme? qui empêcha l'Empereur fon fils d'aller au fecours, étouffant autant qu'elle pouvoit tout ce qu'il avoit de généreux, & fe fervant de ce mauvais prétexte, qu'il ne devoit pas tant hazarder fa perfonne. Bref, Hérodien ne donne point d'autre raifon de la mort de l'un & de l'autre, lorfqu'ils furent affaffinés par leurs propres foldats, que la haine, qu'ils portoient à la mere, à caufe de fon avarice infatiable, & de fes épargnes honteufes, qui élevèrent enfin Maximin à l'Empire.

Or il n'eft pas feul entre les Hiftoriens, qui diffame cette Imperatrice d'un vice fi fordide. Lampridius, après l'avoir nommée une fainte femme, ne laiffe pas de lui reprocher en fuite cette grande convoitife, d'accumuler tout l'or & l'argent, qu'elle pouvoit attraper. Et lorfqu'il repréfente, comme Alexandre Severe fut affaffiné par fes gens de guerre, il dit, que cela fe paffa avec de grandes injures de leur part contre l'avarice de sa mere. Sextus Aurelius Victor ne se contente pas de faire prononcer à ce Monarque dans le dernier moment de sa vie, que la même personne qui la lui avoit donnée étoit cause de sa mort; il ajoute, que Mammée avoit reduit son fils à telle extrémité, par une humeur épargnante, qui la tenoit, que ce peu qu'on desservoit de leur table, qui étoit fort frugale, s'y voioit remis pour la seconde fois, au repas suivant, afin de la contenter.

Avec tout cela pourtant, le même Hérodien ne laisse pas d'estimer grandement le soin extraordinaire, que prit Mammée de l'instruction de son Pupille, éloignant de lui les hommes vicieux, & sur tout ces pestes de Cour, qui flattent les mauvaises inclinations des Princes, dont ils pervertissent le naturel, & débauchent incontinent l'esprit. Il assure, qu'elle ne laissoit approcher personne de lui, de qui la vie ne fut vertueuse, & les mœurs dans l'approbation commune; aiant d'ailleurs reglé & dispensé tout son tems de telle sorte, qu'il en donnoit la meilleure partie à l'action, & aux emplois dignes de sa naissance, sans permettre qu'il lui en restât, où il pût vaquer aux choses mauvaises, qui se plaisent & s'entretiennent dans l'oisiveté, comme dans leur propre élement. Certes ce sont des précautions, qu'on ne sauroit assés priser, & qui méritent bien les éloges, que cette Dame a reçûs de plusieurs; sans que nous parlions de sa vigilance, & de ses peines infinies à préserver ce cher fils, dès ses plus tendres années, contre la violence d'un tel monstre qu'Heliogabale, qui tenta toute sorte de moiens pour le faire mourir, par le propre texte d'Hérodien. Nous ve-

Lib. 1. nons de voir, comme Lampridius attribuë à Mammée la sainteté de vie. Il ajoûte, que jamais Souverain ne fut mieux élevé qu'Alexandre Severe dans tous les exercices de paix & de guerre, dont elle lui donna d'excellens maitres. Et il finit la vie de cet Empereur, en disant qu'il étoit de très bonne nature, comme fils d'une très bonne

Lib. 1. mere. Zosime montre que l'animosité de la Milice contre eux deux, venoit de ce que Mammée avoit élevé ce fameux Jurisconsulte Ulpien, (*a*) au dessus des Capitaines des Gardes de l'Empereur; ce qui n'est pas une petite preuve du zèle, qu'elle avoit pour la

---

(*a*) Secretaire d'Etat de Theodore Roi d'Italie en 514. Il a beaucoup écrit. Il mourut en Calabre dans un Couvent, où il s'étoit retiré.

Juſtice. La Chronique de Caſſiodore témoigne, que le reſpect & la pieté (pour ne changer point ſes termes) d'Alexandre envers Mammée, le firent aimer de tout le monde. Mais Euſebe a paſſé tous les autres, en ce qu'il a écrit d'elle à ſa recommandation. Il nous aſſure que c'étoit une femme auſſi remplie de vertu, & particulierement de pieté, priſe dans un autre ſens que celui de Caſſiodore, qu'il y en eût de ſon tems. Il dit, qu'elle paroiſſoit réligieuſe dans ſa façon de vivre & dans ſes mœurs. Bref, par le deſir qu'elle eût de voir Origene, le faiſant venir d'Antioche, pour l'ouïr parler, Euſebe fait aſſés comprendre la bonne opinion, qu'il avoit de Mammée. Que dirons-nous donc des mauvaiſes rélations qu'Hérodien nous a données d'elle? Croirons-nous avec Jules Capitolin qu'il n'étoit pas content du gouvernement d'Alexandre Severe, & que cela le faiſoit parler de la ſorte? Ou ſi nous jugerons, que dans un mélange des vices & des vertus de Mammée, cet Hiſtorien n'a voulu ſupprimer ni les uns ni les autres, afin de s'acquiter fidélement du devoir de ſa charge? En vérité, je penſe que c'eſt la plus équitable opinion qu'on puiſſe prendre là deſſus.

Lib. 6. Eccl. hiſt. cap. 15.

Encore que nous ne considérions Hérodien ici, que dans sa profession d'Historien, si est-ce que quand Suidas nous apprend, qu'il a écrit beaucoup de choses, l'on peut présumer, qu'outre les huit livres, que nous avons de son Histoire, qui sont fort brefs, il avoit fait beaucoup d'autres ouvrages, qui ne sont pas venus jusqu'à nous. Surquoi il faut remarquer, qu'il étoit originairement Grammairien d'Alexandrie, aussi bien, que son pere Apollonius surnommé le *Dyscole* ou le Difficile. Et c'est peutêtre pour cela qu'Ammien Marcellin l'appelle *artium minutissimum sciscitatorem*. Quoiqu'il en soit, il passa la meilleure partie de son âge dans Rome à la Cour des Empereurs, où il eût moien de s'informer avec la curiosité qui paroit dans ses livres, de mille belles choses, que nous n'apprenons point ailleurs.

Lib. 22. hist.

ZOSIME.

Ceux qui ne mettent nulle distinction, non plus que Sigonius, entre l'Historien Zosime, & deux ou trois autres du même nom, commettent, il me semble, une faute notable. Car Suidas en nomme deux,

ZOSIME.

dont le premier étoit Alexandrin, qui avoit écrit entre autres ouvrages la vie de Platon; & le second de Gaza, ou d'Ascalon, qui fit des Commentaires sur Demosthene & sur Lysias, du tems de l'Empereur Anastase. Ce dernier Zosime ne doit donc pas être confondu avec l'Historien, qu'Evagrius dit expressé- *Lib. 3.* ment dans l'invective, qu'il fait contre lui, *Eccl. hist.* avoir été sous l'Empereur Theodose le Jeu- *cap. 41.* ne. Je ne vois pas non plus, pourquoi nous prendrions celui d'Alexandrie pour le même Historien; puisque leurs écrits sont tout à fait différens; & que la qualité de Comte & d'Avocat du Fisc, que le dernier avoit euë, n'est point attribuée à l'autre par Suidas, qui lui donne simplement celle de Philosophe. Balthasar Boniface veut encore, que l'Histo- *L. de* rien Zosime ait écrit un Livre Chymique de *Rom. hist.* la transmutation des Métaux, qu'il avoit ouï *scr.* dire qu'on gardoit dans cette précieuse Bibliotheque Roiale de Paris. L'erreur est double en cela, parce que le manuscrit dont il parle, & que j'ai consideré, est d'un Zosime qui se dit Panopolitain; & d'ailleurs, c'est une supposition de nom, qui est toute commune parmi les Chymistes, qui se plaisent ainsi à s'entretromper par des écrits qu'ils attribuent faussement tantôt à Démocrite,

I iiij

tantôt à Zosime, tantôt à quelque autre pour les autoriser. Tant y a que l'Histoire de Zosime n'a nul rapport avec de telles compositions. Elle en avoit bien plus, si nous en croions Photius, avec ce qu'Eunapius fit de l'Histoire des Césars, qu'il sembloit, que Zosime eût simplement abregée, tant l'une avoit de ressemblance à l'autre, hors les endroits qui concernoient Stilichon, dont Zosime ne diffamoit pas la réputation, comme faisoit Eunapius. C'est dequoi nous pourrions mieux parler, si les Venitiens avoient donné au public le Manuscrit qu'on assure, qu'ils ont de l'Histoire de celui-ci. Cependant il est certain, que le premier des six livres de Zosime, qui comprend la suite des Empereurs depuis Auguste jusqu'à Probus, & qui alloit autrefois jusqu'à Diocletien, est si succint & si abbregé, que rien ne le peut être davantage. Les cinq autres livres sont plus étendus, sur tout quand il vient au tems de Théodose le Grand, & de ses enfans Arcadius & Honorius, parce qu'il parloit alors de ce qu'il avoit vû. Il ne passe guères le second siège, que mit Alaric devant la ville de Rome, & les sujets de division qu'on fit naître entre Honorius & lui. Aussi n'avons nous que le commencement de son sixiéme livre, la fin ne s'en trouvant plus. Mais je ne fai pas fur quelle autorité Sigonius fe fonde, pour foûtenir, qu'il y avoit un feptiéme livre de l'Hiftoire de Zoſime, qui s'eft auſſi perdu, vû que Photius n'a parlé que de fix, & que je ne vois perfonne, qui ait fait mention de ce feptiéme.

Nous avons déja dit un mot de l'invective d'Evagrius contre Zofime. On la peut voir encore plus au long dans Nicephore de Callifte. Photius dit, qu'il aboie comme un chien après ceux de nôtre créance. Et il fe trouve peu d'Auteurs Chrétiens, jufqu'à Leunclavius, qui a fait l'Apologie de ce Paien, où l'on ne voie les mêmes plaintes contre lui, à caufe de ce qu'il écrit au defavantage de nôtre Religion. Pour dire la vérité, quoique ce favant Alleman le defende fort pertinemment en beaucoup de chofes, faifant voir, qu'on a eu tort de vouloir, qu'un Hiftorien infidele, comme Zofime, eût d'autres fentimens que ceux, qu'il a fait paroître; ou qu'il s'abftînt de dire les vices des premiers Empereurs Chrétiens, ne s'étant pas tû de leurs vertus : On ne fauroit nier néanmoins, qu'en une infinité d'endroits il n'ait témoigné bien plus d'animofité que les loix de l'Hiftoire ne le permettent.

Lib 16. Eccl. hift. cap. 21. &feq.

Car je veux qu'il ait eu raifon de repro-

cher à Constantin cette imposition du Chry-
sargyre, ou de l'or lustral, qu'Anastase ôta
depuis ; Que son devoir l'obligeât de taxer
son luxe & ses profusions ; Et qu'il ait dû
même l'accuser, d'avoir fait étouffer sa femme Fausta dans une étuve trop chaude, après
qu'il eût commandé par jalousie la mort de
son propre fils Crispus : Peut être qu'Eusebe écrivant du tems de ce même Constantin,
ou pour le plus tard de Constantius son fils,
n'osa pas dire des choses si hardies, comme
il arrive à tous ceux, qui publient de semblables ouvrages, où les Puissances, qui dominent, sont interessées. On sait d'ailleurs, que
Constantin fit assés d'autres actions reprehen-
sibles. Il rappella d'exil, pour complaire à
sa sœur Constance, l'héresiarche Arrius ; Et
il relegua S. Athanase dans Treves, au grand
préjudice des Catholiques. Mais Zosime
ne peut être excusé, d'avoir autant qu'il a
pû, mal interpreté toutes les actions de ce
Prince. Il ne se fit Chrétien, si vous l'en
croiés, que sur ce qu'on lui dit, que le Paganisme n'avoit point de lustrations qui le pus-
sent laver de tant de crimes ; ce qui le fit resoudre par l'avis de je ne sai quel Egyptien à
prendre la Religion Chrétienne, qui promettoit l'absolution de toute sorte de fautes,

Comme si Zosime avoit pénétré tous les *Lib. 2.* mouvemens intérieurs de Constantin, & toutes les graces, dont son ame pouvoit être remplie par la liberalité du Ciel ? S'il parle des différens de cet Empereur contre son beau-frere Licinnius, tout le tort est du côté du premier, qui n'observoit pas une de ses paroles. Et il ne se contente pas de dire, que Constantin le fit étrangler dans Thessalonique, violant la foi donnée à la femme de ce misérable; il ajoute, que ce fut selon son style ordinaire, ne laissant passer aucune occasion de le déchirer, qu'il n'en fasse usage.

Or ce n'est pas au sujet seul de Constantin que Zosime fait voir sa passion contre le Christianisme. Il attribuë la chûte de l'Empire Romain au mépris de l'ancienne Réligion du Paganisme, & principalement à ce qu'on oublia du tems de Dioclerien la célébration des Jeux Séculaires. Les malheurs, qui arrivèrent à Gratien n'eurent point d'autre cause, *ib. 2.* que le refus qu'il fit comme Chrétien d'être Souverain Pontife des Gentils, ce que Constantin même, dit-il, n'avoit pas eu en aversion. Quand Théodose exhorta le Sénat *Lib. 4.* Romain à quitter le culte des Idoles, lui declarant qu'il ne vouloit plus faire la dépense des Sacrifices; il met cette réponse dans la bouche de tous les Sénateurs, Qu'il n'y avoit point d'apparence de leur vouloir faire abandonner une Réligion où ils avoient prospéré douze cens ans durant, pour suivre une Foi sans raison, à laquelle il sembloit qu'on eût intention de les contraindre. La description injurieuse de l'ordre Monachal, qu'il dit s'approprier presque tous les biens sous prétexte d'en faire part aux pauvres, n'est pas une petite preuve de son animosité. Il appelle hypocrite & méchant cet Olympius, qui fut cause de la ruine de Stilichon, tant parce qu'il veut toûjours faire passer celui-ci pour innocent, que pource que l'autre étoit un Chrétien de grande estime, comme on peut voir par deux lettres, que S. Augustin lui écrit. Bref, personne à mon avis ne le croira, quand non content d'avoir représenté S. Jean Chrysostome comme un séducteur du peuple, il assure que le Pape Innocent Premier, qu'il nomme πόλεως ἐπίσκοπον *urbis episcopum*, permit qu'on fît des sacrifices Païens pour le salut de Rome, pendant qu'Alaric la tenoit assiégée.

Lib. 5.

Ep. 124. & 129.

L'on s'étonnera moins de l'aversion de Zosime contre nous, quand on considérera, combien il déferoit à toutes les superstitions de l'Idolatrie, qui lui a fait faire mille contes, que je nommerois indignes de l'Hiftoire, fi nous n'avions déja remarqué, comme il s'en trouve de femblables dans ceux mêmes, qui l'ont écrite avec le plus de réputation. Dès le premier livre, en fuite de la prife de Zénobie par Aurelien, il recite les Oracles, & montre les prodiges, qui précedèrent la rüine des Palmyreniens fes fujets. Et dans une famine vers le Rhin il fait tomber affez de bled pour en cuire du pain, & rendre par ce moien les Legions de l'Empereur Probus victorieufes. La fable de ce Valefius, qui fut averti par une voix de facrifier à Céres & à Proferpine fe voit au fecond livre. Dans le quatriéme, les facrifices faits à Achille par un Neftorius, garantirent Athènes & tout le territoire Attique d'un grand tremblement de terre, après la mort de Valentinien. Au cinquiéme, la même ville fut encore fauvée par le fpectre de cet Heros & par celui de Minerve, qui pacifièrent l'efprit d'Alaric, ce que je laiffe à refuter au docte Baronius. Et deux Statuës, l'une de Jupiter, & l'autre de cette fienne fille, furent miraculeufement préfervées d'un incendie arrivé fous Arcadius dans Conftantinople. Enfin tous les malheurs, qui accablèrent la maifon de Stilichon vinrent des imprecations d'une Veftale, fur

Ad ann. Chr. 395. art. 16.

ce que sa femme Serene eût la témérité de se parer d'un des atours de Rhea; & même parce que c'étoit un collier, qu'elle lui prit, l'impieté fut punie d'un cordeau, & Serene étant étranglée sentit la mort au lieu qui sembloit le plus coupable.

Il est donc raisonnable d'avouër, que l'infidelité a fait écrire beaucoup de choses à Zosime, soit en faveur de ses Autels, dont il voioit mal volontiers la destruction, soit contre les nôtres, qu'il ne pouvoit souffrir, au préjudice de son Histoire, & qui seroient capables de nous la faire mépriser, si elle ne contenoit d'ailleurs mille belles choses, que nous n'apprenons point autre part. Aussi est-il certain que hors l'excès d'aigreur, & sans cette animosité trop grande, qu'il a fait paroitre contre les premiers Empereurs Chrétiens, c'est une pure injustice de trouver mauvais, qu'il ait remarqué leurs defauts, n'aiant pas tenu leurs vertus cachées, comme on peut voir en ce qu'il a dit de Théodose, & de Constantin. N'étoit-il pas de son devoir de reprocher aux enfans de celui-ci, leurs cruautés étranges à répandre le sang de leurs plus proches parens? Et pouvons nous trouver étrange, qu'il nous ait dépeint les successeurs du premier selon leurs lineamens naturels? Arcadius, pour faire la même allusion, dont Leunclavius s'eſt ſervi, étoit un vrai animal d'Arcadie. Son frere Honorius ne valoit pas mieux que lui : Et tous deux poſſedés miſerablement par des femmes & par des Eunuches, qui abuſoient de leur autorité, furent cauſe de tant de diſgraces dans l'Empire Romain, que ſa ruine n'a point de plus certaine Epoque, que le tems de leur domination. Zoſime eût donc été blâmable, s'il ne nous eût inſtruits de tout cela, & ceux-là ont grand tort, qui lui ſavent mauvais gré de l'avoir fait.

Son ſtyle eſt recommandable, au jugement de Photius, par ſa pureté, & par cette agréable douceur, qui accompagne ordinairement ce qui eſt écrit intelligiblement. Sa diction eſt courte, & ſa phraſe conciſe, comme les devoit avoir celui, qui abregeoit ce que d'autres avoient compoſé plus diffuſément avant lui. C'eſt encore pourquoi Photius obſerve, que ſon langage n'a preſque point de figures, qui ne ſont pas propres au genre d'écrire dont il ſe ſervoit. Il s'eſt abſtenu de même des harangues, & de tous ces ornemens, qui ne conviennent qu'à la haute éloquence. Auſſi faut-il avouër, qu'il n'eſt nullement comparable aux premiers Hiſtoriens que nous avons déja examinés.

PROCOPE.

Quoique Procope ait emploié dans son Histoire (*) les harangues obliques & directes, avec tout ce qu'il a cru, qui le pouvoit approcher des anciens; il est néanmoins demeuré aussi bien que Zosime, beaucoup au dessous d'eux. Ce qui m'oblige à le mettre au rang des précédens, c'est que j'ai cru, qu'il pouvoit passer, avec Agathias, qui le va suivre, pour les deux derniers des Historiens Payens, qui ont écrit en Grec, & dont il nous reste quelque chose de considérable.

(*a*) L'Histoire de Procope est divisée en huit livres, dont deux de la guerre de Perse, abregés par Photius dans le 63. chapitre de sa Bibliothéque; deux de la guerre de Vandales, & quatre de celle des Goths. L'on peut voir en racourci toute cette histoire dans une espece d'abregé qu'en a fait Agathias, dans la Préface de son histoire, qui commence où finit celle de Procope. Outre ces huit livres de Procope il y a encore un autre livre, qui rapporte des choses, qui n'avoient point été publiées précédemment ce qu'il appelle *anecdota* & qui n'est autre chose qu'un tas d'injures ou invectives contre l'Empereur Justinien & Théodore sa femme.

rable. Je fai bien, que plufieurs perfonnes le prennent pour un Auteur Chrétien, & qu'on trouve un grand nombre de paffages dans fes œuvres, fur tout au Traité, qu'il a fait des édifices de Juftinien, où il parle comme faifoient les Fideles de fon tems. Mais il y a d'autres paffages fi contraires à cela, & l'opinion de ceux, qui le croient Ethnique eft appuiée fur de fi fortes confidérations, que je fuis contraint d'y déférer. Car fans s'arrêter à ce que Procope femble reconnoître en beaucoup de lieux la Fortune pour une grande Déeffe, & fans avoir égard à cette étrange animofité, qu'il a fait paroitre contre Juftinien, qu'on fonde en partie fur l'interêt de la Réligion, le feul endroit du premier livre de la guerre des Gots, où il parle des Ambaffadeurs qu'envoia ce Prince à l'Evêque de Rome, pour accommoder les différentes opinions des Chrétiens, n'eft-il pas capable de détromper ceux, qui ont voulu confidérer Procope comme un Hiftorien Catholique; *Je ne m'amuferai pas,* dit-il *à rapporter le fujet de telles controverfes, encore qu'il ne me foit pas inconnu, parce que je tiens que c'eft une pure folie de vouloir comprendre la Nature Divine, & favoir ce que c'eft que Dieu. L'efprit humain ne connoit pas feulement les chofes d'ici* bas, comment se pourroit-il satisfaire dans la recherche de la Divinité? Je laisse donc là de si vaines matieres, & que la crédulité seule des hommes fait respecter; me contentant d'avoüer, qu'il y a un Dieu plein de bonté, qui nous gouverne, & dont la puissance s'étend sur tout cet Univers. Que chacun croie là dessus ce que bon lui semblera, soit, qu'il se trouve Prêtre, & attaché au culte Divin, ou homme de condition privée & seculiere. En vérité il ne pouvoit pas se moquer plus nettement de toute notre Théologie, & du zèle des Peres de l'Eglise, qui s'occupoient pour lors à combattre l'hérésie des Arriens en ce qui touche la seconde personne de la Trinité. Son discours est celui d'un pur Deiste, qui pensoit comme assez de Philosophes ont fait, & ce Melissus entre autres dans Hesychius, qu'on ne pouvoit rien determiner de Dieu que témérairement, & qu'il étoit impossible d'en avoir nulle sorte de connoissance. Comment peut-on s'imaginer, qu'un homme fut Chrétien, qui fondoit sur de semblables maximes tout ce qu'il croioit du Ciel? Que si nous joignons à cela les marques de superstition Paienne, qui paroissent dans tous ses livres, nous aurons bien de la peine à le distinguer des plus profanes Gentils. Le conte qu'il fait au premier livre de la guerre Persique, de l'artifice dont se servirent des Mages pour faire confesser la vérité à un Arsace, est de cette nature. Ils couvrirent la moitié d'un plancher de terre de Perse, & l'autre de terre d'Armenie, toutes deux conjurées de sorte, que quand Arsace étoit sur celle-ci, qui étoit celle de son païs, il avoüoit tout ce qu'il avoit nié sur la premiere. Il veut au livre suivant que des *Signes* militaires (puisque nous n'avons point d'autre mot pour expliquer ce qui tenoit lieu d'enseignes aux gens de guerre de ce tems-là) se tournèrent d'eux mêmes du Couchant au Levant, par un présage de la calamité où tombèrent ceux d'Antioche. Le Roi Genzerich reconnoît dans le premier livre de la guerre des Vandales, au vol, que fit un Aigle sur la tête de Martianus, qu'il seroit un jour Empereur. Attile, prêt de lever le siége, s'arrêta devant Aquilée, voiant une Cigogne, qui emportoit ses petits hors de la ville. Et il rapporte un de ses songes au même livre, qui témoigne assez, combien il y déféroit, puisqu'il confesse, que rien ne le fit résoudre à s'embarquer avec Belisaire, que ce même songe le plus vain qu'il pouvoit faire. Ce *Lib. 1.* qu'il écrit de la guerre des Gots n'est pas plus exemt de semblables superstitions. Un juif y prédit avec trente Pourceaux la ruïne des Gots en Italie. Et Constantin y fait enterrer dans le principal marché de la ville, qui porte son nom, ce fameux *Palladium* d'Enée, transporté là de Rome expressément. Y a-t-il rien en tous ces contes, qui se ressente de la pureté du Christianisme?

Puisque nous venons de dire un mot de la mauvaise volonté de Procope contre Justinien, qu'il a renduë si visible dans ses *Anecdotes*, il faut un peu examiner cet ouvrage, dautant que c'est le lieu, d'où ceux qui ont voulu diffamer le même Empereur, ont toûjours pris toutes leurs médisances. Que si nous faisons voir le tort qu'a eu Procope, d'écrire, pour contenter sa passion, une si sanglante satyre contre son Souverain, nous rendrons au même tems de nulle considération ce que les autres ont mis d'injurieux dans leurs livres contre sa réputation. Le nom d'*Anecdotes* montre, que c'est un travail secret, & que son Auteur ne vouloit pas qui fût divulgué. L'on tient qu'il le composa l'an trente deuxiéme de l'Empire de Justinien, le laissant imparfait tant par le repentir, qui le prit de s'être laissé si fort transporter, que par la satisfaction qu'il reçût de ses gages, qui lui furent païés en ce tems-là. Car il se plaint en plus d'un lieu, que les salaires des hommes de service comme lui étoient retenus; & il lui fut insupportable de se voir éloigné durant plus de trente ans des charges & des emplois honorables, que d'autres obtenoient, dont le mérite, ce lui sembloit, n'égaloit nullement le sien. Enfin, de Secretaire qu'il avoit été de Belisaire pendant toutes les guerres de Perse, d'Afrique, & d'Italie, il fut reçû au nombre des Sénateurs: Il obtint la qualité d'Illustre, qui ne se donnoit qu'à peu de personnes, & pour comble d'honneur l'Empereur le fit Préfect de la nouvelle Rome, où il n'y avoit point d'office, qui ne fût inferieur au sien. Cependant ses *Anecdotes* sont demeurées, Suidas en fait mention, & ceux que diverses considérations ont animés contre la mémoire de Justinien, s'en sont prévalus, les ont alléguées, & depuis peu même les ont fait imprimer, avec des gloses & des commentaires très dignes du texte qu'ils interprètent. D'autres que moi se sont déja efforcés d'en refuter les absurdités, il me suffira de montrer ici sommairement, que tout ce que Procope nous a donné d'Historique est entiérement ridicule, si l'on défére tant soit peu aux calomnies de cette piéce.

Thomas Rivius & Gabr. Trivorius.

Car puisqu'il protefte dès le commencement du premier livre de la guerre Perfique, qu'on ne lui fauroit raifonnablement reprocher d'avoir rien écrit par faveur, ou pour obliger ceux, qui ne le méritoient pas, non plus que de s'être abftenu de dire la vérité, afin d'épargner quelqu'un de fes amis : Et puisqu'il reconnoit au même endroit, que comme l'Eloquence eft l'objet de la Rhétorique, auffi bien que la Fable celui de la Poëfie ; la connoiffance de la vérité eft de même le feul but, où vife l'Hiftoire : Peut-on fouffrir qu'après avoir reprefenté dans la fienne Juftinien comme un très grand & très vertueux Prince, il le faffe voir le plus infame & le plus vicieux des hommes dans fes *Anecdotes?* La crainte qu'on allégue là deffus d'offenfer les Puiffances Souveraines, ne peut pas excufer une fi honteufe diverfité, ni une contradiction fi manifefte. Et Procope eft au même tems convaincu d'avoir péché contre les deux plus importantes loix de fa profeffion, dont la premiere oblige à n'écrire jamais un menfonge, & la feconde à ne taire auffi jamais une vérité qui doit être fûë. Voions ce qui nous le peut faire plus particulierement reconnoître.

Il est certain, que Procope a toûjours parlé fort honorablement de Justinien, & de sa femme Théodore dans ses livres d'Histoire, quoiqu'il ne l'ait pas fait aussi souvent qu'il pouvoit. On peut voir, comme au second livre de la guerre contre les Perses, il loue le premier d'une prévoiance jointe à une pieté singuliere, au sujet de cette grande pestilence, qui passa d'Egypte à Constantinople, où cet Empereur emploia tous les moiens possibles pour la combattre. Et dans ses six narrations des édifices du même Justinien, il représente sans cesse sa grandeur de courage, sa dévotion, sa liberalité, sa douceur, ou sa magnificence. Ce Monastere des filles Pénitentes, que l'Imperatrice Théodore retira du vice, lui donne sujet de priser son zèle & sa charité conjointement avec celle de son mari, bien qu'il recite autrement cette action dans ses *Anecdotes*. Mais il s'est souvenu de cette Dame en beaucoup d'endroits avec de grands titres d'honneur. Quand il fut question de resister à l'entreprise d'Hipatius, qui s'étoit fait proclamer Empereur dans Constantinople, Procope la fait opiner si généreusement, qu'il assure, que rien ne donna tant de courage à tous ceux du Conseil Imperial, que

Lib. 1. de bello Pers.

la resolution héroïque de Théodore. Et lorsqu'il dépeint les mauvaises conditions de ce Jean de Cappadoce, qui fut démis de sa charge de Préfect du Prétoire, il dit, qu'il étoit si fou & si téméraire, que de calomnier auprès de Justinien l'Imperatrice Théodore, qu'il nomme une très sage femme. S'il a parlé d'elle en d'autres lieux de son Histoire sans éloge, c'a été aussi sans blâme. Il dit sa mort à la fin du second livre de la guerre Persique, mais il n'en médit point. Et au troisiéme de celle des Gots il se souvient encore de son decès arrivé au même tems que Belisaire envoioit sa femme Antonine en Cour, pour y avancer ses affaires par la faveur de l'Imperatrice, c'est néanmoins sans user de la moindre invective en son endroit. Voions maintenant le revers de la medaille, & de combien de différentes couleurs il fait le portrait de Justinien & de Théodore dans cette composition satyrique, dont nous nous plaignons.

Pag. 57. Déja pour rendre ce Prince plus odieux, il veut qu'il ressemblât quant à l'extérieur à Domitien, dont la mémoire étoit en telle horreur, que par Arrêt du Senat Romain ses statuës furent abatuës dans tout l'Empire, & son nom rasé des inscriptions publiques.

Mais quoiqu'il soit contraint dans le rapport de ces deux personnes, d'avouer que celle de Justinien n'étoit pas desagréable, il le compare néanmoins à un Ane, non seulement à cause de sa pesanteur d'esprit & bêtise, mais encore eu égard à ses oreilles mobiles, qui le firent nommer en plein theatre γαΐδαρε, c'est à dire mot pour mot *maitre Baudet*, par ceux de la faction Verte ou Prasine dont il étoit ennemi ; selon la remarque de Nicolaus Alemannus, qui a fait imprimer depuis peu ces belles *Anecdotes*, avec des notes Historiques de même farine. Au surplus, c'étoit un Prince, qui condamnoit sur la premiere délation sans ouïr personne, & qui mal informé ordonnoit froidement le rasement des places, le sac des villes, & la désolation des provinces. L'amour des femmes le transportoit au delà de toutes les bornes, & il étoit irréconciliable dans ses inimitiés. Il falloit mine d'être Chrétien, mais dans son cœur il respectoit les Dieux du Paganisme. Ses profusions, sur tout à l'égard des bâtimens, le contraignoient d'user d'exactions étranges, si bien, qu'outre les impôts ordinaires, il tiroit du Préfect de son Prétoire un tribut, qu'il nomma lui même en se moquant Adrien, parce qu'il

Pag. 36

Pag. 39, & 59.

Pag. 94

K v

n'avoit point d'autre fondement que son humeur avare & tyrannique. Son esprit leger étoit susceptible de toutes impressions, hors celle de l'humanité. Il ne garda jamais la parole, s'il ne lui étoit avantageux de l'observer. La flatterie le ravissoit, & rien ne lui fit tant affectionner Tribonien, que de lui avoir ouï dire, qu'il craignoit que sa pieté extrême ne donnât envie au Ciel de le dérober à la Terre en un instant, & quand on y penseroit le moins. Bref, il sembloit, que la Nature eût pris plaisir à verser dans l'ame de ce Monarque tous les defauts, qui peuvent diffamer le reste des hommes. Pour les perdre plus facilement, sa femme & lui leur dressèrent ce piége, qu'ils feignirent d'être toûjours en discorde, de sorte que l'un prit exprès pour cela le parti de ceux de la livrée bleuë, l'autre favorisant ouvertement la faction contraire de la couleur verte. Ils étoient tels tous deux, que plusieurs personnes, pour se mettre en leurs bonnes graces, faisoient mine d'être méchans, & d'avoir toutes leurs inclinations portées au vice. Aussi ne passoient-ils vers ceux, qui les connoissoient bien, comme Procope, que pour des Démons incarnés, & pour des vrais Furies, revêtuës de nôtre humanité, afin

Pag. 60.

Pag. 56.

de travailler plus commodément le genre humain, animer les Nations l'une contre l'autre, & mettre plus facilement tout le Monde sans dessus dessous. De fait, la me- *Pag. 57.* re de Justinien avoüa souvent, qu'elle ne l'avoit pas eu de son mari Sabbatius, mais d'un Incube, qui couchoit avec elle. Et à l'égard *Pag. 58.* de Théodore, ceux qui l'avoient aimée, lorsqu'elle étoit encore Comédienne, rapportoient, que souvent les Demons ou Esprits nocturnes les chassoient de chez elle pour prendre leur place dans son lit. L'on m'a envoié de Rome ce que la honte a fait retrancher de la page quarante & unième & quarante deuxième des *Anecdotes* imprimées, où Procope fait faire à cette femme des actions de lubricité si étranges, sur tout, quand des Oisons alloient en plein théatre chercher des grains de bled, où ils devoient le moins être, que je ne crois pas, que personne envie là dessus l'original entier à la Bibliothéque du Vatican, ni qu'on ait jamais ouï parler de semblables abominations. Mais contentons nous de ceci. C'est un craion racourci, & une description sommaire de Justinien & de Théodore, selon les lineamens, dont Procope s'est servi pour les représenter dans cet infame ouvrage, qui décredite tout ce que nous avons de lui.

Je ne veux point me souvenir ici de ce que Justinien a été mis au rang des Saints, comme Nicephore, Barthole, Jean Faber, Gennadius, & assez d'autres l'ont écrit, assignant même les Calendes du mois d'Août pour le jour de sa fête. Je dirai seulement, que quand lui & sa femme auroient été les plus vicieuses personnes du Monde, Procope n'a pas dû être si dissemblable à soi-même, & si peu fidele à la vérité, que de parler d'eux comme nous avons vû qu'il a fait, soufflant le chaud & le froid, & renversant la foi de son Histoire dans ses *Anecdotes*, aussi bien que celle de ses *Anecdotes* dans son traité des édifices, qui est le dernier de ses ouvrages. Mais sans entreprendre de refuter tant de calomnies, quelle apparence y a-t-il d'accuser de cruauté cet Empereur, après avoir montré avec combien de clemence il traita, outre les Rois Vandales, Vitiges & Gilismer, ceux même de ses sujets, qui avoient conspiré contre son Etat & contre sa personne. Jean de Cappadoce son Préfect, & le vaillant Capitaine Artabane, convaincus de cette perfidie, en furent quittes pour la prison, & le dernier se vit en peu de tems rétabli dans ses charges, & dans les bonnes graces de celui auquel il avoit voulu ôter la vie & l'Empire. Je fai bien, qu'on lui reproche d'avoir ufé de trop de féverité envers Belifaire. Nous ne lifons rien pourtant de cela dans Procope, qui vrai-femblablement ne s'en fût pas tû. Agathias écrit fimplement, que les envieux de ce grand Capitaine furent caufe, qu'il ne fut pas dignement reconnu de fes fervices, fans dire un feul mot ni de condamnation, ni de confifcation de fes biens. Nôtre Grégoire de Tours veut, que Juftinien ait été contraint de lui fubftituer l'Eunuque Narfes en Italie, parce qu'il y étoit trop fouvent battu par les François; ajoûtant que pour l'humilier, l'Empereur le remit à la premiere charge de Connétable, qui ne devoit pas être fi confidérable à Conftantinople, qu'elle eft à préfent en France. Et puifqu'il n'y a que de petits Ecrivains de nulle autorité, qui lui ont fait demander l'aumône dans une extrême miférе, il faut tenir cela pour une fable, & tout au contraire reconnoître en fa perfonne la bonté de fon Prince, qui l'aiant comblé de biens & d'honneurs, ne le traita jamais plus mal, quoiqu'on le lui eût voulu rendre fufpect jufqu'à trois diverfes fois, qu'il fut accufé de s'être voulu emparer de l'Etat. C'eft auffi une chofe étrange, que celui-là repro-

Lib. 3. Hift. c. 32.

che à Juſtinien ſes bâtimens, qui a fait un livre exprès à leur recommandation, & qui nous décrivant la ſuperbe ſtructure de tant d'Egliſes, d'Hôpitaux, & de Monaſtères, n'y a pas moins admiré la Pieté que la magnificence de ce Monarque. Il eſt vrai qu'Evagrius lui attribue la réparation ou le rétabliſſement entier de bien cent cinquante villes; mais je ne vois pas avec quelle couleur on peut tourner cela à ſon deſavantage. L'amour des femmes, dont on le diffame, n'a pas plus de fondement. Car quoique nous le puiſſions blâmer de s'être engagé ſi avant dans l'affection de Théodore, que d'extorquer de ſon prédeceſſeur Juſtin de nouvelles loix en faveur des Comédiennes, afin de pouvoir épouſer celle-ci, ce n'eſt pas à dire qu'on lui doive imputer, comme fait Procope, de s'être abandonné aux femmes, ſans rien ſpécifier, & ſans que ſon Hiſtoire ni aucune autre ait jamais parlé des Dames dont il fut paſſionné, & qui ſe ſeroient ſans doute prévalues de ſon affection, s'il eût été auſſi foible de ce côté-là que les *Anecdotes* voudroient le faire croire. Je n'ai pû m'empêcher de mettre en quelque évidence l'abſurdité de ces deux ou trois chefs d'accuſation, qui peuvent faire juger des autres, quand ils

ne fe refuteroient pas, foit d'eux mêmes, foit
parce que nous avions déja remarqué avant
que de les propofer.

Il faut pourtant que j'ajoûte ce feul mot
au fujet de la ftupidité de Juftinien, que
quelque mouvement d'oreilles, qu'il ait eu,
il n'a jamais été ftupide, comme la fatyre que
nous examinons le repréfente. A la vérité,
une faute furvenuë dans l'impreffion de Suidas, faite fur le travail de Chalcondyle il y a
près de cent cinquante ans, où le nom de
Juftinien paffa pour celui de Juftin, avec le
furnom de ἀναλφάβητος, homme fans let- *Anecd.*
tres, que Procope même n'attribuë qu'au *pag. 28.*
dernier qui ne favoit pas feulement figner
fon nom, a fait errer de grands hommes.
Alciat, Badée & Baronius font de ce nom- *Ad ann.*
bre, quand fur cette fauffe autorité, que *528. &*
tous les manufcrits du Vatican contredifent, *paffim.*
ils ont mis Juftinien au nombre des plus
ignorans Princes qui furent jamais. J'ai été
curieux de voir dans la Bibliothéque du Roi
trois autres Manufcrits de Suidas, qui y font,
pour m'affurer de l'erreur arrivée lorsqu'il
fut imprimé, comme nous venons de dire.
Les deux de la meilleure note font corrects,
& n'attribuent cette ignorance qu'à Juftin,
qu'on fait n'avoir été qu'un fimple Bouvier

avant que de porter les armes, qui le firent parvenir à l'Empire. Mais le troisiéme a fait la faute, & nomme Justinien pour Justin; ce qui montre, que l'impression suivit vrai-semblablement un aussi vicieux exemplaire. Cependant, c'est une chose certaine, que Justinien avoit très bien étudié sous son Précepteur l'Abbé Théophile : Beaucoup de livres lui sont attribués par Isidore & par d'autres. Les lettres de Cassiodore le nomment très docte. Et l'on a fait cette observation, qu'on vit au même tems trois têtes couronnées, qui faisoient profession de la Philosophie, Chosroës en Perse, l'infortuné Théodahatus en Italie, & celui dont nous parlons dans Constantinople, ce qui montre bien le tort, qu'on lui fait, quand on le traite d'ignorant & de grossier.

Disons maintenant, qu'encore que Procope soit fort blâmable d'avoir tant donné à ses ressentimens particuliers contre Justinien, il ne laisse pas d'être d'une lecture très importante, à cause que nous ne pouvons apprendre d'autre que de lui ce qu'il debite comme témoin oculaire des guerres de cet Empereur en Perse, des Vandales en Afrique, & des Gots en Italie. C'est ce qui fit commettre le crime de *Plagiaire* (nous n'a-
vons

vons point d'autre terme pour fignifier cette forte de larcin) à Léonard Aretin, quand il voulut faire voir en Latin l'Hiftoire de ceux-ci. Car n'en pouvant prefque rien apprendre d'ailleurs, il s'avifa de mettre en langage Romain les trois livres de Procope, les divifant en quatre par le partage du dernier en deux, retranchant en de certains lieux ce qu'il jugea être moins important à fon païs, & ajoûtant quelque chofe ailleurs, comme l'embrafement du Capitole par Totilas, à qui Procope ne fait pas allumer de fi grands feux dans Rome, que font ceux dont parle l'Aretin. Cependant, il fe contente de dire dans fa Préface, qu'il s'eft fervi de quelques Commentaires étrangers ou rélations Grecques, fans nommer celui, dont il eft le fimple & affez mauvais traducteur, par un oubli affecté qu'on ne fauroit trop condanner. Nous avons déja declamé dans nos Sections précédentes contre ceux, qui fuppofent des livres, en les attribuant à des Auteurs, qui n'ont jamais fongé à les faire. Et véritablement il y a de l'infidelité bien grande à tromper de la forte, autant qu'on peut, tout le genre humain. Mais fi ce vice eft le plus méchant, je trouve celui de *Plagiaire*, qui lui eft oppofé, & qui ôte au lieu de donner, beaucoup plus honteux, parce qu'il n'y a rien de plus vil ni de plus infame, que de dérober, & que ceux qui s'attribuent les travaux d'esprit des autres, font paroître leur impuissance à produire quelque chose de valeur. Revenant à Procope, il avoit connoissance sous Belisaire de presque tous les secrets de l'Etat, ce qui rend son Histoire de grand poids. Mais on trouve mauvais le zèle excessif, dont il est porté pour ce Général, & Bodin entre autres soutient, qu'il s'est montré trop partial pour lui. C'est ainsi qu'on reprend Eginard d'avoir toûjours flatté Charles-Magne; Eusebe, Constantin; Paul Jove, Cosme de Medicis; Sandoval, Charles-Quint; & assez d'autres les Princes, qu'ils ont voulu obliger aux dépens de la Vérité. En effet, Procope ne parle jamais qu'à l'avantage de Belisaire; il enlumine toutes ses actions; & il supprime plutôt une partie des succés, dont il fait le recit, que de rien écrire qui puisse faire tort à la réputation de son Heros. J'en produirai un endroit signalé, & tel que je ne pense pas, qu'on voie rien semblable dans pas un autre Historien. Cet endroit est du second livre de la guerre des Vandales, où après avoir mis la harangue de Belisaire à ses soldats, & deux autres de Stozas son adversaire, Procope dit, que les troupes du premier se re-

Pag. 58.

voltant, contraignirent leurs Chefs de se retirer dans un Temple, où ils furent tous tués. La raison vouloit, qu'il fît savoir là dessus ce que devint Belisaire, qu'on jugeroit avoir été massacré avec les autres. Mais parce que c'est un fâcheux évenement, sans dire de quelle façon il s'en tira, Procope ajoûte simplement, que Justinien dépêcha sur cette mauvaise nouvelle son neveu Germanus, qui vint prendre la souveraineté des armes en Afrique; & sans toucher le moindre mot de Belisaire, il estropie sa narration de telle sorte, que son lecteur ne sait, où il en est. A la vérité le texte Latin est ici un peu tronqué, n'aiant pas tout ce qui se lit dans le Grec; où néanmoins la faute, que nous disons ne laisse pas de paroitre. Cela me fait souvenir d'un autre lieu du second livre aussi de la guerre des Gots, où sur une simple lettre du même Belisaire, le Roi des François Théodebert quitte la pointe de ses victoires en Italie, & retourne fuiant en son païs. Il reconnût sa faute, dit-il, & sa témérité, aussitôt qu'il eût fait lecture de cette lettre, se retirant chez soi en toute diligence. Comme si ce puissant Monarque fût venu là en Ecolier, sans avoir bien pensé à ce qu'il faisoit; & que la rhétorique de Belisaire l'eût reduit avec tous ceux de son Conseil à s'absenter

L ij

faute de repartie? Certainement il y a bien du defaut de jugement en cela, & l'Aretin a eu raison de suppléer du sien en cet endroit, que la faim & le manquement de vivres firent retourner chez eux les François victorieux. Il eût pû ajouter les maladies, conformément au texte de Gregoire de Tours qui parle de cette retraite. Je trouve encore que nôtre Historien fait faire une action à Théodebert qui ne s'accorde pas avec ce qu'il avoit dit un peu auparavant, que les François étoient les hommes du Monde, qui gardoient le moins leur foi, puisque la lettre de Belisaire, qui ne reproche à ce Roi que l'inobservation des Traitez, eût néanmoins tant de pouvoir. Un Auteur plus sensé n'eût pas parlé de la sorte, ni offensé témerairement toute une Nation, par la même animosité, qui fit décrier aux Romains la Foi Grecque & la Foi Punique, au même tems qu'ils étoient eux mêmes les plus infideles qui furent jamais à tous les peuples de la Terre. Il faut avant que je quitte cet endroit, où Procope a si mal parlé de nous, que je tire encore ma raison de lui, en remarquant avec combien de malice & d'absurdité il fait au même lieu, que les François se rendent maitres du camp des Gots, & de celui des Grecs Romanisés, sans que ceux-ci sçûssent rien de la venuë des premiers, bien

Lib. 3.
Hist. c. 32.

qu'ils fussent plus de cent mille, comme si leur armée fût descenduë du Ciel au cœur de l'Italie, ainsi que des Sauterelles, qu'un tourbillon de vent transporte quelquefois d'une region dans une autre. Mais puisque nous le reprenons d'avoir été trop partial, arrêtons ici le zéle, que nous avons pour nos ancêtres, afin qu'on ne le juge pas excessif.

Pour conclusion, je crois que Procope mérite d'être lû attentivement, à cause sur tout des choses, dont il traite seul avec une exacte connoissance: Et qu'il faut d'ailleurs user d'une grande discretion dans sa lecture, afin de discerner le bien du mal, & les defauts, dont nous avons donné des exemples, de ce qu'il a écrit plus judicieusement. Il étoit de Césarée en Palestine, d'où il vint à Constantinople dès le tems de l'Empereur Anastase, de qui il se fit estimer, aussi bien que de Justin Premier & de Justinien. Suidas après lui avoir donné le surnom de *Illustrius*, le nomme Rhéteur & Sophiste, comme de vérité il semble, qu'il ne l'ait que trop été pour un Historien. Il est diffus, mais avec une abondance, qui est plus Asiatique qu'Athenienne, ou qui a souvent plus de superfluité que de vrai ornement. Photius n'a mis dans sa Bibliothéque au Chapitre soixante troisiéme que l'abregé des deux livres de la guerre contre les Perses, quoiqu'il se soit souvenu des autres. Il le distingue ailleurs d'avec un autre Procope surnommé Gazeus, qui vivoit au même tems de Justinien, & qui étoit aussi Rhéteur de profession. Que si j'osois suivre le jugement d'un des hommes de ce Siécle qui a le plus de connoissance de la langue Grecque, je croirois volontiers avec lui que le livre des *Anecdotes* est un ouvrage supposé, & qu'on attribuë faussement à l'Historien Procope. Ce qui est véritablement de lui se voit écrit d'un style beaucoup différent de celui de cette satyre, & qui a bien plus de l'air de l'ancienne Grece. Mais parce que ceux mêmes, qui ont travaillé contre les *Anecdotes*, semblent demeurer d'accord, qu'elles sont de celui à qui on les donne, j'ai été contraint d'y faire les reflexions précedentes, & de traiter Procope sur ce fondement plus désavantageusement, que je n'eusse fait sans cela. Il est vrai qu'au même tems que j'acheve cette Section, une Epitre de Balthasar Boniface au Clarissime Molini, dont je viens de faire lecture, m'empêche de me repentir d'en avoir usé de la sorte. Elle est imprimée à la fin de ses jugemens sur ceux qui ont écrit l'Histoire Romaine. Et parce qu'ils n'avoient point parlé des *Anecdotes* au Chapitre de Procope, il prend sujet d'en declarer son sentiment à ce Seigneur Venitien dans la lettre que je dis. Certes il n'a pas été moins touché que moi par une insolente invective. Et il s'étonne, comme je viens de le faire, que Rivius & ceux qui ont entrepris d'y répondre, ne se soient point avisés de la considérer comme une piéce supposée, bien qu'il ne determine rien à cet égard, se contentant de déclarer, combien elle lui est suspecte.

AGATHIAS.

IL y a sujet, ce me semble, de douter de la Religion d'Agathias, comme nous avons fait de celle de Procope. Car quand il parle dès le commencement de son Histoire des François de son tems, il les louë entre autres choses de ce qu'ils étoient tous Chrétiens, & de ce qu'ils avoient, ajoûte-t-il, de très bons sentimens de Dieu. Mais lorsqu'il rend raison dans son troisiéme livre, pourquoi la Forteresse d'Onogoris située dans la Colchide, s'appelloit de son tems le Fort de Saint Etienne, il rapporte, comme ce Protomartyr fut lapidé en ce lieu-là, se servant du terme Φασὶν, *à ce qu'ils disent*, ou, *à ce qu'on dit*, d'où l'on tire une forte preuve de son infidelité. Aussi la plus commune opinion, fondée, tant sur ce passage, que sur quelques autres, le met au nombre des Gentils, quoiqu'il n'ait jamais usé non plus que Procope d'invectives contre le Christianisme, comme la plûpart des Historiens Ethniques ont fait à l'exemple de Zosime. Le tems, où ces deux ont vécu, peu favorable au Paganisme en est peutêtre la seule cause. Il dit lui même dans sa Préface, que le lieu de sa naissance étoit la ville de Murine en Asie, qu'il distingue d'une autre de Thrace du même nom. Son pere s'appelloit Memnonius, & sa profession étoit la Jurisprudence, suivant le Barreau de Smyrne en qualité d'Avocat, au rapport de Suidas; ce qui lui a fait donner le surnom de *Scholastique*, parce qu'on nommoit alors Ecoles, les lieux où le Droit Romain s'enseignoit, comme on les appelle encore aujourd'hui en beaucoup d'endroits. Il avouë que la Poësie s'étoit renduë maitresse de ses premieres affections, qui lui firent écrire plusieurs petits Poëmes en vers Hexametres, qu'il donna au public sous le nom de *Daphniques*. Et il se dit encore Auteur d'un recueil d'Epigrammes de diverses mains, dont je pense qu'on voit une grande partie dans l'Anthologie Grecque sous son nom. C'est ce qui rend son style si agréable & si fleuri, aiant traité l'Histoire, par l'avis du premier Secretaire d'Etat Eutychianus, comme voisine pour ce regard, & selon qu'il parle, comme limitrophe de la Poësie. Je sai bien que Sigonius & Verderius ont été d'un autre avis bien différent touchant sa façon d'écrire, qu'ils veulent être des plus basses & des plus impures. Mais ce n'est pas en ce qui touche seulement le style d'Agathias, qu'ils se sont trompés; on les a repris d'assez d'autres téméraires jugemens; & j'ai été contraint plusieurs fois jusqu'ici d'en suivre de plus équitables que les leurs. Il ne mit la main à la plume, que depuis la mort de Justinien, sous l'Empire de Justin Second, comme il le declare lui même dans sa Préface, commençant son Histoire par la fin de celle de Procope. Et je ne doute point que ce grand homme d'affaires Eutychianus, qui l'avoit embarqué dans une si haute entreprise, & qui étoit son ami intime, ne lui ait fourni beaucoup de pieces rares, & d'importans mémoires, pour y reüssir comme il a fait. L'on voit des lettres & des harangues directes dans tous ses livres, comme celle de Narses dans les deux premiers, d'Aetes dans le troisiéme, des Deputés de Colchos dans le quatriéme, de Belisaire dans le cinquiéme. Et non content de pénétrer dans les conseils, pour découvrir les causes principales des éve-

L v

nemens, il en juge le plus souvent, & contre l'usage de Xénophon & de César, qui ne font jamais voir ce qu'ils pensent des choses, il dit son avis, & suit en cela de grands Auteurs, qui ont été contraires à ceux-ci.

Encore qu'Agathias donne de grandes loüanges à Procope, il ne laisse pas de suivre des sentimens bien contraires aux siens, & même de le reprendre quelquefois pour avoir fait des jugemens peu raisonnables. Nous en pouvons donner divers exemples, dont le plus illustre sera pris de ce qu'il dit à notre avantage dans son premier livre, contre l'infame reproche, que Procope avoit fait à ceux de nôtre Nation, d'être les plus infideles des hommes. Agathias tout au rebours, après avoir montré que les François sont très polis & civils, comme ceux qui se servoient déja presque en toutes choses des loix Romaines, il ajoûte, qu'on ne les doit de rien tant estimer, que de l'exacte justice, qu'ils observent sans exception, puisque leurs Rois mêmes n'en étoient pas exemts; ce qui les faisoit vivre dans une concorde pleine d'admiration. Certainement, outre que la Justice est une vertu transcendante, & qui comprenant en soi toutes les autres, ne peut par conséquent subsister sans la fidelité; on peut dire encore qu'elle n'a rien qui lui soit plus contraire que le manquement de parole ou de foi, & par conséquent qu'Agathias ne pouvoit pas mieux démentir Procope, ni reparer plus avantageusement le tort, qu'il nous avoit fait.

Il faut que je remarque ici comme, nonobstant que ces deux Historiens eussent des pensées si opposées pour ce qui nous concerne, ils n'ont pas laissé de convenir en ce qui touchoit la grandeur & l'indépendance de nos Rois. Procope reconnoit dans le troisiéme Livre de la guerre Gotique, qu'il n'y avoit qu'eux de Monarques au Monde, avec les Empereurs Romains, qui eussent le droit de faire empreindre leur image dans la monnoie d'or; de sorte que le Roi même de Perse, qui prenoit de si glorieux titres, n'eût osé entreprendre d'en faire autant. Agathias aussi parlant du Roi Théodebert, dit, qu'il fut tellement indigné de voir que l'Empereur Justinien prenoit entre autres qualités celle de *Francicus*, comme s'il eût domté les François, & qu'il eût possedé quelque droit de superiorité sur eux; que par cette seule consideration il se resolut d'aller subjuguer la Thrace, mettre le siége devant Constantinople, & renverser l'Empire Romain, dont cette ville étoit pour lors la capitale. Je sai bien que le même Agathias appelle ce dessein témeraire, présupposant, que Théodebert fût péri dans une si hardie, ou, pour user de son terme, dans une si furieuse entreprise. Il avoue pourtant, que ce Roi l'avoit conduite à tel point, que sans sa mort survenuë dans la chasse d'un Taureau sauvage, rien ne le pouvoit plus retarder; & Dieu sait, si l'évenement eût été conforme aux conjectures de nôtre Historien. Tant y a que ce sont des témoignages irreprochables du pouvoir absolu de nôtre Monarchie, qui n'a jamais reconnu que Dieu pour superieur, & selon le mot d'un bon Gaulois à Alexandre, que le Ciel seul au dessus d'elle.

Pour revenir aux exemples des jugemens que fait Agathias, bien différens de ceux de Procope, & où la force du raisonnement semble être toute du côté du premier, nous produirons un endroit fort notable de son quatriéme livre. Il n'y peut souffrir, que Procope, non content de dire qu'Arcadius laissa la Tutelle de son fils Théodose & de l'Empire, au Roi de Perse Isdigerdes, (ce que pas un Auteur digne de foi n'avoit écrit avant lui) loué de plus cette action, comme pleine de prudence, & qu'il ajoûte, qu'encore qu'Arcadius n'eût pas au reste beaucoup d'esprit, il fit néanmoins paroitre en ceci, qu'il étoit omme sage, & qu'il se conduisoit très prudemment. C'est, dit Agathias, juger des choses par les évenemens, comme le peuple le pratique toûjours ; mais à les examiner par la raison, il se trouvera, que jamais Souverain ne fit rien de plus repréhensible, que fut la Déclaration d'Arcadius. N'étoit-ce pas donner la Brebis en garde au Loup, que de commettre son fils & son Etat entre les mains de leur plus grand ennemi, par une confiance, qui pour être quelquefois tolérable entre des particuliers, ne peut être soufferte, où il étoit question du salut d'un jeune Monarque, & de la conservation d'une Couronne, d'autant plus enviée, qu'elle vouloit donner la loi à toutes les autres ? En vérité, il n'y a personne qui ne doive acquiescer au sentiment d'Agathias, & qui ne conclue probablement avec lui, que dans l'évenement de cette Tutelle, heureux comme chacun le sait, il y a plus de sujet d'admirer la bonté & l'integrité du Roi de Perse, que la prudence de l'Empereur.

Entre plusieurs choses très remarquables qui se trouvent dans les cinq livres de l'Histoire d'Agathias, il faut singulierement observer non seulement ce qu'il dit de la suite des Monarchies Orientales vers la fin du second, mais principalement ce qu'il ajoûte dans le quatriéme de la succeſſion des Rois de Perſe, depuis cet Artaxares, qui remit l'Empire entre leurs mains, d'où les Parthes l'avoient ôté, & ſe l'étoient approprié. Car outre le ſoin & l'induſtrie du même Agathias à bien traiter cette matiere, l'autorité d'un Sergius Truchement eſt de très grand poids, qui tira des Annaliſtes & Bibliothécaires des Rois de Perſe, ce que cet Hiſtorien nous donne. Certes, il a raiſon de corriger le texte de Procope, par celui des mémoires, que lui avoit fourni cet interprete, & de les préferer à toute autre rélation, parce que chacun doit être plûtôt crû dans l'Hiſtoire de ſon païs, qu'un Etranger; ſur tout ſi l'on fonde ſon diſcours ſur des piéces authentiques, comme l'étoient celles des Archives publiques qui furent communiquées à Sergius. C'eſt par où nous finirons la premiere partie de nôtre entrepriſe, pour venir à la ſeconde, qui regarde les plus conſidérables Hiſtoriens Latins qui nous reſtent des anciens.

DES HISTORIENS LATINS.

SALLUSTE.

L A même raison, qui m'a fait mettre Hérodote le premier des Historiens Grecs, m'oblige à donner ici le même rang à Salluste entre les Latins, quoiqu'il y en ait eu de beaucoup plus anciens que lui. Car nous savons qu'Ennius avoit écrit long tems auparavant dix huit livres d'Annales en vers Heroïques, & que Navius au même siécle, se plût à mettre la premiere guerre Punique en d'autres vers nommés Saturniens. Fabius Pictor fut celui des Romains, qui commença à faire une Histoire en prose Latine. Posthumius Albinus, Cassius Hemina, C. Fannius, à qui Salluste donne le titre de véritable, vinrent en suite. Et Caton avec ses Origines historiques, Sempronius, Valerius Antias, & Quadrigarius, que cite si souvent Aulu-Gelle, peuvent être nommés, pour avoir tous précedé Salluste en ce genre d'écrire. Mais puisqu'il ne nous reste rien de leurs ouvrages, que le regret de les avoir perdus, le Fabius, le Caton, & le Sempronius, que nous a donné Annius de Viterbe, étant toutes piéces supposées, par une imposture, dont nous nous sommes déja plaints plus d'une fois; n'est-il pas juste de faire ouvrir cette seconde carriere à Salluste, de qui nous avons des piéces d'Histoire entieres, & d'autres fragmens, que tous les savans respectent? Je sai bien, que Céfar est aussi ancien que lui, & qu'on veut même, que Salluste, quoique plus âgé, soit mort sept ans depuis le meurtre de cet Empereur. Il ne me saura pas mauvais gré néanmoins, si je donne ici à un autre la préféance, qu'il n'a jamais pû souffrir de personne durant sa vie. Le nom de Commentaires plûtôt que d'Histoire, que portent ses œuvres, me porte à cela. Le langage de Salluste, à qui l'on reproche l'air d'antiquité, avec l'affectation des vieux mots de Caton, m'y oblige encore; Et le jugement de Martial, que tout le monde allégue en sa faveur, semble m'y forcer:

Hic

Hic erit, ut perhibent doctorum corda virorum, Mart. in
Crispus Romana primus in Historia. apoph.

Outre ce reproche que lui faisoit Asinius *A Gell. l.1.* Pollio, de s'être trop attaché aux vieilles fa- *cap. 15.* çons de parler des Origines de Caton, il est taxé d'un vice tout contraire, d'avoir trop fait de mots nouveaux, de translations audacieuses, comme les nomme Suetone, & de phrases purement Grecques, dont Quintilien donne cet exemple *vulgus amat fieri.* *L. 9. inst.* On lui impute encore d'être trop concis dans *cap. 3.* ses expressions, & d'avoir rendu par là son style obscur & difficile ; comme la briéveté est d'ordinaire voisine de l'obscurité. C'est pourquoi le même Quintilien ordonne aux *L. 2. inst.* jeunes gens, de s'attacher plus à la lecture de *c. 5. & l. 4.* Tite-Live, qu'à celle de Salluste. Et il leur *cap. 2.* recommande ailleurs d'éviter soigneusement ce genre d'écrire, rompu & accourci, dont Salluste a fait une perfection, & qui véritablement est très agréable en lui, mais qu'on ne doit pourtant jamais se proposer pour modele, parce que son imitation nous peut rendre insensiblement moins intelligibles ; ce qui est très contraire à la vraie Eloquence. Nous apprenons aussi par plusieurs passages *L. 3. c. 1.* d'Aulu-Gelle, combien il y avoit de person- *l. 4. cap.15.* nes de son tems qui trouvoient à redire dans *cap. 20.* *& lib. 10.*

l'élocution de Salluste, bien qu'on voie assés, qu'elle ne lui déplaisoit pas, quand il le nomme en un lieu *subtilissimum brevitatis artificem*, & ailleurs *proprietatum in verbis reti-* *L. 11.* *ep. 114.* *nentissimum*. Seneque de même, dont le style accommodé à sa profession Philosophique est merveilleusement court & brisé, ne laisse pas de faire une grande invective contre le *Cacozele* d'un certain Aruntius, qui avoit excessivement affecté dans son Histoire des guerres Puniques, les termes de Salluste. Il se moque de la trop fréquente répétition du mot *hyemare*, de celui de *famas* pour renommées au pluriel, & de quelques autres, qu'on lisoit dans cet Aruntius, après avoir remarqué, comme du tems de Salluste l'obscure briéveté, & les périodes coupées, qui laissoient à déviner, passoient pour un ornement de langage, *Sallustio vigente, amputatæ sententiæ, & verba ante expectatum cadentia, & obscura brevitas, fuere pro cultu*. Et quoi ? *L. 5. Satur. c. 1.* ne voions-nous pas, qu'encore plusieurs siécles depuis Macrobe, sous l'autorité d'Eusebe l'un de ses Convives, fait regner Salluste dans le genre d'écrire concis, pour dire qu'il s'y étoit rendu si considérable, que personne ne lui pouvoit disputer là dessus le premier rang.

Or parce que le mot de briéveté est équivoque, & que je vois une infinité de personnes, qui parlent de Tacite & de Salluste comme d'Auteurs qui sont également brefs, je juge à propos de dire, combien il importe de ne confondre pas de la sorte ce qui est si différent. On ne sauroit nier, que Tacite n'ait suivi Salluste en cette façon d'écrire pressée, dont l'un & l'autre se sont servis ; ce qui peut faire trouver de la ressemblance entre eux. Tous ceux, qui ont considéré le style des anciens, s'accordent en cela, & Tacite a témoigné, combien il estimoit celui de Salluste, quand il l'a nommé *rerum Romanarum florentissimum auctorem*, ce qui le lui a fait imiter. Mais ce n'est pas à dire pourtant, que cette expression Laconique, qui leur est commune à tous deux, les égale au reste, & les puisse faire passer pour Historiens aussi brefs l'un que l'autre. Car, à proprement parler, ce n'est pas tant l'élocution concise, qui fait un Historien bref, que ce qu'il traite, quand il est tel, qu'on n'en sauroit rien ôter sans préjudicier à son sujet, & sans gâter son ouvrage. C'est justement par là, qu'on peut soutenir, que Tacite est un Auteur très bref, puisqu'en retranchant le moindre mot de ses compositions, vous diminuez ses pensées, &

L. 3. hist.

vous faites neceſſairement un notable tort à ſa narration. Il n'en eſt pas de même de Salluſte, qui pour être fort ſerré dans ſa maniere d'écrire, ne laiſſe pas de mettre beaucoup de choſes dans ſon Hiſtoire, qui ne lui ſont pas eſſentielles, & qu'on en pourroit ſéparer ſans ruïner ſon deſſein, ni offenſer ſa conduite, ſelon l'obſervation de Jules Scaliger.

Lib. 4. de re Poët. cap. 24.

Nous n'avons que des lambeaux de la principale Hiſtoire de Salluſte, dont la fondation de Rome faiſoit le commencement. Mais il nous reſte deux piéces entieres de lui, la conjuration Catilinaire, & la guerre contre Jugurtha, d'où nous pouvons tirer des preuves ſuffiſantes de ce que je viens de propoſer. A l'égard de la premiere, toute petite qu'elle eſt, elle a deux Avant propos, dont celui qui précede & qui eſt une très belle déclamation contre l'oiſiveté, peut être néanmoins nommé une vraie ſelle à tous chevaux, parce que, comme Quintilien l'a fort bien obſervé, il n'a rien qui touche ſon Hiſtoire, ni qui le rende plus propre à cette compoſition qu'à toute autre. Il eſt ſuivi d'une deſcription des bonnes & des mauvaiſes conditions de Catilina en trois ou quatre périodes. Et de là Salluſte paſſe au ſecond Avant propos, ſe ſentant obligé, dit-il, par la débauche de cet homme, à parler de la vertu des premiers Romains, & de ce qui les avoit fait dégénerer de son tems. Pour cet effet il ne prend pas son commencement de moins loin que de la fondation de Rome par les Troyens, lorsqu'Enée fugitif avec les autres vint contester cette partie de l'Italie, où elle est fondée, aux Aborigenes. Il fait voir en suite, comme elle fut gouvernée par des Rois, que l'orgueil fit déposer, & comme elle devint grande en peu de tems par la vertu de ceux, qui l'habitèrent. Il touche les guerres, qu'ils eûrent contre les Carthaginois; le relachement de la Discipline, qui arriva depuis; & les dissensions civiles de Marius & de Sylla, qui penserent desoler la République. Tout cela pour venir enfin au tems de Catilina, le plus corrompu de tous, & qui sembloit inviter ce mauvais Citoien à entreprendre ce qu'il tacha d'exécuter. Certes, on ne peut pas dire, que celui, qui se donne le loisir de dire, quoique très bien, tant de choses avant que d'entamer son principal propos, vise à la briéveté. La Préface de la guerre Jugurthine n'est pas moins détachée de son sujet. C'est une invective contre ceux, que le vice & la débauche empêche de prendre des occupations d'esprit proportionnées aux forces, dont la Nature l'a pourvû. Il dit, qu'il ne veut pas être du nombre de ceux-là, & que ne jugeant nullement à propos, vû la corruption du siécle, de se mêler du gouvernement de l'Etat, il tâchera de lui être utile par cet emploi, où il se porte d'écrire l'Histoire, & qu'il commencera par celle des guerres, qu'eûrent les Romains contre Jugurtha. Mais nous ne saurions mieux faire voir avec quelle liberté Sallusle s'étend sur tout ce qu'il a crû, qui pouvoit rendre son travail plus agréable, que par la *Digression* de ces deux freres Carthaginois nommés les Philenes, que l'amour de la Patrie fit mourir si glorieusement. Sur le seul prétexte de quelques Deputés de la petite ville de Leptes, située entre les deux Syrtes, qui vinrent trouver Metellus après la prise de Thala, il dit, qu'il juge à propos de rapporter une action notable, arrivée dans cette même contrée, de deux jeunes hommes de Carthage, qui se firent enterrer tout vifs, pour accroitre le territoire de leur païs. Et là dessus il fait une belle narration des différens d'Etat, & des guerres, qu'eûrent autrefois les Cyreniens contre les Carthaginois touchant leurs limites, comme ils convinrent d'un expedient, dans lequel les deux freres Philenes, après une diligence extrême, se portèrent à la refolution, que nous venons de dire. Il eſt certain, que la guerre de Jugurtha n'eût pas été moins bien décrite ſans cette Digreſſion, & que ſi Salluſte eût affecté d'être bref dans ſon Hiſtoire, il s'en fût ſans doute abſtenu. C'eſt ce qui me fait ſoutenir, qu'encore qu'il ait eu l'élocution ou la phraſe fort conciſe, auſſi bien que Tacite, il ne laiſſe pas d'être étendu dans le corps de ſon Hiſtoire comme Tite Live, qui n'uſe pas d'une expreſſion ſerrée comme lui. Et peut-être que Servi- *Lib. 10.* lius Nonianus ne vouloit dire autre choſe par *inſt. c. 1.* cette façon de parler, dont Quintilien s'eſt voulu ſouvenir, que Salluſte & Tite Live étoient plûtôt pareils que ſemblables, *pares eos magis eſſe quam ſimiles*, parce que dans une façon d'écrire différente, ils ont tous deux traité leurs ſujets fort diffuſément.

Je ſerois bien fâché, qu'on crût, qu'en remarquant cette Digreſſion de Salluſte, je la vouluſſe condamner. Elle me ſemble très belle, & je ne penſe pas, qu'on puiſſe blâmer aucune ſorte d'*Epiſodes*, ſi ce n'eſt, lorſqu'on s'en ſert mal à propos. Je fais la même déclaration pour ce que j'avois déja rapporté touchant ſa diction, & ſes termes, ou trop nouveaux, ou trop antiques, ne déſirant pas, qu'on ſe perſuade par là, que je ſois de ceux,

M iiij

qui cenfurent tout un ouvrage pour un mot, qui ne les contente pas. Il eſt bon d'éviter autant qu'on peut les façons de parler, qui ne ſont plus, ou qui ne ſont pas encore aſſés en uſage, & je ne doute point, que Salluſte n'ait été juſtement repris là deſſus, vû l'autorité de ſes accuſateurs: Mais auſſi ne faut-il pas être trop ſcrupuleux en cela, & je prie ceux, qui ſont ſi délicats, qu'ils ne peuvent rien ſouffrir qui les choque tant ſoit peu dans le langage, de voir avec un peu d'atten-

Orat. 12. tion ce que Dion Chryſoſtome, l'un des plus conſidérables Orateurs de la Grece, obſerve, quand il nous décrit l'éloquence incomparable d'Homere. Il dit, qu'il s'eſt librement ſervi de tous les Dialectes, & que comme un Peintre brouille ſes couleurs, il a mêlé agréablement le Dorien, l'Attique, & celui d'Ionie. Jamais il n'a fait difficulté d'employer un terme ſignificatif, pour ancien qu'il fût & hors de l'approbation commune; c'eſt pourquoi Dion le compare à ceux, qui ont trouvé quelque tréſor, & qui débitent de vieilles pièces d'or & d'argent, dont on ne laiſſe pas d'eſtimer le prix, encore qu'elles n'aient plus de cours, à cauſe de leur valeur eſſentielle. Et à l'égard des mots nouveaux & barbares, où il trouvoit de l'énergie & de la grace, il en compofoit, dit-il, auffi librement que des vers, autant de fois, qu'il étoit queftion d'exprimer le fon des eaux courantes, le murmure des vents, ou quelque autre chofe femblable. Cependant, ajoûte ce grand Orateur, avec toute la liberté qu'Homere s'eft donnée, il ne laiffe pas d'être reconnu pour le plus éloquent de tous les Poëtes, & pour le Prince de ceux de fa profeffion. Nous devons faire le même jugement de l'Eloquence hiftorique ou oratoire, que Dion fait de celle d'Homere; & parce que je me fuis expliqué affés au long là deffus dans mes Confidérations fur l'Eloquence Françoife de ce tems, je n'en dirai pas ici davantage.

Pour revenir à Sallufte, ce n'eft pas merveille, qu'il ait été repris dans fon ftyle, puisque Thucydide, qu'il s'étoit propofé pour regle & pour prototype, n'a pû s'exemter de cenfure. Cela n'a pas empêché *Vell. Paterc.* pourtant que Zenobius Sophifte Grec qui vivoit du tems de l'Empereur Adrien, ne prît la peine de traduire en fa langue l'Hiftoire de Sallufte, tant elle étoit de grande réputation entre ceux de fa Nation, auffi bien que parmi les Romains; ce que nous apprenons *in voce Zenobius.* de Suidas. Mais le jugement de Seneque *Lib. 9.*

<small>cont.
decl. 1.</small> est fort considérable, quand il veut dans une de ses déclamations, que Salluste, égalé seulement par Quintilien à Thucydide, l'ait surmonté dans sa façon d'écrire concise, & comme il dit dans son propre fort, & au lieu, où il sembloit avoir le plus d'avantage, *cum sit præcipua in Thucydide virtus brevitas, hac eum Sallustius vicit, & in suis eum castris cæcidit.* Sa raison est, qu'on peut ôter quelque chose d'une sentence de Thucydide en l'interessant un peu, mais pourtant sans la ruiner; là où il est impossible de faire la même chose au texte de Salluste, que vous ne le pervertissiés entierement. Seneque se plaint là dessus de l'iniquité, avec laquelle Tite Live tâchoit de mettre tout au contraire Thucydide au dessus de Salluste. Ce n'est pas, dit-il, que Tite Live fût fort affectionné à Thucydide, mais il le louë, parce qu'il n'a point de jalousie de lui, & il le préfére à Salluste, dont le mérite le pènoit, afin de mettre plus facilement ce dernier au dessous de soi, quand il l'aura rendu inferieur à Thucydide.

L'Empereur Adrien étoit porté d'une autre fantaisie, quand il préferoit un certain Cæcilius à Salluste, aussi bien que Caton à Ciceron, & Ennius à Virgile. Mais le même Spartian, qui a remarqué le jugement capricieux de ce Prince, nous fait voir celui d'un autre aussi avantageux à nôtre Historien, que le premier lui étoit préjudiciable. Il dit, que Septimius Severus envoia sur la fin de ses jours, se sentant accablé de maladie, à son fils ainé l'oraison divine, c'est le propre terme de Spartian, que Salluste fait prononcer à Micipsa devant ses enfans, pour les exhorter à la concorde étant prêt de mourir. L'on peut voir cette belle harangue dans le commencement de la guerre Jugurthine, & je m'assure, qu'elle fera toûjours préferer l'estime, que faisoit de Salluste l'Empereur Severe, au mépris d'Adrien, qui n'est suivi de personne. *In Hadr.* *In Sev.*

Je ne parle point ici de cette déclamation supposée contre Ciceron, parce qu'outre que ce n'est pas un ouvrage historique, tout le monde tombe d'accord, que pour ancienne qu'elle soit, & nonobstant que Quintilien la cite, jamais pourtant Salluste n'en fut le véritable Auteur. Mais le consentement n'est pas pareil entre les Critiques touchant les deux Oraisons, ou plûtôt Epitres, adressées à César du tems vraisemblablement, qu'il faisoit la guerre en Espagne, & qui traite de l'ordre, qui pouvoit être mis *Lib. 4. inst. c. 1.*

au gouvernement de la République. Car Louis Carrion ne se peut persuader, qu'elles soient de Salluste, vû même qu'aucun des anciens, qui ont souvent cité des passages de ses écrits, n'a jamais rien rapporté qui fût pris de ces deux Lettres. Jean Douza soutient au contraire, que leur style & la foi de tous les manuscrits nous obligent à les tenir pour être de la propre main de Salluste. Tant y a qu'on ne sauroit nier, qu'elles ne soient très anciennes, & même du tems de la belle Latinité.

Il est bien plus important d'observer, comme on peut tirer de Salluste un témoignage certain, que tous les jugemens, qui se font des mœurs des hommes par leurs écrits, ne sont pas toûjours recevables. Jamais personne n'a dit de plus belles sentences que lui en faveur de toutes les vertus, & même de la pudicité; ni fait de plus rudes invectives contre le luxe & l'avarice de son tems. Avec tout cela nous savons, que ses débauches le firent chasser du Sénat par les Censeurs, & qu'aiant été surpris en adultére par Milon, il ne pût éviter le foüet & l'amende, qu'on lui fit paier avant que de le laisser aller; ce que nous apprenons d'Au-
Lib. 17. lu Gelle sous l'autorité de Varron. Et pour

ce qui concerne le défir déreglé des richef *noct. Att.*
fes conjoint à la profufion, outre ce que lui *cap. 18.*
reprochoit la Satyre de Lenéus illuftre Gram- *Suet. de*
mairien & Libertin de Pompée, nous voions *ill. Gram.*
dans l'Oraifon, qu'on fait prononcer à Cice- *cap. 15.*
ron contre lui, qu'il avoit diffipé fon patrimoine, & que du vivant même de fon pere,
leur maifon fe décretoit à caufe de fes dêtes.
A la vérité, Céfar le rétablit depuis dans fa *Apud*
dignité de Sénateur, lui fit obtenir la Prétu- *Dionem*
re, & l'aiant envoié en Numidie, lui donna *lib. 42. & 43.*
le moien d'acquerir d'autres biens. Ce fut
néanmoins avec tant de tyrannie, qu'après
avoir pillé toute cette Province, il trouva
bien le moien de fe faire abfoudre par Céfar,
mais non pas d'éviter l'infamie, d'autant
plus grande en fa perfonne, qu'on confidéroit avec quelle rigueur il avoit parlé dans
fon Hiftoire contre ceux, qui étoient beaucoup moins coupables que lui, & contre Metellus entre autres, dont il taxoit le luxe &
la dépenfe durant fon fejour en Efpagne.
Cependant, il revint fi riche d'Afrique,
qu'il acquit incontinent après un des plus
beaux logemens de Rome au mont Quirinal,
avec des jardins fpacieux, qu'on nomme encore aujourd'hui les Jardins de Sallufte; outre fa maifon des champs à Tivoli, dont Ci

ceron lui parle dans la même Oraison. Sa vie a donc été bien différente de ses écrits, & son seul exemple suffit pour prouver, que comme de fort gens de bien peuvent faire de très mauvais livres, des personnes vicieuses en composent quelquefois de bons; n'y aiant point d'inconvenient, qu'un Auteur soit en même tems excellent Historien, & méchant homme.

Entre les choses qu'on remarque de lui, & qui vont le plus à la recommandation de son Histoire, c'est de s'être embarqué une fois tout exprès pour aller reconnoitre en Afrique les places, dont il vouloit faire la description, parce qu'elle étoit necessaire à l'intelligence de ce qu'il écrivoit. En vérité, c'est ainsi qu'en ont usé les meilleurs Historiens, & le mot de Messenio dans Plaute montre assés, combien les Romains ont crû les voiages importans, & la vuë des lieux necessaire à un Historien. Ce serviteur dit à l'un des Menæchmes, qu'ils ont assés couru le Monde, & qu'il est tems de retourner chez eux, si ce n'est, qu'ils aient quelque Histoire à écrire:

- - - - *quin nos hinc domum*
Redimus, nisi si historiam scripturi sumus.

Tant on étoit persuadé à Rome, où cela se

difoit, que pour être bon Hiftorien, il faloit avoir été voiageur auparavant; ce que j'ai déja obfervé, il me femble, dans la Section de Polybe. L'on affure encore, que Sallufte fit provifion de beaucoup de livres écrits en langue Punique, dont il fe faifoit donner l'interprétation très foigneufement au même deffein de s'en prévaloir dans fon ouvrage Hiftorique. Et dautant que perfonne n'ignore, combien les anciens ont eftimé cet Auteur, dequoi nous avons déja produit quelques témoignages, j'ajoûterai feulement, que Lipfe entre les modernes n'a point fait difficulté de le nommer le Prince des Hiftoriens. Il le préfére librement à Céfar, à Tite Live, & au refte de ceux, qu'il nomme *minorum gentium hiftoricos*. Bref, il ne louë de rien tant Corneille Tacite, que d'avoir excellemment imité Sallufte. Turnebe a dit auffi, qu'il rémarquoit tant d'éloquence dans ce dernier, qu'à fon avis il avoit approché plus près de Demofthene que Ciceron. Au furplus, je me fuis tû exprès de ce que Trogus Pompeius trouvoit à reprendre aux harangues de Tite Live & de Tacite, quand ils les ont renduës directes, au lieu de les faire obliques, parce que c'eft un fentiment de Trogus & de quelques autres, fujet

Præf. in Tac. & Not. in l. 1. Pol.

Lib. 28. adverf. cap. 22. Iuftiniis lib. 38.

à de grandes reparties, & sur lequel nous nous sommes expliqués ailleurs assés au long. Salluste insére même des lettres dans son texte, n'aiant pas craint, par exemple, que celle de Lentulus à Catilina, ni cette autre de Mithridate à Arsace, interrompissent le fil de ses narrations. Ce sont de petites choses, qui méritent néanmoins d'être observées avec respect dans les grands Auteurs, pour servir d'exemple aux autres. Si Kekerman & quelques modernes eussent été touchés d'une si raisonnable considération, ils n'auroient pas condanné, comme ils ont fait, toute sorte de blâme ou de loüange, qui se donnent par un Historien. La raison qu'ils rendent de leur avis n'est pas bonne, que c'est plus le fait d'un Orateur, que d'un Historien d'en user ainsi; outre qu'à leur dire la narration toute nue porte assés un Lecteur judicieux, à faire état des actions qu'elle représente, ou à les censurer. Car ils n'ont pas pris garde, que l'Orateur & l'Historien ont assés d'autres choses communes, qui font dire à Ciceron quelque part, que l'Histoire est une des plus importantes parties de l'art Oratoire, *opus oratorium maximè*. Et d'ailleurs l'autorité de Salluste, jointe à celle de Thucydide, de Tite Live, d'Agathias, & d'assés d'autres,

Lib. 1. de leg.

d'autres, dont nous lifons avec tant de fatisfaction les fentimens contraires, ou aux perfonnes dont ils parlent, ou aux chofes qu'ils rapportent, les devoit rendre plus retenus dans leur opinion.

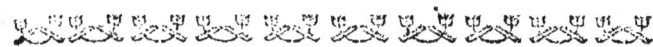

CESAR.

Le nom de Céfar eft fi illuftre, qu'on ne peut rien ajoûter à la recommandation de fes ouvrages, de quelque nature qu'ils foient, après avoir dit, qu'il en eft l'Auteur. Car il ne doit pas à fes feules actions militaires cette haute reputation qui le fuit ; les Lettres n'y ont guéres moins contribué que les Armes ; & je le trouve auffi glorieux, couronné par les Mufes fur le Parnaffe, que triomphant aux côtés de Bellone dans le champ de Mars. C'eft ce qui fait prononcer à Quintilien ces paroles hardies, que Céfar parloit & écrivoit avec le même efprit, dont il combattoit ; & que ce grand Génie, qui paroiffoit *Lib. 10.* dans toutes fes victoires, animoit encore fes *inft. cap.1.* harangues & fes compofitions. Auffi eft-il *Eodem* aifé d'obferver, qu'entre les loüanges, que *animo* les anciens donnoient aux Orateurs de ce *quo bella-* tems-là, ils prifoient bien les pointes de Sul- *vit.*

pitius, la gravité de Brutus, la diligence de Pollion, le jugement de Calvus, & l'abondance de Ciceron, mais qu'ils admiroient sur tout la force du style de César, *vim Cæsaris :* comme si la même Vertu, qui lui faisoit exécuter tant d'exploits guerriers, lui eût encore inspiré cette ardeur & cette véhémence, par laquelle ils l'ont toûjours distingué de tous les autres. Que si nous voulons porter un peu plus outre ce propos, & tirer de nouveaux paralleles entre l'érudition & la valeur de ce Prince incomparable, il sera fort facile de faire voir, que si toutes les parties du Monde qu'on connoissoit alors, l'Europe, l'Asie & l'Afrique, partagèrent ses conquêtes, il n'a pas moins pénétré dans le globe intellectuel, n'aiant laissé presque aucune science, qu'il n'ait cultivée, & où il n'ait reüssi avec admiration. Dès sa plus tendre jeunesse il composa la loüange d'Hercule & fit la Tragedie d'Oedipe, outre quelques autres, qui furent nommées Julies, & dont Auguste défendit depuis la publication. Nous ne pouvons pas dire, quel étoit ce Poeme nommé *Iter*, dont parle Suetone; mais quant à l'Epigramme, qu'on lui attribue, & quelques-uns à Germanicus, de ce jeune Thracien, qui tomba dans l'Hebre en se joüant sur la glace,

Ascon.
Pedia.

In Cæs.
cap. 56.

c'est une des plus delicates piéces de toute la poësie Latine. Il n'a pas moins excellé, comme nous venons de voir, parmi les Orateurs, & ses harangues pour les Bithyniens, pour la loi Plautie, pour Decius Samnite, pour Sextilius, avec assez d'autres, que nous n'avons plus, en rendoient autrefois des témoignages certains. A l'âge de vint & un ans il accusa solemnellement Dolabella ; & n'étant encore que Questeur il fit les Oraisons funebres de sa tante Julie, & de sa femme Cornelie. Ses deux Anti-Catons montrèrent ce qu'il pouvoit dans la Satyre ; & ses deux autres livres de l'Analogie lui donnèrent place entre les premiers Grammairiens. Il composa quelques traités des Auspices, d'autres des Augures ; & quelques-uns encore d'apophthegmes ou de propos mémorables. Mais ce qu'il donna au public du mouvement des Astres, qu'il avoit appris en Egypte, mérite d'autant plus de considération, qu'on y lisoit le prognostique de sa mort aux Ides de Mars, si Pline l'ainé en doit être crû, *Macr. 1.* & que ce travail fut suivi de la reformation *Satur.* du Calendrier. Je laisse à part les Ephemerides qu'il laissa, dont parle Servius, pour *In l. 11.* venir enfin à ses Commentaires, qui est son *Aen.* ouvrage Historique, lequel nous devons examiner, & le seul qui nous reste aujourd'hui de tant de pièces différentes, dont il semble, qu'on pourroit faire une parfaite Encyclopedie.

Il paroît par le seul titre de ces Commentaires, que César n'avoit pas dessein d'écrire une Histoire parfaite. Ils sont si nuds, dit *In Bruto.* Ciceron, & si dépoüillés de tous les ornemens d'Oraison, qu'il étoit très capable de leur donner, qu'encore qu'ils soient fort agréables en cet état-là, on ne les doit prendre pourtant que pour des mémoires dressés de sa main pour ceux, qui se fussent voulus appliquer à faire l'Histoire de son tems. Cependant, comme des materiaux ainsi préparés eussent pû servir à quelques personnes assez temeraires pour entreprendre d'y ajoûter leur artifice, & de les enjoliver, tous les hommes de jugement se sont abstenus de le faire, croiant que c'étoit une chose du tout au dessus de leurs forces, & qu'il n'y avoit point d'honneur à acquerir pour ceux, qui mettroient la main à un ouvrage, où avoit passé celle d'un si grand ouvrier. Sa façon d'écrire élegante & pure est ordinairement comparée à celle de Xenophon. Encore qu'il soit bref, il n'a rien d'obscur, qui lui doive être imputé, parce que les lieux, où il semble un peu difficile ont été sans doute corrompus. Et nous savons, qu'il étoit si éloigné de tomber dans ce vice d'obscurité, que c'est de lui que nous tenons l'importante précepte, de fuir comme un dangereux écueil toutes les dictions, qui ne sont pas dans le frequent usage, ce qui les rend moins propres à nous expliquer nettement & avec clarté. Quant aux choses que traite César dans ses Commentaires, ce sont ses propres actions, qu'il décrit, & il ne nous dit guères d'évenemens, qu'il n'ait vûs. Suetone néanmoins l'accuse par la bouche d'Asinius Pollio de n'avoir pas été assez exact, & même de s'être éloigné assez souvent de la vérité, soit par crédulité, lors qu'il déferoit à de faux rapports, soit à escient, ou encore par defaut de mémoire; de sorte qu'Asinius ne doutoit point, que si César eût vécû, il n'eût remis la main à ces mêmes Commentaires, & qu'il ne les eût corrigés en beaucoup d'endroits. A n'en point mentir, sa narration est fort différente en beaucoup de choses, qui le touchent, de ce que nous lisons dans d'autres Auteurs, tels que Dion, & Plutarque sur le même sujet. Il n'en faut point d'autre exemple, que ce qu'il écrit touchant le Trésor de la République, qu'elle conser-

A Gell. l. 1. noct. Att. c. 10. Macr. l. 1. Satur. cap. 5.

In Cæs. cap. 56.

voit depuis le tems de la prise de Rome par les Gaulois, pour s'en prévaloir dans quelque extrême nécessité. Car il veut, que Lentulus, qui avoit ordre de l'envoier à Pompée, l'ait laissé à l'abandon par sa fuite à la premiere nouvelle, que les troupes de César commençoient à se rendre maîtresses de la ville, quoique cette nouvelle fût fausse. Cependant on tient pour certain, que Metellus, aiant voulu comme Tribun empêcher César de s'emparer de ce même Trésor, le premier fut contraint de quitter Rome, intimidé par les ménaces de l'autre, qui fit ouvrir de force les portes du lieu, où ce nerf de la guerre & de l'Etat se conservoit, ce qui lui fut un merveilleux avantage. Cela montre, qu'il n'est souvent pas moins difficile à un Historien, qu'à tout autre homme de dépouiller tout à fait l'humanité, & de traiter aussi indifféremment les choses qui le touchent, que celles où il n'a point d'interêt. Pour moi, je ne doute nullement, que César n'ait dit beaucoup de choses de nos anciens Gaulois, qui seroient contredites par leurs Histoires, s'il en étoit venu quelqu'une jusqu'à nous.

Fr. Floridus Sabinus, & Il s'est trouvé des Critiques assez ridicules pour soutenir, que ni les trois livres de la

guerre civile, ni les sept de celle des Gaules *Lud. Car-*
n'étoient point de Céfar; ce qui ne mérite *110.*
pas, qu'on y fasse la moindre réflexion, leur
opinion n'aiant ni fondement, ni fuite. Mais
à l'égard du huitiéme livre de ce dernier ouvrage, la plûpart du monde tombe d'accord,
qu'il est de la façon d'un Hirtius, qui a fait
aussi les Commentaires des guerres d'Alexandrie, d'Afrique, & d'Espagne. Quelques
uns pourtant les attribuent à cet Oppius,
l'un des amis intimes de Céfar, qui écrivit
encore un livre, pour prouver que le fils de
Cléopatre, qu'elle difoit avoir eu de ce même Céfar, n'étoit point de fon fait. Quiconque foit l'Auteur du dernier livre de la
guerre des Gaules, il témoigne affez, combien il étoit dans l'étroite amitié de ce Monarque, quand il dit, qu'encore que tous
ceux, qui lifent les écrits de Céfar les admi-
rent aussi bien que lui, il a néanmoins plus
de raifon de le faire que perfonne, parce que
les autres n'y confidérent que la pureté de la
diction, & l'excellence du ftile, mais que lui,
qui fait avec quelle facilité, & promptitude
ce Prince mettoit la main à la plume, il a un
nouveau & tout particulier fujet d'admiration. Surquoi nous nous devons fouvenir du
bel éloge que lui donne Pline, d'avoir paffé en *Lib.* 7
N iiij

nat. hist. vigueur d'esprit tout le reste des hommes.
cap. 25. Il dit, qu'on l'a vû en un même tems lire, écrire, dicter, & écouter ce qu'on lui disoit. Il ajoûte, que ce lui étoit peu de choses de dicter quatre lettres d'importance tout à la fois; & que quand il n'étoit point distrait ailleurs, il tenoit ordinairement occupés sous lui sept Secretaires. Certes, voilà une activité plus qu'humaine, & la grandeur du génie de César seroit jugée tout à fait incomparable, si nous l'examinions dans l'étenduë de toutes ses actions, au lieu que n'en étant pas ici l'endroit, nous nous restreignons à ce qui touche particulierement ses Commentaires.

Encore qu'ils soient destitués de la plus grande part des ornemens de Rhétorique, comme nous l'avons déja remarqué, on ne laisse pas d'y lire des Oraisons, soit obliques, soit directes: Et toutes les nations de la terre en ont fait tant de cas, qu'il y en a peu, qui ne les aient voulu avoir traduits en leur langue. Le grand Selim les fit mettre en Arabe, & l'on tient, que leur lecture qui ne lui étoit pas moins agréable, qu'ordinaire, contribua beaucoup aux conquêtes de tant de Provinces, dont il augmenta son Empire. Mais il ne faut pas oublier sur tout, comme nôtre Henri Quatre prit la peine de traduire en François ceux de la guerre des Gaules, qui n'aidèrent pas peu sans doute à cette ardeur Héroïque, dont toute sa vie fut animée. Ce fut sous Florent Chrétien son Précepteur, qu'il entreprit un ouvrage si digne de lui. Et Casaubon, qui nous assure de l'avoir vû écrit de la propre main de ce grand Roi, ajoûte que sa Majesté lui dit, qu'elle avoit aussi travaillé à dresser d'autres Commentaires de ses propres actions, qu'elle acheveroit aussi-tôt, que le loisir le lui permettroit. Il ne plût pas au Ciel de le lui donner; & sa mort précipitée par une crime plus détestable que ne fut celui des assassins de César, nous a privés de ces seconds Commentaires, qui eussent pû mettre encore plus de ressemblance entre ces deux Princes qu'il n'y en a, quoique la clemence, la valeur, la diligence, & assés d'autres vertus où ils ont excellé tous deux, les aient rendus très conformes, sans parler de l'égalité de leur fin.

TITE LIVE.

IL s'est trouvé des personnes, qui ont donné le même éloge à Tite Live, que Seneque le Rhéteur attribuë à Ciceron, d'avoir eu l'éſprit égal à la grandeur de l'Empire Romain. Et quelques uns ne ſe ſont pas contentés d'égaler l'éloquence de cet Hiſtorien à celle d'un ſi grand Orateur, ils ont paſſé juſques là, qu'ils ſe ſont imaginés, que ſi Ciceron eût entrepris d'écrire l'Hiſtoire, il fût demeuré inferieur de beaucoup à Tite Live. Sans faire en faveur de l'un des propoſitions ſi deſavantageuſes à l'autre, nous pouvons dire, qu'ils ont excellé tous deux de telle ſorte dans leurs profeſſions, que comme jamais perſonne n'a été ouï avec tant d'attention & de raviſſement à Rome que Ciceron, nous n'avons point auſſi d'exemple d'une réputation étenduë & glorieuſe, comme étoit celle de Tite Live, ſi nous conſidérons ce que Pline le Jeune nous en a laiſſé par écrit dans une de ſes Epîtres. Il dit, que ſes prédeceſſeurs virent venir en Italie des extremités de l'Eſpagne un homme de Seville ou des Gades, qu'on eſtimoit alors la derniere place de la Terre du côté de l'Occident, pour avoir le contentement d'enviſager Tite Live, & de joüir quelque tems de ſa converſation. Cet Eſpagnol, ajoûte Pline, ne chercha point d'autre divertiſſement que celui de l'entretien, qu'il eût avec un ſi grand perſonnage, & dans la capi-

Lib. 2. ep. 3. ad nep.

tale du Monde où il le trouva, tant de raretés assemblées ne le purent plus arrêter, aussitot, qu'il eût vû celui dont la seule renommée lui avoit fait entreprendre un tel voiage, que fut le sien. Elle n'étoit pas simplement appuiée sur cette Histoire, qui est aujourd'hui l'unique sujet de l'estime, que nous faisons de Tite Live. Il avoit écrit avant que de venir à Rome sous l'heureuse domination d'Auguste, des Dialogues Philosophiques, qu'il lui dédia, & qui lui acquirent l'amour & la protection d'un Monarque le plus favorable aux Muses, qu'elles eûrent jamais. Outre ces Dialogues, dont parle Seneque, nous apprenons de Quintilien, qu'il avoit encore donné d'excellens préceptes de Rhétorique dans une lettre adressée à son fils, où il lui recommandoit sur tout la lecture de Demosthene & de Ciceron, sans se soucier d'une infinité d'autres Auteurs, s'il ne s'en trouvoit quelqu'un qui eût beaucoup de ressemblance à ces deux qu'il devoit avoir toûjours devant les yeux. Et l'on peut voir dans Suetone, comme Tite Live avoit été choisi entre les plus sçavans hommes de son siécle, pour avoir soin de l'instruction du jeune Claudius, qui fut depuis Empereur, puisque ce Prince n'entreprit d'écrire l'Histoire Romaine, dont il don-

Ep. 101.
L. 10. inst. c. 1.
In Claud. cap. 41.

na plusieurs volumes au public, qu'à la sollicitation & par le conseil de ce directeur de ses études. Mais le dernier & le plus considérable de ses ouvrages fut l'Histoire, que nous avons de lui, qui alloit depuis la fondation de Rome jusqu'à la mort de Drusus en Allemagne; & dont la belle contexture, les agréables narrations, & la douce facilité, le font comparer à Hérodote; ce qui semble lui adjuger le premier rang entre les Historiens Latins. Elle n'étoit pas au commencement divisée par Decades, comme nous la voions. C'est une distribution, ou distinction récente, dont on ne voit aucun vestige dans Florus son Abbreviateur, ni dans pas un des Anciens, & que Politien, Petrarque, avec Petrus Crinitus ont déja combattuë. Des cent quarante, ou cent quarante deux livres qu'elle contenoit, il ne nous en reste plus que trente cinq, encore ne sont-ils pas d'une même suite, puisque toute la seconde Decade nous manque, & que nous n'avons que la premiere, la troisiéme, & la quatriéme, avec la moitié de la cinquiéme, qui fut trouvée dans Worms de la mémoire de nos peres, par Simon Grynéus. L'on a aussi recouvré depuis peu le commencement du quarante troisiéme livre, par le moien

Quint.
l. 10. inst.
cap. 1.

Ep. ad
Io. B c.
l. 7. de
hon. disc.
c. 12.

d'un manuscrit de la Bibliothéque du Chapitre de Bamberg. Mais ce fragment n'a pas été reçû sans contestation. François Bartholin, qui l'apporta d'Allemagne en Italie, Antoine Quærengus, & Gaspar Lusignan Auteur de la premiere impression, le jugent authentique. Vossius & quelques autres protestent au contraire, que c'est une piéce supposée, & qui ne peut tromper que ceux, disent-ils, qui ont des oreilles de Midas. Pour le surplus des quatorze Decades, il faut se contenter par force du Sommaire ou Epitome que Florus nous a dressé, si tant est qu'il soit l'Auteur d'un travail, que tant de personnes condamnent, comme aiant été cause de la perte des œuvres de Tite Live, que nous regrettons si fort. C'est l'opinion de Bodin, qui accuse de même Justin d'avoir fait un pareil prejudice à Trogue Pompée, & Xiphilin, encore à Dion, en les abregeant. Casaubon est aussi de cet avis, croiant que le recueil fait par Constantin d'un corps Historique de cinquante trois parties, a donné lieu au mépris des auteurs, qui le composoient, & qui se sont perdus en consequence, parce qu'on s'est contenté de ces petits extraits. Quoiqu'il en soit, si les trois Decades & demie que nous avons de Tite Live, nous font pleu-

Lib. 8. c. 19. de hist. lat.

In Meth. hist. c. 2.

rer la perte du surplus, elles sont d'ailleurs suffisantes pour nous le faire estimer très digne de tous les éloges qu'il a reçûs des anciens. Certes, ils ne lui en ont point donné de plus glorieux, que celui, qui lui fut déféré, il y a justement deux cens ans, par Alphonse Roi d'Arragon, quand il fit demander par son Ambassadeur aux Citoiens de Padoue, & obtint d'eux comme une précieuse relique, l'os du bras dont ce fameux compatriote avoit écrit son Histoire, le faisant transporter avec toute sorte d'honneurs à Naples, où il le reçût de même. Aussi dit-on, que ce Prince avoit recouvré sa santé par le plaisir charmant que lui donna la lecture de cette même Histoire.

Anno 1451.

Mais c'est une chose étrange à considérer, avec combien de passion d'autres se sont portés à diffamer s'ils eussent pû un personnage de si rare mérite. Dès le siécle auquel il vivoit, Asinius Pollio lui reprocha je ne sai quel air de Padoue, qu'il nommoit Patavinité. Auguste le taxa d'avoir favorisé le parti de Pompée, sans néanmoins lui rien diminuer pour cela de sa bien-veillance. Et Caligula le reprit fort peu de tems après de négligence d'une part, & d'ailleurs d'une excessive abondance de paroles, ôtant son image & ses écrits de toutes les Bibliothéques, où il sçût qu'on les confervoit curieufement. Mais ne fait-on pas, que l'humeur capricieufe & tyrannique de ce Prince, lui firent commettre le même excès contre les œuvres & les ftatuës de Virgile? Qu'il voulut fupprimer les vers d'Homere, fur ce prétexte, que fa puiffance ne devoit pas être moindre que celle de Platon, qui les avoit défendus dans fa République imaginaire? Et que ne pouvant fouffrir Seneque, ni aucun homme d'éminente vertu, il lui prit même envie, d'abolir la Jurifprudence avec le nom de tous les Jurifconfultes, dont on refpectoit les fçavantes décifions? La fantaifie d'un tel monftre ne fçauroit préjudicier ni à Tite Live, ni aux autres, que nous venons de nommer, non plus que celle de Domitien, fecond prodige de la Nature, qui fit mourir par une femblable animofité Metius Pompofianus, pour cette raifon entre autres, qu'il fe plaifoit à faire voir quelques harangues de Rois & de Généraux d'armée, extraites de l'Hiftoire de Tite Live. Quant au témoignage d'Augufte fi plein de moderation, il nous apprend que cette même Hiftoire, au lieu de flatter le parti victorieux, n'avoit pû condanner celui des gens de bien & des plus honnêtes hommes de la Républi-

Suet. in Calig. cap. 34. & in Domit. c. 10.

que, qu'on fait qui s'étoit tous rangés du côté de Pompée; ce qui va plûtôt à la recommendation de Tite Live, qu'autrement. Mais à l'égard de ce que Pollion trouvoit à redire dans toutes ses veilles, c'est une chose, qui mérite bien, que nous y fassions un peu plus réflexion.

La plus commune opinion est, que ce Seigneur Romain accoutumé à la délicatesse du langage de la Cour d'Auguste, ne pouvoit souffrir de certaines façons de parler provinciales, que les Grecs nomment idiomes, dont Tite Live, comme Padoüan, s'étoit servi en divers lieux de son Histoire. Pignorius est d'un autre avis, & croit que cette Patavinité odieuse regardoit seulement l'orthographe de certains mots, où Tite Live emploioit une lettre pour une autre à la mode de son pais, écrivant *sibe*, & *quase*, pour *sibi*, & *quasi*; ce qu'il prouve par diverses inscriptions antiques. Quelques-uns pensent, qu'elle consistoit simplement en une répétition, ou plûtôt multiplicité de plusieurs dictions synonymes dans une même période, contre ce qui se pratiquoit à Rome, où l'on n'aimoit pas cette redondance, qui faisoit remarquer les étrangers. D'autres soutiennent, que ceux de Padoüe aiant toûjours été du parti de Pompée,

pée, qui étoit apparemment le plus juste, comme nous venons d'obferver, Pollion, qui étoit Céfarien fe moquant de la Patavinité de Tite Live, l'accufoit par là d'avoir témoigné trop d'inclination pour la malheureufe faction des vaincus ; ce qui femble d'autant plus vrai-femblable, qu'il a de la conformité avec le fentiment d'Augufte, que nous avons déja rapporté. Il s'en trouve encore, qui veulent, que l'amour de Tite Live pour fa patrie ait trop paru dans ce grand nombre de livres, que nous n'avons plus, & où les matieres, qu'il traitoit, l'avoient porté à louër démefurément ceux de fon païs. C'eft le même defaut, que Polybe attribuoit à Philinus comme Carthaginois, & à Fabius comme Romain. On l'a depuis encore imputé à beaucoup d'Hiftoriens modernes, & à Guicciardin entre autres, qui pour obliger fes Florentins s'arrête de telle forte aux moindres interêts de leur Etat, & amplifie tellement leurs plus petites actions, qu'il en eft fouvent importun, & quelquefois ridicule au jugement de plufieurs. Nous avons fait voir dans nôtre examen de l'Hiftoire de Sandoval, combien il eft blâmable fur le même fujet. Et le gentil diftique d'Actius Syncerus contre celle de Poggius la rend tout à fait méprifable,

Dum patriam laudat, damnat dum Poggius
hostem;
Nec malus est civis, nec bonus historicus.
Ceux, qui s'imaginent, plûtôt qu'ils ne prouvent, une passion aussi aveugle dans Tite Live, se font accroire, que c'étoit ce que Pollion y trouvoit à redire, quand il s'offensoit de ce qu'elle avoit trop de Patavinité. Pour moi, je me tiens au sens que lui donne Quintilien, qui vrai-semblablement sçavoit de son tems la vraie signification de ce mot. Il le cite au Chapitre des vertus & des vices de l'Oraison, où il remarque, qu'on reprochoit à un Vectius, d'avoir trop emploié de paroles Sabines, Toscanes, & Prénestines dans ses écrits, de façon, dit-il, que Lucilius se rioit là dessus du langage de cet homme, comme Pollion de la Patavinité de Tite Live. Après une interpretation si expresse d'un Auteur si considerable tel que l'est Quintilien, je ferois conscience d'étendre plus loin que le style & la diction, cet air de terroir de Padoue, que les courtisans de Rome reprénoient dans l'Histoire dont nous parlons.

Lib. 1.
inst. c. 5.

Justin nous apprend, que Trogue Pompée en censuroit les harangues comme directes & comme trop longues, ce que beaucoup attribuent à quelque jalousie, qui pouvoit s'être glissée entre deux Auteurs de même tems & de même profession. Quintilien a observé, *Lib. 9.* que Tite Live commence son Histoire par un *inst. c. 4.* vers Hexametre, & Mascardi au cinquiéme *Cap. 6.* traité de son Art Historique en rapporte plusieurs autres, qu'il y a trouvés; mais il n'y a point de prose où il ne s'en rencontre, quand on les y cherche avec trop de curiosité. Le même Mascardi lui impute ailleurs, d'avoir *Tr. 1. c. 4.* été défectueux en beaucoup de circonstances importantes, que nous lisons dans Appien, *Lib. 9.* & qu'il ne devoit pas omettre. J'ai déja fait *contr.* voir dans une Section précedente, comme Se- *decl. 1.* neque le Rhéteur taxe Tite Live de s'être laissé emporter à l'envie, lorsqu'il donnoit à Thucydide la préference sur Salluste. J'ajoûte ici contre le sentiment de Vossius, qu'encore que Seneque le Philosophe ait donné le titre de très disert à Tite Live, il ne laisse pas de *Lib. 1. de* le réprendre au même endroit, d'avoir attri- *Ira c. ult.* bué à quelqu'un la grandeur d'esprit sans la bonté, parce qu'il croit, que ce sont deux qualités inséparables. Et dans un autre en- *Lib. de* droit il ne peut souffrir, qu'au sujet de cette *tranq. c. 9.* grande Bibliothéque d'Alexandrie, Tite Live eut loüé le soin des Rois, qui l'avoient dressée, prétendant, que ç'avoit été plûtôt par une vaine ostentation, que par une véritable

O ij

affection pour les livres. De semblables auſtérités Stoïciennes ne bleſſent pas beaucoup la réputation d'un Hiſtorien, qui parle ſelon le ſens commun, & qui n'eſt pas obligé de ſuivre toutes les opinions des Philoſophes. Mais ſi l'Itineraire d'Antonin, tel qu'Annius de Viterbe l'a fait voir, étoit véritable, il ſeroit difficile d'excuſer Tite Live d'un grand crime, quand cet Empereur l'accuſe, en parlant de Volterre, d'avoir ſupprimé les plus belles actions des Toſcans, dont il leur envioit la gloire. L'importance eſt, que l'effrontée ſuppoſition d'Annius à cet égard paroit manifeſtement dans les bonnes éditions de cet Itineraire, que nous tenons de Simler & de Surita, où l'on ne lit rien de ſemblable, parce que c'eſt une addition calomnieuſe de l'impoſteur, qui a fait ce mauvais texte avec la gloſe, & duquel nous nous ſommes déja plaints tant de fois. Je me trouverois plus embaraſſé à répondre au zèle de Gregoire le Grand, qui ne pouvoit ſouffrir les œuvres de Tite Live dans pas une Bibliothéque Chrétienne, à cauſe de ſes ſuperſtitions Payennes; ce que je me ſouviens d'avoir lû dans la Preface de Caſaubon ſur Polybe. Et certainement on ne ſauroit nier, que ſon Hiſtoire ne ſoit remplie d'une infinité de prodiges, qui témoignent un grand attachement à l'Idolatrie. Tantôt un bœuf a parlé; tantôt une mule a engendré; tantôt les hommes & les femmes, les coqs & les poules ont changé de sexe. Ce ne sont que pluies de cailloux, de chair, de craye, de sang, & de lait. Les Statuës des Dieux ont parlé, ont pleuré, ont sué le sang tout pur. Combien y lit-on de spectres apparus ? d'armées prêtes à se choquer au Ciel ? de lacs & de fleuves de sang ? En vérité jamais Historien n'a tant rapporté de ces vaines créances du peuple, qu'on en voit dans celui-ci. Et néanmoins, outre qu'il faudroit condamner presque tous les livres des Gentils, si nôtre Religion recevoit quelque préjudice de semblables bagatelles, on pouvoit encore représenter au Pape Gregoire, que Tite Live ne débite toutes celles, dont nous venons de faire mention & quelques autres de même nature, que comme de sottes opinions du vulgaire, & des bruits incertains, dont il se moque le premier, protestant souvent, que bien qu'il soit obligé de les rapporter à cause de l'importante impression qu'ils faisoient sur la plûpart des esprits d'alors, ce qui donnoit quelque branle aux affaires: il n'y avoit néanmoins que de la vanité & de l'imposture en tout cela. *Dec. 1. l. 5. & dec. 3. l. 1. & 4.*

Lib. 2. de confes.
hist. Jul.
Scal. l. 1.
poët. c. 2.

Il s'est trouvé des Auteurs modernes, tels que Bodin, Benius, & leurs semblables, qui ont osé reprendre à leur tour le style de Tite Live, comme trop Poëtique en un endroit, trop long en un autre, & souvent dissemblable à lui même. Ce sont des jugemens téméraires, & plus dignes de pitié mille fois que de considération, eu égard principalement à ceux qui les donnent. Il n'en est pas de même du reproche que lui ont fait Guillaume Budée, & Henri Glarean, d'avoir été injuste envers les Gaulois, dans toutes les narrations, où il parle d'eux & de leurs guerres. Je sai bien que ceux, qui l'ont voulu defendre là dessus, répondent, que si la puissante considération d'Auguste son protecteur ne le pût empêcher de parler honorablement non seulement de Pompée, mais de Cassius même, & de Brutus, par le témoignage de Cremutius Cordus

Lib. 4. dans Tacite; il n'y a guéres d'apparence,
annal. qu'il eût voulu s'abstenir de dire la vérité en ce qui concernoit ceux de nôtre nation, par animosité particuliere, ou pour plaire davantage au peuple Romain. Et néanmoins il est certain, qu'il s'est laissé emporter ici au courant des autres, & qu'il n'y a pas un Historien Latin de ce tems là, qui n'ait aussi bien que lui maltraité toutes les Nations pour

obliger l'Italienne, soit par flaterie, ou par ignorance, n'écrivant que sur les mémoires des victorieux, qui ont supprimé tout ce que portoient les rélations des autres.

Une faute si générale ne doit pas empêcher pourtant, que nous n'estimions Tite Live en particulier, comme un des premiers hommes de son païs. Il étoit de Padouë, & non pas d'Apone, selon que Sigonius se l'est imaginé, à cause d'un vers de Martial qui met un lieu pour l'autre par une figure assez ordinaire aux Poëtes. Son séjour de Rome & la faveur d'Auguste lui donnérent le moien de prendre les instructions nécessaires à la composition de son Histoire. Il en fit une partie dans cette capitale de l'Empire, & l'autre à Naples, où il se retiroit quelquefois pour travailler avec moins de distraction à son ouvrage. Après la mort de cet Empereur il retourna au lieu de sa naissance, où il fut reçû avec des honneurs & des applaudissemens nompareils de ceux de Padouë, y décedant l'an 4. du regne de Tibere, & le propre jour des Calendes de Janvier, qui fut aussi le dernier de ceux d'Ovide, selon l'observation d'Eusebe dans ses Chroniques. Sa vie nous a été donnée depuis peu par l'Evêque Jacques Philippe Tomasin, qui a remarqué tout ce qu'un Padoüan pouvoit dire à l'avantage de celui, qu'il conſidére comme la gloire de ſon païs. Il a mêlé dans tous les lieux de ſon Hiſtoire des harangues obliques & directes, où paroit principalement ſon éloquence. Et il ne s'eſt pas abſtenu des Digreſſions, encore qu'il s'excuſe au neuviéme livre de ſa premiere Decade, de ce que la renommée d'Alexandre l'obligeoit à ſe divertir ſur le ſuccès vrai-ſemblable des armes de ce Prince contre les Romains, s'il les eût attaqués. La queſtion étoit belle, mais il l'a traitée ſi deſavantageuſement d'un côté, & avec tant de flatterie de l'autre, quand il égale dix ou douze Capitaines Romains à cet invincible Monarque, que c'eſt l'endroit de tout ſon ouvrage qui contente le moins un Lecteur judicieux. N'eſt-il pas ridicule de dire ſur un ſujet ſi ſerieux, que le Sénat de Rome étoit compoſé d'autant de Rois, qu'il y avoit de Sénateurs? Et ne devoit-il pas conſidérer, qu'Alexandre menoit une vingtaine de Généraux ſous lui, un Ptolomée, un Lyſimache, un Caſſander, un Leonatus, un Philotas, un Antigone, un Eumenes, un Parmenion, un Cleander, un Polipercon, un Perdicas, un Clitus, un Hepheſtion, & autres ſemblables, de plus de nom & d'experience militaire, s'il en faut croire leurs belles actions, que tous ces chefs Romains, qu'il ose lui comparer? Pour n'en point mentir, cette Digression, examinée dans toutes ses parties, est plus digne d'un Déclamateur, que d'un Historien de la réputation de Tite Live.

VELLEIUS PATERCULUS.

BIEN que les deux livres de Velleius Paterculus n'eussent pour but, que de donner un sommaire de l'Histoire Romaine depuis la fondation de Rome jusqu'au tems auquel il vivoit, que l'on sait par lui même avoir été celui de l'Empire de Tibere: Si est-ce qu'il entamoit son ouvrage encore de plus haut, puisque le commencement du premier livre nous manquant, nous ne laissons pas d'y voir les antiquités de beaucoup de villes plus anciennes, que celle de Rome, de laquelle il ne parle qu'après avoir examiné l'origine des autres. Il étoit d'illustre naissance, comme il le montre par ceux de son nom qui s'étoient rendus rémarquables dans l'exercice des premieres charges de la Milice. Et lui même, aiant glorieusement reüssi dans cette profession, dit, que le souvenir des païs, qu'il avoit *Lib.* 2.

vû étant Tribun militaire, & voiageant par les Provinces de Thrace, de Macedoine, d'Achaïe, de l'Asie Mineure, & d'autres régions encore plus Orientales, sur tout de l'un & l'autre rivage du Pont Euxin, lui fournissoit de très agréables divertissemens d'esprit. L'on peut juger de là, que s'il eût écrit cette Histoire entiere & étenduë, qu'il promet si souvent, nous y aurions lû une infinité de choses très considérables, comme rapportées par celui, qui en auroit été témoin oculaire, & en partie exécuteur. Dans ce peu qui nous reste de celle-ci, où il ne represente rien que par abregé, l'on y remarque néanmoins beaucoup de particularités d'autant plus estimables, que c'est le seul lieu où elles s'apprennent, par le silence des autres Historiens, ou par la perte si ordinaire d'une partie de leurs travaux.

Le stile de Velleius Paterculus est très digne de son siécle, qui est encore celui du beau langage. Il excelle sur tout, quand il biâme ou louë ceux, dont il parle; ce qu'il fait dans les plus beaux termes, & avec des expressions les plus délicates, qu'on voie dans aucun autre Historien ou Orateur. On le biâme ici néanmoins, & avec grand sujet, d'avoir trop flaté le parti avec la Maison d'Auguste, & donné des éloges ridicules non seulement à Tibere, mais même à son Favori Sejan, dont il expose par deux fois le mérite, comme d'un des premiers & des plus vertueux personnages, qu'ait eu la République Romaine. Mais qu'a-t-il fait en cela qui n'arrive vrai-semblablement à tous ceux, qui mettront la main à la plume dans le dessein de donner dès leur vivant au public l'Histoire de leur tems? Quoiqu'il en soit, Lipse s'est imaginé, que ces loüanges excessives le firent périr avec le reste des amis de ce malheureux Favori, qu'on sait, qui furent presque tous tués à cause de lui; ce qui ne peut passer néanmoins que pour une pure conjecture, puisque nous n'en apprenons rien d'ailleurs. La nature de son Epitome ne souffroit pas, il me semble, les harangues. Il s'y en voit pourtant une oblique dans le second livre, qu'il fait prononcer au fils de Tigranes devant Pompée pour se le rendre favorable. Je trouve encore une chose très remarquable dans son style. C'est qu'entre toutes les figures d'oraison, dont il se sert, il emploie l'*Epiphonéme* avec tant de grace, que jamais peut être, il n'a été égalé par personne à cet égard. Qu'on observe tous les évenemens qu'il cite, il s'en trouvera fort peu, qu'il ne

concluë par une de ces réflexions fententieu-
fes, que les Rhéteurs Latins n'ont pû nommer autrement que du mot Grec *Epiphonême*,
dont nous fommes auſſi contraints de nous
fervir. Certes, outre la beauté de la figure,
employée judicieufement comme il le fait
faire, il n'y a rien qui inſtruiſe plus utilement
un Lecteur, que cette forte de Corollaire,
qu'on applique à la fin des principales actions
de chaque narration. Il a montré fon inclination extrême pour l'Eloquence dans l'invective, qu'il fait contre Marc-Antoine, au fujet de la profcription & de la mort de Ciceron, que perfonne n'a jamais élevé plus haut,
qu'il le met en ce lieu-là, & dans un autre endroit du même livre, où il reconnoit, que
fans un tel perfonnage, la Grèce vaincuë par
la voie des armes, auroit pû fe vanter d'être
victorieufe par celle de l'efprit. C'eſt après
que le même zèle lui a fait foutenir dès le
premier livre, que hors ceux, que cet Orateur a vûs, ou qui l'ont pû voir & entendre
lui même, il n'y a point eu d'hommes parmi
les Romains, qu'on doive admirer à caufe de
leur éloquence, tant il eſt vrai de dire, que
cette faculté s'eſt tenuë comme renfermée
dans le feul efpace de la vie de Ciceron.

Outre les deux livres de l'Histoire abregée de Velleius Paterculus, l'on a fait voir un fragment, qui lui est attribué touchant la défaite de quelques légions Romaines aux païs des Grisons, & de celle entre autres, que ce petit écrit nomme la Divine. L'on y lit, qu'il ne se sauva de cette Legion que le seul Verres, lequel Ciceron dont nous venons de parler fit depuis condamner avec infamie, pour avoir, étant Proconsul de Sicile, usé d'extorsions telles dans une si importante Province qu'elles la pensèrent désoler. Mais la plûpart des savans hommes, & Velserus avec Vossius entre autres, reclament contre cette piéce, qu'ils soutiennent être supposée, tant par le style, qui paroit d'un siécle inferieur de beaucoup à celui de Paterculus, que par la matiere dont elle traite, & où ils trouvent de grandes absurdités. Laissant à part le jugement douteux des Critiques, il demeure constant à l'égard du vrai texte de cet Auteur, que hors les fautes, qui viennent plûtôt de ses copistes que de lui, & des copies que de l'original, nous n'avons rien de plus pur dans toute la Latinité, ni de plus digne des tems d'Auguste & de Tibere.

QUINTE CURCE.

ALEXANDRE peut se consoler de n'avoir pas eu comme Achille un Homere pour trompette de ses loüanges, s'il faut se servir des propres termes que sa jalousie lui fit tenir, puisqu'il a trouvé parmi les Latins un Historien de sa vie tel que Quinte Curce. Certainement, c'est un des plus grands Auteurs qu'ils aient eu, & l'excellence de son style m'obligeroit à le croire plus ancien que Tite Live & Paterculus, le faisant passer pour celui, dont parle Ciceron dans une de ses Epitres, si la plus commune opinion de ceux, qui se sont peinés sur la recherche de son siécle, ne le mettoit du tems de Vespasien, & quelques uns mêmes de celui de Trajan. Je ne veux point m'arrêter là-dessus aux passages de son quatriéme livre, où il parle de Tyr, ni à celui du dixiéme, où il fait une Digression sur la facilité de son siécle, parce que chacun les fait servir à son sens. Je dirai seulement qu'aiant vécû un très grand âge, rien n'empêche qu'il ne soit encore le même, dont Suetone s'est souvenu comme d'un grand Rhéteur du vivant de Tibere; & Tacite, comme d'un Préteur & Proconsul d'Afrique aussi sous

Lib. 2. ad Qfr ep. 2.

Lib. 11. Ann.

cet Empereur, puisqu'il n'y a pas plus de trente deux ans de la derniere année de Tibere, jusqu'à la premiere de Vespasien. Ce que Pline le Jeune rapporte d'un spectre apparu en Afrique à un Curtius Rufus, ne peut être entendu non plus de celui-là même, dont nous venons de dire que Tacite fait mention. Mais il importe fort peu à mon dessein d'accorder la diversité de tant de sentimens à cet égard qu'on peut voir ramassés dans Vossius, & dans Raderus Commentateurs de Quinte Curce. Peutêtre est-il seulement fils de ceux, que nomment Ciceron ou Suetone. Et peutêtre n'a-t-il rien de commun avec tous les précedens, dont nous avons parlé, vû même que Quintilien, ni pas un des anciens, n'ont dit le moindre mot de lui ou de son Histoire ; chose si étrange, qu'à mon avis le silence de Quintilien, qui n'a omis aucun Historien de consideration dans le dixiéme livre de ses Institutions, écrites sous Domitien, ne sauroit être excusé, qu'en présupposant, que de son tems l'ouvrage de Quinte Curce n'étoit pas encore publié.

Lib. 7. ep. 7. ad Suram.

Les impressions ordinaires de cet Auteur témoignent, que les deux premiers livres sont perdus, avec la fin du cinquiéme, le commencement du sixiéme, & quelques petits endroits du dernier, qui est le dixiéme, où il paroit manifestement du defaut. Ce n'a pas été Quintianus Stoa, mais Christophle Bruno, qui a suppléé les deux livres, qui manquoient au commencement, se servant de ce qu'Arrien, Diodore, Justin, & quelques autres nous ont laissé par écrit des gestes d'Alexandre le Grand. Pour Quinte Curce, il a bien fait de s'abstenir des relations du faux Callisthene, (le véritable, cité par Plutarque ne se trouvant plus) qui donne à ce Monarque un Nectanebus Magicien pour pere, au lieu de Philippe de Macedoine, & qui le représente mieux en Roland, ou en Amadis, qu'en véritable Conquerant. Au surplus Henri Glarean n'est suivi par personne dans sa distribution de l'Histoire de Quinte Curce en douze livres, rétablissant les deux premiers, & divisant le reste en dix autres au lieu des huit ordinaires. Mais en quelque façon qu'on la mette, elle sera toûjours trouvée digne de son sujet, & celui, qui l'a écrite, de l'éloge que s'attribuoit insolemment & sans mérite un Amyntianus, d'avoir en quelque façon égalé par son style les belles actions d'Alexandre.

Apud Photium, sect. 131.

Si est ce qu'il se trouve des Censeurs par tout, & nous savons que Quinte Curce n'en a pas a pas manqué non plus que les autres. Le même Glarean que je viens de citer, le reprend d'avoir fait venir en fort mauvais Géographe le Gange du Midi, d'avoir confondu le mont Taurus avec le Caucase, & de s'être mépris prenant le Jaxartez de Pline pour le Tanaïs. L'on peut répondre en sa faveur, que ces dernieres équivoques ne sont pas de lui, qui comme Auteur Latin n'a rien fait que suivre les Grecs, dont il empruntoit son Histoire. En effet, Strabon a remarqué dans le quinziéme livre de sa Géographie, comme les Macedoniens appellèrent Caucase ce qui n'étoit qu'une partie du mont Taurus, parce que le premier leur fournissoit plus de sujets fabuleux que l'autre, dont ils prenoient plaisir à flatter l'ambition d'Alexandre, & la leur propre. Et quant au cours du Gange, bien qu'il soit vrai, que généralement parlant il descende du Septentrion au Midy, Strabon néanmoins ajoûte qu'il trouve des oppositions, qui l'obligent à des routes différentes, & qu'enfin il porte toutes ses eaux du côté du Levant. Mascardi attaque Quinte Curce *T. 5. dell' arte hist. c. 2. ep. 3.* d'un autre côté. Il trouve qu'il est excessif dans l'usage des Sentences, & bien qu'il soit contraint d'avouër, que toutes celles de cet Auteur sont très belles & très ingenieuses, il l'accuse de ne les avoir pas toûjours employées avec jugement, en faisant prononcer de disproportionnées à la condition de ceux, qui les disent, comme on le voit, à ce qu'il prétend, dans la harangue des Scythes à Alexandre, telle qu'elle se lit dans le septiéme livre. Je l'ai luë & reluë plus d'une fois à cause de cette imputation, mais j'avouë que ç'a été avec des yeux bien différens de ceux de Mascardi. A peine me puis-je imaginer, que ce soit une piéce faite à plaisir, & je trouve toute cette oraison si ajustée à la personne des Ambassadeurs Scythes, qui la recitent, tant à l'égard des Sentences, que du reste de ses membres, qu'elle passe dans mon esprit pour une copie prise sur le véritable original de Ptolemée, d'Aristobule, de Callisthene, d'Onesicritus, ou de quelque autre, qui étoit présent comme eux, lorsqu'elle fut prononcée, & qui eût la curiosité de l'insérer dans l'Histoire de ce Monarque. Je laisse à part ce qu'on y lit de si approprié touchant le présent de ces Barbares, d'une paire de bœufs, d'une charruë, d'une tasse, & d'une fleche. Le proverbe Grec des solitudes de leur païs y est admirablement employé; Et cette peinture Scythique de la **Fortune sans pieds**, dont on ne peut arrêter les ailes, encore qu'elle donne les mains, a des graces inexprimables dans leur bouche. Mais quoique toutes ces choses aient une merveilleuse convenance avec ceux, qui les proferent, je trouve qu'il y en a encore davantage dans l'emploi des Sentences dont Mascardi se plaint; & si jamais le *Decorum* des Latins fut considéré, ou cette bienséance de leurs Rhéteurs curieusement observée, je pense qu'on peut dire que c'est ici, où Quinte Curce en a gardé les loix très religieusement. Ceux qui savent avec quelle licence les Scythes & les Tartares emploient les fables dans tous leurs discours, & comme ils ne disent presque rien non plus que le reste des peuples Orientaux, sans y mêler des paraboles, admireront le jugement de cet Auteur dans la plus sententieuse partie de la harangue dont nous parlons, & où vrai-semblablement son Censeur a tant trouvé à reprendre. Ignorés-vous, disent ces Ambassadeurs à Alexandre, que les plus grands arbres qui sont si long tems à croître, peuvent être abatus & déracinés en un instant? Ce n'est pas être sage de regarder seulement le fruit qu'ils portent, sans considérer leur élévation & le péril de la chûte. Prenés bien garde qu'en voulant monter jusqu'au plus haut,

P ij

leurs dernieres branches ne vous demeurent au poing, & que vous ne tombiés avec elles. Le Lion pour grand & féroce qu'il soit, sert quelquefois de nourriture aux moindres oiseaux, & le fer avec toute sa dureté est souvent consumé par la roüille. Enfin, il n'y a rien de si solide, ni de si fort dans la Nature, qui ne puisse être endommagé par les choses du monde les plus foibles & qui paroissent avoir le moins de vigueur. Certainement voilà bien des propos sententieux: Mais je soutiens, qu'au lieu d'être repris de messéance comme prononcés par des Scythes, on les doit sur tout estimer à cause de l'air qu'ils ont de leur païs, & de cette rare façon de s'exprimer, qui n'a presque rien du Grec ni du Latin. Que si je voulois donner ma censure aussi bien que les autres sur cette Histoire, ce ne seroit pas pour y trouver à redire aux choses de Géographie, ou de Rhétorique; j'accuserois bien plûtôt Quinte Curce en ce qui touche la Moralé, où en vérité, on ne peut pas dire, qu'il soit excusable. Après avoir reconnu en plus d'un lieu, comme Alexandre se servit de l'Eunuque Bagoas au même usage, qui l'avoit rendu tout puissant sur les affections de Darius, (pour ne rien dire d'Hephestion, puisqu'il ne

lib. 6. & lib. 10.

rend pas son amitié si honteuse ni si criminelle que d'autres ont fait) c'est une chose étrange, qu'il ait eu le front d'écrire ensuite, que les voluptés d'Alexandre étoient toutes naturelles & permises. C'est au lieu, où aiant représenté la mort de ce Prince, il examine ensuite ses vertus & ses vices, usant de ces propres termes: *Veneris juxta naturale desiderium usus, nec ulla nisi ex permisso voluptas.* Quoi! cette passion infame qu'il avoit pour Bagoas n'étoit donc pas contre Nature? Si est-ce que long tems auparavant, nonobstant les tenebres du Paganisme, Phocylide avoit observé dans un de ses vers, que les Brutes mêmes abhorroient naturellement cette sorte de debauche. Et Platon, tout diffamé qu'il est à cet égard, avoit reconnu depuis au huitiéme livre de ses loix, qu'avant même le siécle de Laius cet exemple des Bêtes fit nommer l'amour masculin un pèché contre Nature. Certainement, la faute de Quinte Curce ne peut être palliée, quelque licence qu'on puisse alleguer des Gentils, tant Grecs que Latins sur ce sujet.

Je ne repeterai point ici ce que j'ai dit dans la Section d'Arrien, de quelques petites erreurs de Quinte Curce, qui se reparent par le texte du premier; ou plûtôt de l'aide mutuelle que ces deux Auteurs se rendent l'un à l'autre pour être plus intelligibles. Mais je remarquerai bien, que nonobstant la gloire que nous avons donnée au Grec, d'être des plus retenus au fait des prodiges, celui que nous examinons présentement l'est encore davantage. Il n'en faut point d'autre preuve, que ce qu'ils ont écrit d'une ou deux fontaines miraculeuses, qui sourdirent de nouveau aussitôt qu'Alexandre se fut campé auprès du fleuve Oxus. Arrien dit, que l'une étoit d'huile, & l'autre d'eau claire, sans faire naitre dans l'esprit de son Lecteur

Lib. 7. le moindre scrupule d'un tel conte. Quinte Curce, qui ne parle point de la source d'huile, rapporte qu'en creusant des puits, on trouva une fontaine dans la tente du Roi, & que n'aiant été apperçue qu'assez tard, on fit courir le bruit, qu'elle étoit toute nouvelle, Alexandre même étant bien-aise qu'on crût, que c'étoit une grace du Ciel, & un don que Dieu lui faisoit. Pour faire voir bien clairement avec quelle circonspection cet Historien a toûjours traité les choses, dont on se pouvoit défier, je mettrai ici les termes

Lib. 9. dont il accompagne la narration de ce chien, qui se laissa couper les membres piéce à piéce au Roiaume du Sophite, plûtôt que de démordre & lacher la prife du Lion. *Equidem*, dit-il, *plura tranfcribo, quam credo. Nam nec affirmare fuftineo, de quibus dubito, nec fubducere, quæ accepi.* Il faut appliquer ce paſſage à l'endroit du même livre, où ſur la maladie de Ptolomée un ſerpent montra l'herbe, qui le devoit guerir, à Alexandre dans ſon plus profond ſommeil. En effet, lorſqu'on témoigne par de ſemblables moderations, qu'on ne veut rien impoſer à la crédulité d'un Lecteur, il n'y a rien qui ne ſe puiſſe écrire, comme nous l'avons tantôt montré au Chapitre de Tite Live.

Tant y a qu'entre les Hiſtoriens Latins, il n'y en a point qui ſoit plus dans l'approbation générale que Quinte Curce. Les uns ſont pour le ſtyle de Tite Live, les autres pour celui de Tacite, mais tous conviennent, que Quinte Curce a très agréablement & très bien écrit. L'opinion de Lipſe eſt, que les Princes particulierement ne doivent point avoir de lecture ſi ordinaire, que celle de cet Auteur, qu'ils feroient bien de tenir toûjours entre leurs mains. Et véritablement c'eſt une choſe merveilleuſe, qu'outre les avantages de l'eſprit, il ait encore été ſi utile pour ceux du corps à quelques-uns de ces mêmes Princes. Nous avons déja rapporté je ne ſai quoi de semblable en parlant de Tite Live, & il me souvient d'avoir observé, qu'un Laurent de Médicis qui se faisoit lire l'Histoire des Empereurs, fut si touché d'un recit de quelque trait notable de Conrad Troisiéme du nom, qu'il crût devoir sa santé au contentement, qu'il reçût de cet entretien. Voici ce que disent Antonius Panormitanus, & assez d'autres avec lui touchant Quinte Curce. Ce sage Roi d'Arragon Alphonse se trouvant accablé d'une maladie, dont tous les remedes de ses Médecins ne l'avoient pû délivrer, chercha quelque divertissement dans l'Histoire que nous examinons. Ce fut avec tant de satisfaction, & avec un tel succès, que se trouvant tout à fait soulagé, il protesta devant tout le monde, qu'Hippocrate ni Avicenne ne lui seroient jamais de considération comme Quinte Curce, à qui seul il étoit redévable de sa guérison. Sans me rendre garant de semblables évenemens, je me contenterai d'ajoûter, qu'il est excellent dans toutes ses harangues, soit directes, soit obliques. Je n'ai vû qu'une seule lettre dans tout son ouvrage, qui est celle que récrivit Alexandre à Darius. Et je ne crois pas, qu'il s'y trouve non plus d'autre Digression, qu'une du dixiéme livre, dont j'ai déja touché quelque

Lib. de reb. gest. Alph.

mot, & qui regarde la felicité du peuple Romain, reüni du tems qu'écrivoit Quinte Curce sous un grand Empereur, prenant sujet de parler de cela, sur les divisions, qui se mirent entre les Macedoniens, après la mort de celui, qui les avoit rendus Monarques du Monde. Car il ne faut pas prendre pour une Digression le Discours de la façon de vivre des Indiens, avec la déscription de leurs païs, qui se voit dans le huitiéme livre, parce qu'il n'y a rien en tout cela, qui ne soit de l'essence du thême que s'étoit proposé l'Historien, ne pouvant bien traiter les gestes d'Alexandre dans l'Inde, sans donner une sommaire connoissance de cette Province comme il a fait.

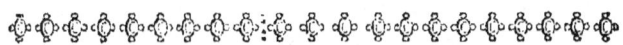

TACITE.

Toutes les impressions de Corneille Tacite mettent ses Annales avant son Histoire, à cause sans doute que celles-là commencent de plus loin, traitant des derniers tems d'Auguste jusqu'à la fin de l'Empire de Neron, dont néanmoins les deux dernieres années & une partie de la précédente nous manquent ; là où ses livres d'Histoire semblent suivre depuis cette même Epoque de la mort d'un tel Monstre, jusqu'à celle de Domitien. Et pourtant l'on ne sçauroit douter, que Tacite n'eût composé l'Histoire la premiere, comme plus voisine de son tems, puisqu'il la cite dans l'onziéme de ses Annales, où il renvoie son Lecteur à ce qu'il avoit déja écrit des actions de Domitien, dont on ne peut dire, qu'il ait parlé ailleurs, que dans les livres de son Histoire. Il ne nous en reste que cinq, & la conjecture de Lipse est qu'il y en a bien quinze de perdus. De fait, puisqu'ils s'étendoient depuis Galba jusqu'à la mort de Domitien, ce qui renferme une espace de vint huit ans pour le moins, il est vraisemblable que la plus grande partie manque, vû que les cinq que nous avons ne comprennent guéres que ce qui se passa durant une année & quelques mois. Leur style est un peu plus étendu & plus fleuri que celui des Annales, qui sont écrites d'une façon seche & pressée, comme la raison le vouloit; quoique l'éloquence de Tacite paroisse par tout dans son genre d'écrire grave, & qui a je ne sai quoi de cette δεινότης ou sublimité, dont les Rhéteurs ont observé, que Demosthene ne s'éloigne jamais.

Muret.
Or. de Tac.

Entre tant de Censeurs, qui trouvent chacun quelque chose à redire dans les ouvrages de cet Hiſtorien, il n'y en a point de plus excuſables, que ceux, qui ſe plaignent ſimplement de ſon obſcurité. Car parce qu'il laiſſe aſſez ſouvent ſes narrations imparfaites, il eſt vrai qu'on l'en trouve quelquefois moins intelligible. Le vice d'ailleurs des exemplaires, & la depravation de ſon texte aide beaucoup à rendre ſon ſens difficile à comprendre; ce qui paroît manifeſtement par les lieux entiers & non corrompus, où l'on n'a jamais de peine à deviner ce qu'il veut dire. Quoiqu'il en ſoit, l'on ne doit pas s'étonner, ſi Tacite aiant imité Thucydide, & ſuivi Demoſthene dont nous venons de parler, le premier a retenu je ne ſai quoi de l'âpreté ou auſterité, qu'on a toûjours remarquées dans le ſtyle de ces deux Grecs, & dont tous les anciens ont fait une vertu, tant s'en faut, que cela doive être imputé comme un defaut à celui, qui ſe les eſt propoſés pour exemple. En effet, comme il y a des vins, qu'un peu d'amertume recommande, & comme pluſieurs perſonnes trouvent, que l'air ſombre des temples contribuë quelque choſe à la dévotion : Il y en a d'autres, qui croient, que l'obſcurité d'un Auteur, & ſa façon d'écrire un peu ſcabreuſe, ſont plûtôt à eſtimer qu'à blamer, parce qu'elles donnent de l'attention à l'esprit, l'élevent & le portent, en l'arrêtant, à des connoissances, qu'il ne prendroit pas dans une lecture plus facile.

Quant à ceux, qui ont été assez hardis pour prononcer, que Tacite ne parloit pas bien Latin, je les trouve plus dignes de pitié dans un tel delire, que de réponse. Deux grands Jurisconsultes néanmoins ont été de cet avis; Alciat, qui soutenoit, que la diction de Paul Jove étoit beaucoup meilleure, que celle de cet ancien Historien, toute pleine, disoit-il, d'épines; & Ferret, qui condannoit de même la phrase de Tacite, comme n'étant pas assez Romaine à son jugement. S'il y en eût jamais un ridicule, c'est sans doute celui-là; & j'ose dire, plein que je suis d'indignation contre de si déraisonnables sentimens, qu'apparemment le moindre Cuisinier ou Palfrenier de Tacite parloit mieux Latin que Ferret, ni Alciat, fort habiles hommes en Jurisprudence, mais très mauvais juges au fait dont nous parlons. Car quoique Tacite n'ait pas écrit comme César ni comme Ciceron, ce n'est pas à dire qu'il s'en soit mal acquité pour cela. L'éloquence n'est pas uniforme; il y en a divers genres; & l'on sait, que la Latine a fleuri dans tous différemment jusques sous l'Empereur Adrien, moins ancien que nôtre

Tacite, à qui les premiers Orateurs de son tems ont librement déféré la palme de leur profession. Pline le Jeune est un des plus considérables d'entre eux, qui témoigne par plusieurs de ses Epitres, qu'il le respectoit, comme l'un des plus diserts de son âge. Dans la vintiéme du premier livre il le fait juge d'une contestation, qu'il avoit euë touchant l'éloquence du Barreau, contre un savant personnage, qui soûtenoit que la plus concise étoit toujours la meilleure. Il décrit *Epist. 1.* ailleurs à un de ses amis la pompe des fune- *lib. 2.* railles de Virginius Rufus, observant que son dernier & principal bonheur se remarquoit en ce qu'il avoit été loüé par le Conful Corneille Tacite, dautant que cette oraison funebre ne pouvoit être faite par un plus éloquent que lui ; *laudatus est a Cornelio Tacito. Nam hic supremus felicitati ejus cumulus accessit laudator eloquentissimus.* Quand il fait part à un autre nommé Arrien du succés de cette grande cause contre un Proconsul d'Afrique accusé de péculat, il dit que Corneille Tacite fit une replique à celui, qui le *Ib. ep. 11.* defendoit, où son éloquence, & sa gravité inséparable de son discours, furent admirées: *respondit Cornelius Tacitus eloquentissime; & quod eximium orationi ejus inest*, σεμνῶς. Et lorsque le même Pline voulut pourvoir d'un Précepteur public la ville de Come sa patrie, il suplia Tacite, comme celui, que tous les beaux esprits de son tems venoient trouver, d'en arrêter un, & de le lui envoier pour exercer cette charge. Je laisse à part les descriptions, qu'il lui fait dans deux lettres différentes de la mort de Pline l'Ainé son oncle, & de l'incendie du Vesuve, dont il desiroit de telle sorte que l'Histoire de Tacite fit mention, qu'il le conjure encore ailleurs de n'y pas oublier son nom, declarant sa passion pour cela en des termes, que je juge à propos de rapporter ici: *Auguror, nec me fallit augurium, Historias tuas immortales futuras; quo magis illis, ingenue fatebor, inseri cupio. Nam si esse nobis curæ solet, ut facies nostra ab optimo quoque artifice exprimatur, nonne debemus optare, ut operibus nostris similis tui scriptor prædicatorque contingat?* Mais le lieu où Pline témoigne davantage l'estime, que lui & toute l'Italie faisoient de Tacite, est celui d'une autre lettre, où il declare, que dès sa plus tendre jeunesse il l'avoit choisi pour patron de l'éloquence, parmi cette grande multitude d'excellens Orateurs, qu'on sait qui étoient pour lors dans la ville de Rome. Et parce que nous apprenons fort précisément

Lib. 4. ep. 13.

Lib. 6. ep. 16. & 20.

Lib. 7. ep. 33.

Ib. ep. 20.

de cet endroit l'âge de ces deux hommes, je le citerai encore fort volontiers en son propre langage : *Equidem adolescentulus cum tu jam fama gloriaque floreres, te sequi, tibi longo, sed proximus intervallo & esse & haberi concupiscebam. Et erant multa clarissima ingenia, sed tu mihi (ita similitudo naturæ ferebat) maxime imitabilis, maxime imitandus videbaris.* Il n'est pas besoin de chercher d'autres preuves de la réputation de Tacite du tems même qu'il vivoit, qui a produit tant de grands personnages. Chacun sait d'ailleurs, combien tous les siécles suivans ont honoré ses veilles, dont nous rendrons encore quelques témoignages avant que de finir cette Section. Et cependant qui n'admirera, qu'il se trouve des barbares aujourd'hui, tels qu'Alciat & Ferret à l'égard des anciens Romains, qui sont assez téméraires pour dire, qu'un Auteur de si grande considération, ne savoit pas seulement parler sa langue maternelle ? En vérité, il faut avoir un front d'airain, & une cervelle bien à l'essor, pour avancer de semblables propositions. Pour moi quand je verrois mille choses dans Tacite qui ne me plairoient pas, j'accuserois plûtôt ma foible connoissance, le vice des exemplaires, ou quelque autre defaut, qui ne lui pourroit être imputé, que de donner le démenti à toute l'Antiquité, tombant dans une imagination pareille à celle, que nous refutons.

Il y a une troisiéme forte d'accusateurs de Tacite, qui le chargent d'avoir dit des fauffetés. Vopifcus eft l'un de ceux-là. Mais parce qu'il ne l'accufe que pour s'excufer dans cette propofition générale, que les meilleurs Hiftoriens du Monde ne fauroient éviter le mêlange du menfonge parmi leurs plus véritables narrations, il femble que la réputation de Tacite ne foit pas beaucoup intereffée en cela. Nous avons montré ailleurs, qu'affez de perfonnes ont pris plaifir à foutenir cette thefe. Et je me fouviens, que Dion Chyfoftome voulant prouver dans une de fes Oraifons, qu'on ne fait jamais le vrai des chofes, ne fe contente pas de dire, que la prife de la ville de Troye par les Grecs eft une pure fable, & que les Perfes contoient bien autrement les guerres de Xerxes & de Darius contre la Gréce, que les mêmes Grecs; il ajoûte pour marque du peu de certitude qu'il y a dans l'Hiftoire, qu'entre les plus célebres Ecrivains de la Gréce, les uns faifoient que la victoire navale de Salamine avoit précedé celle de Platée, & les autres tout au contraire. Il fuffiroit donc

In Aurel.

Orat. 11.

donc de répondre, qu'il y a des mensonges que nôtre humanité tolere, parce qu'ils se peuvent dire de bonne foi, & comme parle l'Ecole, sans mentir. Mais quand Tertullien reproche l'imposture à Tacite, & que Budée le nomme l'un des plus scélerats & condannables Auteurs que nous aions, l'on voit bien, qu'ils ne le taxent pas simplement de cette sorte de faussetés que l'ignorance peut excuser, & qui se peuvent rejetter sur des erreurs, que la créance commune a autorisées. En effet ils le prennent à partie sur ce qu'il a dit avec impieté des Chrétiens, & en dérision de nôtre sainte Réligion, qu'il attaque même dans les fondemens du vieil Testament, se moquant des miracles de Moïse, & reprochant aux Juifs, qu'ils adoroient l'effigie d'un Ane sauvage. J'avouë, qu'on ne sauroit trop condanner tout ce qu'il dit là-dessus comme Payen qu'il étoit. Et néanmoins nous serons toûjours contraints d'avouër, que s'il le faut absolument rejetter à cause de ce qu'il a écrit contre le vrai Dieu & nos Autels, l'on sera obligé de brûler avec ces livres presque tous ceux des Gentils, n'y en aiant que fort peu, qui se soient abstenus de semblables calomnies. Je dis la même chose contre le jugement qu'a donné Casaubon dans sa Préface sur Polybe, où il soutient, que la lecture de Tacite est la plus dangereuse, que puissent faire les Princes, à cause des mauvais exemples qui se voient dans ses œuvres. C'est une mauvaise coutume qu'a suivie Casaubon, de ne travailler jamais sur un Auteur sans blâmer tous les autres pour l'autoriser, & nous savons, que lui même a loüé Tacite ailleurs autant que personne puisse le faire. Il est vrai, que son Histoire nous a représenté les actions des plus méchans Princes, qui furent jamais, & que par malheur les livres qui contenoient le regne des meilleurs Empereurs, de Vespasien, de Tite, de Nerva, & de Trajan se trouvent perdus. Tant y a que c'est censurer tout ce que nous avons d'Histoires au monde, sans excepter même la Sacrée, que de rendre responsable celle de Tacite des mauvais exemples, qu'elle contient, ne s'en trouvant point, qui n'en ait de très dangereux, & où il ne faille distinguer avec jugement le bien & le mal de chaque narration. Peut être qu'autrefois, comme encore du tems de Tertullien, les invectives des Païens contre nous pouvoient être apprehendées, parce que toute la terre n'étoit pas encore purgée de leurs erreurs, comme elle l'est à présent par la grace de Dieu. Mais je ne saurois m'imaginer, qu'il se trouvât aujourd'hui personne, qui fût pour se laisser séduire aux calomnies des Ethniques, ni à tout ce que l'Infidelité, où ils vivoient, leur a pû faire écrire contre nos vérités Evangeliques.

L'estime générale, où sont les ouvrages de Tacite, pourroit suffire toute seule contre les autorités que nous venons de considérer, quand nous eussions manqué de raison pour les refuter. Que s'il étoit besoin de les affoiblir par d'autres autorités contraires, j'en puis produire deux, outre le consentement universel des savans, qui sont de tel poids qu'elles feront toûjours pencher la balance de leur côté. La premiere est celle de l'Empereur Tacite, qui dans cette suprême dignité du Monde où il se trouvoit, ne laissa pas, près de deux cens ans depuis la mort de l'Historien dont nous parlons, de se glorifier du nom qui leur étoit commun, s'estimant même honoré de l'avoir eu pour ancêtre, & d'être reconnu pour un de sa posterité. Il ordonna de mettre sa statuë dans toutes les Bibliothéques, & de faire décrire tous les ans dix fois ses livres, afin qu'ils passassent de main en main, & de siécle en siécle. La seconde autorité sera celle du

Vopisc. in Tacito. cap. 10.

Q ij

grand Duc Cosme de Médicis, dont la mémoire ne manquera jamais de vénération auſſi long tems, que la ſcience Politique ou de bon gouvernement, comme parlent ceux de ſon païs, ſera cultivée. Ce Prince choiſit Tacite entre tous les Hiſtoriens, pour celui duquel il pouvoit tirer le plus d'inſtruction, & de ſolide ſatisfaction d'eſprit. Ajoûtons au témoignage des Princes & des Empereurs, que la traduction de cet Auteur en toutes Langues eſt une preuve certaine de l'état, qu'en ont fait toutes les Nations. Outre ſes commentaires & ſon Hiſtoire, il a écrit un traité des divers peuples, qui habitoient l'Allemagne de ſon tems, & de leurs mœurs différentes; avec un autre livre de la vie de ſon beau pere Agricola. Quelques uns lui attribuent encore celui des cauſes de la corruption de l'éloquence Latine, que d'autres donnent à Quintilien, & qui n'eſt peut-être ni de l'un ni de l'autre ſelon la vraiſemblable conjecture de Lipſe. Quant au recueil de Facéties ou de contes plaiſans, que Fulgentius Planciades cite ſous le nom de Tacite, c'eſt une pure ſuppoſition, qui n'a jamais trompé que ce pauvre Grammairien. Les véritables compoſitions de Tacite ſont aſſez reconnoiſſables, ſoit en la forme, soit en la matiere, à prendre, comme Lib. 2. de fait Scaliger, la diction de l'Histoire pour la *re poëtica,* matiere, & les choses qu'elle explique *cap. 1. & lib. 3. c. 1.* pour la forme. Il mêle par tout des harangues, tantôt obliques & tantôt directes, selon que la condition du tems, du lieu, & des personnes les demandoit. Tout concis qu'il est dans son style, il ne laisse pas de faire en plusieurs lieux des Digressions, témoin entre autres celle du Dieu Sérapis dans le quatriéme livre de son Histoire, & cette autre merveilleuse du cinquiéme, dont nous avons déja touché quelque chose, de la Réligion des Juifs & de leur Législateur Moïse. Son opinion étoit, que comme il n'y a point de voiageur, qui ne se puisse détourner quelquefois, pour voir un lieu mémorable, ou quelque singularité des païs, qu'il traverse; les loix de l'Histoire ne défendent pas non plus à celui qui l'écrit, de faire de ces petites excursions, qui plaisent & délassent l'esprit plus qu'elles ne le divertissent, quand on n'en use qu'à propos. Il n'est pas moins sententieux que Thucydide ou Salluste, mais c'est avec ce merveilleux artifice, que toutes les maximes, qu'il pose, s'engendrent de la nature des sujets qu'il traite, de même que les étoiles sont faites de la propre substance des Cieux.

On n'y voit rien d'étranger, d'affecté, ni qui foit tiré de trop loin, ou fuperflu; chaque penfée tient un lieu qui lui convient fi bien, qu'il ne lui peut être difputé. Au furplus vous n'apprénés pas de lui fimplement l'évenement des chofes paffées. Il en découvre prefque toûjours les caufes, & les confeils précedens. Certainement on peut dire dans l'Hi-

Virg. 2.
Georg.
ftoire la même chofe, que le Poëte a prononcé au fait de l'Agriculture,

Felix qui potuit rerum cognofcere caufas.
Et s'il eft vrai, ce que beaucoup de perfonnes affurent, que la Mer a fes eaux plus douces au fond, qu'au deffus & en fa fuperficie; il eft encore plus affuré, qu'une narration Hiftorique, qui ne nous fait connoitre que la furface des affaires, & la fuite des évenemens, fans pénétrer jufqu'aux caufes & aux avis qui ont précedé, n'a garde d'être utile ni plaifante, comme celle, qui nous en revèle tous les myfteres, & qui ne nous tient rien de caché du plus fecret de ces mêmes affaires, dont on ne goute la douceur, qu'à proportion de ce qu'on les approfondit. Mais ce qui relève extraordinairement le mérite des œuvres de Tacite, c'eft l'obfervation,

Lib. 1.
Hift.
que d'autres ont faite avant moi, qu'affez fouvent l'on n'y apprend pas moins par ce qu'il a

laissé à dire, que par ce qu'il a dit, son silence étant aussi instructif, que son langage, & ses nulles (pour parler en terme de chiffre) aussi considérables, que ses plus importans caracteres, à cause que tout y est plein de consideration, de justesse, & de jugement. C'est ainsi qu'au rapport des anciens le Peintre Timante imprimoit dans ses tableaux plus de choses pour la pensée, qu'il n'en exposoit à la vuë des spectateurs. Aussi sait-on, que Tacite avoit envie d'écrire dans sa vieillesse, l'Empire de Nerva, & celui de Trajan, comme nous l'apprenons de lui même.

FLORUS.

Ceux, qui font vivre Florus sous Trajan, sont obligés de corriger l'endroit de son Prologue, où il dit qu'il n'y avoit guéres moins de deux cens ans depuis le tems d'Auguste jusqu'au sien. La plus vrai-semblable opinion porte, qu'il étoit un peu posterieur, & l'on peut croire même, que le Poëte Florus, dont Spartien cite les vers dans la vie d'Adrien, est encore celui duquel nous parlons, qui a fait l'Abregé de l'Histoire Romaine en quatre livres. Il avoit écrit familierement à l'Empereur, en ces termes,

> *Ego nolo Cæsar esse,*
> *Ambulare per Britannos,*
> *Scythicas pati pruinas.*

Ce bon Prince, qui se mêloit du métier des Muses, lui fit une réponse de raillerie, où il le nomme,

> *Ego nolo Florus esse,*
> *Ambulare per tabernas,*
> *Latitare per popinas,*
> *Calices pati rotundos.*

Aussi voit-on, que le style de son Histoire est entierement Poëtique, & que l'amour du Parnasse lui a fait quelquefois emploier librement des hémistiches de Virgile. Mais quoiqu'il paroisse fort licentieux en cela, & que sa diction & ses phrases tiennent assez souvent plus du Déclamateur, que de l'Historien ; si faut-il avouër, que Sigonius est tout-à-fait injuste, quand il passe jusqu'à cette extrémité de le nommer *inepte* ou impertinent. La façon dont Florus traite chaque guerre à part, ne méritoit pas une si rude censure. Et l'on sait d'ailleurs, qu'il a toûjours été reconnu pour un Auteur très disert, & plein d'élégance ou de fleurs d'oraison extrèmement agréables. Il est encore rempli de pointes fort ingenieuses, & de pensées qu'il débite avec force & vehemence. Que si vous exceptés quelques petits endroits, qui peuvent être nommés froids, les comparant aux autres, le reste contient un nombre innombrable de sentences & de préceptes, qui ne pouvoient être couchés en plus beaux termes.

Il est difficile de bien determiner, si c'est un même Florus, qui a fait les quatre livres, dont nous venons de parler, & qui a dressé les Argumens sur tous ceux de Tite Live. Quoiqu'il en soit, l'on se tromperoit lourdement de croire, que l'intention de Florus eût été de reduire en Epitome dans ses quatre livres l'Histoire entiere de Tite Live, puisqu'il ne la suit pas en beaucoup de lieux, où il a des opinions tout à fait particulieres. Elles sont telles, sur tout à l'égard de la Chronologie, ou de la suite des tems, qu'il est très dangereux de le prendre pour guide en cela, à cause des grandes fautes qu'il y a commises par negligence ou autrement. Mais peutêtre que ceux, qui l'accusent d'avoir fait perdre les œuvres de Tite Live, se fondent sur les petits Sommaires ou Argumens, qu'il a donnés de chaque livre du même Tite Live. En ce cas là leur conjecture n'a pas beaucoup d'apparence, telle forte de Sommaires ne pouvant pas raſſaſſier l'eſprit, ni lui faire mépriſer un ouvrage, dont ils ne donnent qu'une très ſuperficielle connoiſſance.

Quelques-uns font Seneque Auteur de l'Hiſtoire compendieuſe de Florus, à cauſe que Lactance rapporte dans le quinziéme chapitre du 7. livre de ſes Inſtitutions Divines, une diviſion de l'Empire Romain en quatre ſaiſons différentes, lui attribuant par metaphore l'enfance, la jeuneſſe, l'âge viril, & la vieilleſſe de nôtre humanité, ce qu'il dit être de l'invention de Seneque. Or parce que cette même diviſion ſe voit dans la Préface des livres de Florus, ils concluent, qu'ils ſont de Seneque, & que le nom de Florus n'y doit être conſidéré que comme ſuppoſé. Et néanmoins, quiconque prendra garde aux textes de ces deux Auteurs, y remarquera facilement de très grandes différences. Seneque, par exemple, fait aller la jeuneſſe de Rome, ou l'adoleſcence, comme il parle, juſqu'à la fin de la derniere guerre Punique; Florus ne l'étend que juſqu'à la premiere. Et Seneque commence la vieilleſſe de ce même Etat, du tems des guerres civiles excitées entre Jule Céſar & Pompée; là où Florus ne la prend que depuis l'établiſſement d'Auguſte dans le pouvoir abfolu. N'eft il donc pas plus vrai-femblable, que Florus a voulu fe fervir de la penfée de Seneque en la diverfifiant à fa mode, & en la rendant fienne de quelque façon par le changement qu'il y apporte? Je penfe d'ailleurs, qu'on pourroit plus tolerablement croire, que Lactance fe feroit trompé, que de s'imaginer une erreur dans tant de manufcrits, qui mettent toûjours *L. Annæus Florus* au titre des livres, dont nous parlons. Il fe peut faire auffi, que Florus & Seneque étans tous deux d'une même famille, qui eft celle des Années, leurs noms aient été confondus par adoption ou autrement, & qu'ainfi Florus ait encore été nommé Seneque, comme on ne peut nier, qu'il ne le foit dans quelques vieux exemplaires, y en aiant même, qui lui ont donné le furnom de Jule. Surquoi nous obferverons, que la maifon des Héraclides n'eft pas illuftrée par la valeur de tant d'hommes magnanimes, qu'elle a donnés au Monde, que celle des Années, par le nombre qu'elle a produit de grands perfonnages en toute forte de literature. Seneque le Philofophe, le Tragique, & le Rhéteur, s'il en faut faire trois, le témoignent affez, avec le Poëte Lucain, & nôtre Hiftoriographe, dont le ftyle retient je ne fai quoi du

Génie de cette derniere famille, toute née à l'Eloquence & à la Poësie. Je ne veux pas oublier non plus, que les loüanges, qu'il a données en beaucoup de lieux à l'Espagne, lui sont reprochées par ceux, qui pensent, que l'amour de la Patrie l'a fait parler avec un peu d'excès au sixiéme, dix septiéme, & dix huitiéme chapitres du second livre, outre ce qu'il ajoûte dans le troisiéme, quand il traite des exploits guerriers de Sertorius en Espagne.

Cap. 22.

Il y a eu un autre Julius Florus plus ancien que l'Historiographe, puisqu'il vivoit sous l'Empire de Tibere. Seneque parle de lui dans ses Controverses, comme d'un homme instruit dans l'art de bien dire par l'Orateur Portius Latro. Et Quintilien lui donne cet éloge, d'avoir été le Prince de l'Eloquence, dont il faisoit profession dans les Gaules. Ceux qui se fondent sur le surnom de Jule, que quelques Manuscrits attribuent, comme nous avons dit, à celui de qui nous considérons l'Histoire, s'imaginent, qu'il peut être descendu de cet autre Florus, dont Seneque & Quintilien ont fait une si honorable mention. C'est une simple conjecture, & si légere, qu'elle ne mérite pas, que nous nous y arrêtions davantage.

Lib. 1.
instit. c. 3.

J'ajoûterai seulement, qu'entre les licences qu'a prises Florus, comme nous l'avons déja remarqué, il y en a une si Poëtique, & dont l'hyperbole est si étrange, que Scaliger *Pag. 134.* le blâme avec raison dans ses Commentaires sur Eusebe, d'avoir donné dans le *Cacozéle*, & de s'être laissé emporter au desir bas & puerile de dire des choses merveilleuses au préjudice de la vérité. C'est où nôtre Hi- *Lib. 2.* storien rapporte l'expedition de Decimus Bru- *cap. 17.* tus le long de la côte Celtique, de celle de Galice, & de Portugal. Il assure, que Brutus ne voulut jamais arrêter sa course victorieuse, qu'après avoir reconnu la chûte du Soleil dans l'Ocean, & entendu avec horreur l'extinction de son feu dans les eaux de la Mer; ce qui lui imprimoit une certaine appréhension d'être sacrilége; & d'avoir plus fait, que sa Réligion ne le permettoit. *Putida καὶ κακόζηλα sunt hæc*, dit Scaliger, après avoir usé de ces termes, *Florus τερατολογία Poëtica drama amplificat*. La même envie d'écrire quelque chose d'étrange doit être encore observée, & condannée, où Florus parle de la défaite des Cimbres par Marius. Il veut qu'on croie, que deux jeunes hommes furent vûs dans Rome auprès du Temple de Castor & Pollux, préfentant au Préteur les lettres accompagnées du laurier, qui témoignoit cette victoire. Je répete là-deſſus cette maxime que j'ai déja établie ailleurs, que ſi un Hiſtorien coule quelque choſe de tel dans ſa narration, ce doit toûjours être avec une marque du peu de créance qu'on y donne, & en proteſtant, qu'il rapporte ſimplement les bruits populaires, qui ont couru.

SUETONE.

J'AI dit dans la Préface de ce livre, que je n'aurois pas mis Suetone au rang des autres Hiſtoriens, ſi ce qu'il nous a donné des douze premiers Céſars ne contenoit avec leurs vies une ſuite Hiſtorique de ce qui s'eſt paſſé durant un tems ſi conſidérable, qu'eſt celui de plus d'un ſiécle. Je vois d'ailleurs, que perſonne ne parle de l'Hiſtoire Romaine, ſans nommer Suetone, avec tant d'avantage, que Louïs Vives n'a pas feint de le préferer en diligence & en fidélité à tout ce que *Lib. 5. de* nous avons d'Ecrivains Grecs & Latins. Bo-*trad. diſc.* din dit de même, qu'aucun d'eux n'a rien fait de plus exact ni de mieux achevé, que ce qui nous reſte de cet Hiſtorien. Pour moi, quoiqu'il mérite beaucoup, je ferois bien fâché de lui tant attribuer au préjudice de ceux dont nous avons traité jusqu'ici. Et néanmoins il doit être reconnu pour un des principaux Auteurs de fa langue. Auffi étoit-il Secretaire de l'Empereur Adrien, ce qui témoigne qu'il poffedoit, outre la connoiffance des grandes affaires, un talent particulier pour les rendre en beaux termes, & pour bien coucher par écrit. On dit que cette charge lui fut ôtée à caufe de quelques brusqueries dont on trouva mauvais qu'il eût ufé envers l'Imperatrice Sabine, parce que le refpect & la révérence duë à fa fupréme dignité, fembloient avoir été violés par une trop grande liberté. Mais il fe voit quelquefois, que de telles disgraces particulieres font utiles au public, comme il eft arrivé à fon égard, fa chûte l'aiant plongé fans doute dans un loifir ftudieux & literaire, qui peutêtre nous a produit entre autres ouvrages celui, qui lui donne rang entre les premiers Hiftoriens.

Magifter Epiftolarum.

Outre ce travail Hiftorique, nous avons encore fon livre des Grammairiens illuftres, & celui des Rhéteurs, dont la meilleur partie nous manque; auffi bien que d'un autre, qui contenoit la vie des Poëtes. Car celle de Térence est presque toute de la composition de Suetone, comme Donat l'avoue lui même y ajoûtant quelque chose. Celles d'Horace, de Juvenal, de Lucain, & de Perse sont encore vraisemblablement de la même main. Quoiqu'il en soit, on tient que Saint Jerôme le prit pour patron dans ce genre d'écrire, quand il dressa son catalogue des Ecrivains Ecclesiastiques. Mais il ne faut pas croire, que ce qu'on voit de la vie de Pline l'Ainé sous le nom de Suetone, soit de sa façon. Quand le style ne s'y opposeroit point, & la diction, qui paroit être d'une plume plus moderne, Suetone étoit trop ami de Pline le Jeune, selon le temoignage qu'en rendent ses Epitres, pour parler si froidement, & dire si peu de chose de son oncle, qui étoit un si grand personnage. Il y a plusieurs de ces Epitres du neveu, qui s'adressent à Suetone, dont l'une fait voir, qu'il avoit prié Pline de différer pour quelques jours à plaider sa cause, sur l'occasion d'un songe de mauvais augure, qui lui faisoit appréhender pour lors l'évenement de son affaire. Cela montre d'une part, que Suetone étoit superstitieux, & ce que Pline lui répond, qu'on doit souvent interpréter les songes tout au rebours de ce qu'apparemment

Lib. 1.
ep. 18.

ment ils signifient, témoigne d'ailleurs qu'il ne déferoit pas moins que son ami à cette sorte de vanité. Dans une autre Epitre Pline ménace Suetone en riant, que s'il remet plus long tems à donner au public ses écrits, il changera des hendecasyllabes, qu'il avoit faits à leur loüange, en Scazons & en Vers, qui n'auront pour but que leur diffamation: Lui ajoûtant pour l'encourager à cela, que son ouvrage étoit arrivé à un tel point de perfection, qu'au lieu de l'éclaircir, la lime ne faisoit plus rien que diminuer son prix en l'affoiblissant. *Perfectum opus absolutumque est; nec jam splendescit lima, sed atteritur.*

Lib. 5. Ep. 11.

L'on voit les titres de plusieurs autres compositions de Suetone, que nous avons perduës, dans Aulu Gelle, Servius, Tzetzez, & sur tous dans Suidas, qui lui attribuë les livres: des jeux que pratiquoient les Grecs, des spectacles que représentoient les Romains, de la République de Ciceron, des habits, des paroles injurieuses, de la ville de Rome, & quelques autres. Il ne lui donne que simplement la qualité de Grammairien Romain; aussi étoit-elle de bien plus grande considération de ce tems-là qu'elle n'a été depuis. Ausone parle d'un autre Traité de Suetone touchant les Rois, qui étoit de trois livres,

Ep. 19.

Tome IV. Part. II. R

dont Pontius Paulinus avoit fait un Poëme en les abregeant. Au surplus, le surnom de Tranquille, qu'on donne à Suetone, est en effet le même par la signification que celui de son pere, qu'il appelle lui même dans la vie d'Othon *Suetonium Lenem*, rapportant comme sa charge de Tribun de la treiziéme Legion l'avoit obligé à se trouver aux combats des troupes de cet Empereur, contre celles de Vitellius. Ceux-là se mécomptent donc, qui ont crû, que l'Historien dont nous parlons, étoit fils de ce Suetone Paulin, dont parlent Tacite, Pline, & Dion dans Xiphilin. Sicco Polentonus & Muret ont fait cette faute, que Lipse & quelques autres relevent judicieusement, n'y aiant point d'apparence de confondre un Tribun militaire avec un Consul. Gerard Vossius montre aussi fort bien l'erreur de ceux, qui ont voulu lire dans le dixiéme chapitre du premier livre des Institutions divines de Lactance, *Tranquillus*, au lieu de *Tarquitius*, qui est un autre Auteur fort savant dans la réligion Païenne, & que vraisemblablement pour cela Lactance cite plûtôt en parlant d'Esculape, que Suetone.

Pour revenir à son Histoire particuliere des douze premiers Empereurs, il se trou-

Cap. 10.

In vita Suet. var. lect. lib. 5. cap. 11.

ve des Critiques qui aſſurent que le commencement du premier livre nous manque; ſe fondant ſur ce qu'il n'y a point d'apparence, que Suetone n'ait rien écrit de la naiſſance & des premieres années de Jule Céſar, puiſqu'il a pris la peine de rechercher l'origine & l'éducation d'onze autres Monarques, qui ont ſuccedé à celui-là, & dont il nous a donné les vies. Il y a travaillé, ſelon le jugement de Saint Jerôme, avec la même liberté que des Souverains abſolus s'attribuoient dans une condition exemte de toute ſorte de crainte. Je ſai bien, que Muret dans ſon oraiſon ſur Tacite tourne cela au deſavantage de Suetone, & maintient, que Saint Jerôme l'a plûtôt blâmé que loüé en parlant de la ſorte. Car il ſeroit à ſouhaiter, dit Muret, que nous n'euſſions point appris tant de débauches, & tant de vices honteux, qu'ont pratiqués les Tiberes, les Nerons, & les Caligules. Ce ſont des ordures, qui font preſque rougir le papier ſur lequel Suetone nous les repréſente. Et ſi ce que dit un ancien, eſt véritable, qu'il n'y ait guéres de différence entre celui qui décrit de ſemblables infamies avec ſoin, & celui qui les enſeigne, à peine pourrons nous excuſer Suetone de s'en être ac-

Eadem libertate ſcripſit, qua ipſi vixerunt.

Parum abeſt à docente qui talia narrat.

In Ner. cap. 16. quité de la façon qu'il a fait. On l'accuse encore d'avoir trop mal traité les Chrétiens, quand il les nomme un genre d'hommes d'une superstition nouvelle, & pleine de maléfices, qui les faisoit persécuter du tems de Néron. Mais comme nous avons déja répondu à de semblables objections dans d'autres Sections, que celle-ci, y a-t il un seul de tous les Historiens de nom, qui ne soit coupable, s'il lui faut imputer à crime d'avoir représenté les méchantes actions qui font la plus grande, & souvent la plus considérable partie de sa narration? L'Histoire sacrée même ne nous fait-elle pas voir des parricides, des incestes, des idolatries, & mille autres profanations, parmi ses meilleurs exemples & ses plus saintes instructions? Et ne savons nous pas qu'il faudroit jetter au feu tous les livres des Païens qui ont écrit depuis la naissance du Christianisme, si ce qu'ils ont osé dire contre nos Autels, nous obligeoit de les condanner absolument.

JUSTIN.

Quelques-uns croient qu'on a tort de se plaindre des Abbreviateurs, parce que sans avoir été cause de la perte des ouvrages qu'ils ont abregés, il nous est demeuré par leur moien dequoi nous consoler, nous aiant donné en sommaire ce qu'avoient de plus remarquable beaucoup d'Auteurs, dont il ne nous reste plus rien. Ceux qui sont de cette opinion, se doivent reconnoitre infiniment obligés à Justin, qui a si heureusement reduit en petit le grand travail de Trogue Pompée, que nous n'avons guéres de compositions Latines plus considérables que son Epitome, soit qu'on en considére le stile, ou qu'on en examine les matieres. Mais c'est mal décharger, il me semble, les Abbreviateurs, quand on dit simplement, qu'ils ont laissé des piéces dignes d'une très grande estime, sans faire voir, qu'ils n'ont rien contribué à la perte de nos originaux, puisque c'est le crime, dont on les charge. En effet, je vois fort peu d'hommes doctes, qui ne les en aient rendus coupables, comme nous avons déja remarqué aux Chapitres d'Hérodote, de Dion, & de Tite Live. Les extraits ou recueils de ce savant Empereur Porphyrogenete sont pris à partie là-dessus. Tribonien est traité de même, pour avoir fait une compilation assez défectueuse dans ses Pandectes des textes, ou plûtôt des Oracles de tous ces Anciens Jurisconsultes,

R iij

que l'excellence du raisonnement & la beauté de la diction devoient préserver d'un si grand attentat. Et quand un Auteur moderne très spéculatif parle des Epitomes, il ne feint point de les nommer les Teignes & les Vers rongeurs de l'Histoire, qui l'ont ruïnée de telle sorte, qu'il ne nous en reste souvent que de miserables lambeaux. Je ne comprens donc pas, comment on pense renverser une maxime si autorisée, par une simple negative, encore qu'il soit vrai, que les œuvres de la plûpart des Abbreviateurs, & celles de Justin entre autres, nous doivent être aujourd'hui très cheres, ne fût-ce qu'à cause que nous ne pouvons plus avoir recours ailleurs.

Verulam. de aug. scient. l. 2. cap. 6.

Il est aisé de juger à peu près en quel tems a vécu Trogue Pompée, par ce qu'il disoit dans son quarante troisiéme livre de ses parens venus de la Gaule Narbonnoise, & puisqu'il a declaré, que son ayeul fut fait Citoien Romain par la faveur du grand Pompée, dont il prit vraisamblablement le surnom, durant les guerres de Sertorius, & que son pere après avoir porté les armes sous Caius César (qu'on prend ici pour le premier des Empereurs, qui ont porté ce nom, plûtôt que pour Caligule) eût l'honneur d'être son Secretaire, & d'avoir conjointement la garde de son Sçeau. L'on croit donc, que Trogue Pompée écrivit fon Hiſtoire fous Auguſte & Tibere, aiant parlé de celui-là fur la fin de tout l'ouvrage. Il étoit diviſé en quarante quatre livres, dont Juſtin n'a point changé le nombre non plus que le titre d'Hiſtoire Philippique, fondé indubitablement fur ce que depuis le feptiéme jusqu'au quarante & uniéme livre, c'étoit une narration continuë de l'Empire des Macedoniens, qui doit fon commencement à Philippes pere d'Alexandre le Grand. C'eſt ainſi que Theopompe avoit déja écrit cinquante huit livres de Philippiques, qu'Athenée & Diodore citent, & qu'on veut qui aient fervi de modele à l'inſcription de Trogue Pompée; comme Ciceron, imitant Demoſthene, nomma fes Oraiſons Philippiques avec beaucoup moins de fujet. Au furplus les fept premiers livres de cette Hiſtoire contenoient les origines du Monde, ou des Nations qui l'habitent, felon le même titre dont nous parlons, qui promet encore des déſcriptions de lieux & de païs, qu'apparemment Juſtin a retranchées, comme les prologues anciens fur chaque livre de Trogue Pompée, qui ont été donnés au public par Bongars, le témoignent. Nous en euſſions été pleinement éclaircis, ſi cet ami d'Alde, qui fe vantoit

R iiij

d'avoir entre ſes mains toutes les œuvres de cet Hiſtorien, & même de leur faire voir bientôt le jour, cût été véritable.

Pour ce qui touche particulierement Juſtin, il fit ſon Epitome, ſelon la plus commune opinion, ſous Antonin ſurnommé le Pieux, à qui l'on croit même, qu'il le dédie dans ſa Préface. Je ſai bien, qu'on lit diverſement le paſſage, où cet Empereur eſt nommé, & que quelques uns ont été perſuadés, que Juſtin n'avoit écrit que depuis l'établiſſement de l'Empire Romain dans Conſtantinople, à cauſe d'un endroit du huitiéme livre, où il parle du ſouverain pouvoir de la Gréce. Mais cela reçoit aſſez d'autres interprétations, ſans qu'il ſoit beſoin de le faire vivre deux cens ans plus tard qu'il n'a fait, & dans un ſiécle, qui n'a rien produit de poli ni d'élegant, comme l'eſt tout ce que nous avons de cet Auteur. C'eſt encore une plus grande erreur de le confondre avec nôtre Juſtin Martyr, comme a fait un Martin Polonnois dans ſa Chronique. Car bien que ces deux Juſtins fuſſent d'un même tems, la façon dont l'Hiſtorien traite les Iſraëlites dans ſon trente ſixiéme livre, où il veut que Moïſe ait été fils de Joſeph, & celui-ci un très grand Magicien, montre bien, qu'il étoit de créance Païenne.

D'ailleurs, Saint Juſtin n'a jamais écrit qu'en Grec, & l'on ne voit point qu'Euſebe, Saint Jerôme, ni Photius aient mis entre ſes compoſitions l'Epitome de Trogue Pompée. Si c'eſt que Saint Jerôme en cite quelque choſe dans ſon Avantpropos ſur Daniel, ſurquoi l'on doit obſerver, qu'il n'y a point de plus ancien Auteur que ce Pere de l'Egliſe, qui ait parlé de Juſtin l'Hiſtorien.

Il n'avoit garde d'emploier les oraiſons directes, puisque celui qu'il abrege les avoit condannées dans Salluſte & dans Tite Live, comme nous l'avons déja dit ailleurs. Cela ſe voit dans le trente huitiéme livre, où il rapporte obliquement cette longue harangue de Mithridate à ſes ſoldats, pour les animer contre les Romains. Celle d'Agathocles du vint deuxiéme livre, prononcée à même fin auſſitôt qu'il fut arrivé en Afrique, à ſes troupes intimidées par l'obſcurité d'une Eclipſe de Soleil, n'eſt pas moins conſidérable, encore qu'elle ſoit plus courte, que celle de Mithridate. Mais il y a dequoi s'étonner, que dans un travail ſi preſſé & ſi racourci qu'eſt celui de Juſtin, il n'ait pas laiſſé d'y donner lieu à quelques Digreſſions. La premiere ſe trouve dès le commencement de ſon ſecond livre, où les Scythes & les Egyptiens contestent sur le point d'honneur en ce qui touche leur antiquité, chacun d'eux prétendans avoir des raisons suffisantes pour se dire les plus anciens peuples de la terre. La deuxiéme Digression est du vintiéme livre, au sujet de Pythagore, dont il décrit la naissance, les voiages, la doctrine, les vertus, la mort & l'apothéose, sans oublier le malheur arrivé à ses Disciples, qui furent brulés dans Crotone au nombre de soixante, & le reste envoïé en exil. On peut conclure de là, que toute sorte de Digressions ne sont pas à condanner, comme nous l'avons déja présupposé plus d'une fois, puisqu'un Auteur tel que celui-ci, qui a reduit en si peu d'espace l'Histoire de deux mille ans, que l'on compte depuis Ninus Fondateur de la Monarchie des Assyriens, jusqu'à l'Empereur Auguste, n'a pas fait difficulté d'en inferer dans son ouvrage, & de se divertir quélque fois sur quelque sujet agréable.

Encore que la façon d'écrire de Justin soit si excellente, qu'on l'a jugée digne du siécle d'Auguste plûtôt que de celui des Antonins; on ne laisse pas de le censurer en d'autres choses, qui sont de plus d'importance que son style. Pererius l'a convaincu de beaucoup d'erreurs, pour ce qui touche les

Cap. 40.

Juifs, dans fes Commentaires fur Daniel. Vopifcus le met au rang des Hiftoriens, qui n'ont pû éviter le menfonge: mais on peut dire, que la compagnie qu'il lui donne de Tite Live, de Sallufte, & de Tacite, rend cette accufation fort legere. Ce dont on ne fauroit l'excufer, regarde la Chronologie, où il s'eft fi fort mépris, qu'on doit bien fe garder de le fuivre toûjours. Et ce qui rend fa faute plus grande, c'eft que la réputation de Trogue Pompée, & l'eftime que tous les anciens ont faite de lui, obligent à croire, que ces mécomptes dans la fuite des tems font de la copie, & non pas de l'original, ou de l'Epitomateur plûtôt, que de l'Auteur primitif. C'eft le jugement ordinaire de ceux, qui ont le plus travaillé aux meilleures éditions de Juftin.

In Aurelio.

J'AUROIS fujet de finir ici felon mon premier deffein, ne trouvant depuis Juftin & le tems des Antonins aucun Hiftorien Latin d'entre les Anciens, dont on puiffe tirer la moindre inftruction pour compofer l'Hiftoire, ni qui vaille la peine, qu'on faffe quelque réflexion fur fon Ouvrage, fi ce n'eft pour condanner abfolument fon expofition

& sa mauvaise conduite. Ceux qu'on appelle ordinairement les Ecrivains de l'Histoire Auguste, Spartien, Vulcatius Gallicanus, Trebellius Pollio, Jule Capitolin, Lampride, & Vopiscus, n'ont rien de contraire à ma proposition, ni de considérable, que par ce qu'ils nous apprennent de beaucoup d'Empereurs, dont nous ne savons presque rien d'ailleurs. Vopiscus néanmoins est celui où il y a le moins à reprendre. Trebellius Pollio doit être mis au second rang. Spartien, Lampride, & Vulcatius sont sans comparaison plus fautifs & plus négligens; Jule Capitolin passe pour le pire de tous, par l'avis de ceux qui ont pris la peine de les examiner. Mais c'est une chose bien étrange, qu'il se soit écoulé un siécle entier & plus, depuis celui des Antonins jusqu'à Dioclétien, sous qui tous ceux que nous venons de nommer ont écrit, sans qu'il ait paru dans l'Empire Romain un seul Historien de nom, & dont l'ouvrage ait merité de venir jusqu'à nous. Sextus Aurelius Victor, qui est un peu posterieur ne m'arrètera pas non plus, puisque son Histoire abregée ne contient qu'un mot de la vie de chaque Empereur, depuis Auguste jusqu'à Julien, ou, s'il faut confondre en un les trois qui ont porté le même nom de Sextus Victor, jusqu'à Theodose le Grand. Et à l'égard d'Eutrope, qui dédie presque du même tems son Breviaire Historique à l'Empereur Valens, & que Suidas appelle un Sophiste Italien, je le laisserai de même, comme n'aiant rien de comparable aux grands hommes, que nous avons examinés. Il reste le seul Ammien Marcellin, que je ferois conscience d'omettre, aiant composé un juste corps Historique, & par qui je finirai ce Traité, puisque nous ne pouvons pas l'étendre jusqu'au siécle de Justinien, comme nous avons fait celui des Historiens Grecs; si nous ne produisions un Jornandes, & un Cassiodore, mêlant sans discretion la barbarie des Gots avec la pureté & l'adresse des meilleurs Auteurs de la langue Latine.

AMMIEN MARCELLIN.

J'AVOÜE pourtant, qu'Ammien Marcellin n'est pas considérable par la beauté de son langage. Aussi étoit-il Grec de Nation, selon qu'il le déclare lui même à la fin de son dernier livre. Et on fait par une Epitre que lui écrit Libanius, qu'il étoit Citoien d'Antioche, dont il parle aussi toûjours avec éloges autant de fois, que l'occasion s'en présente, l'excusant même dans son vint deuxieme livre au sujet des invectives du Misopogon de Julien, qu'il assure avoir été excessives, & contre ce qui pouvoit être dit avec vérité. Il se retira depuis la mort de l'Empereur Valens à Rome, où l'on tient, sur de fort vraisemblables conjectures, qu'il composa son Histoire. Il est à présumer qu'il ait passé par les plus honorables charges de la Milice, sous divers Empereurs, aiant été dès sa jeunesse du nombre de ceux, qu'on nommoit alors *Protectores Domesticos*, comme qui diroit aujourd'hui parmi nous de la Garde du corps, d'où l'on passoit ordinairement aux premiers emplois de l'Etat. Des trente & un livres de son Histoire, qu'il entamoit par la fin de Domitien, ou par le commencement de Nerva jusqu'à la mort de Valens, les treize premiers se trouvent perdus, & il ne nous en reste plus, que les dix huit qui suivent, pleins d'imperfections, que l'injure du tems, & l'insolente témérité des Critiques y ont causées, comme le savant Auteur de la derniere édition de cet ouvrage l'a très prudemment rémarqué.

Henr. Valesius.

Il est aisé de juger, que les livres de l'Histoire d'Ammien qui nous manquent, étoient écrits beaucoup plus sommairement, que ce que nous en avons, puisqu'il avoit compris aux treize premiers le tems d'un si grand nombre de Césars, qu'on en conte depuis Nerva jusqu' à Constantius, qui fait le commencement du quatorziéme livre, tout le reste des autres suivans étant employé à décrire ce qui se passa depuis ce dernier Empereur jusqu' à Gratien, sous sept Regnes seulement. Nous avons parlé dans la Section de Joseph de ceux qui entreprenoient d'écrire en d'autres Langues que la leur naturelle. Je ne veux rien répéter ici de ce que j'y ai dit. J'ajoûterai seulement, que si l'Histoire d'Ammien Marcellin reçoit quelque préjudice du côté de l'élocution Latine, qu'un homme Grec, & de profession militaire comme lui, ne pouvoit pas avoir fort excellente, cela est tellement recompensé par le mérite des pensées, & par tout le reste de son ouvrage, qu'on ne lui peut refuser un rang avantageux entre les premiers & principaux Historiens. Il est du nombre de ceux qui ont écrit les choses qu'ils ont vuës, & où souvent ils ont eu grande part; ce qui lui donne quelque chose de commun avec César & Xénophon. Je ne pense pas pourtant, comme d'autres ont fait, qu'il soit ce Prince libre de Dalmatie & d'Illyrie, dont parle Suidas, quoiqu'il portât le même nom, & qu'il fût grand ami du Philosophe Salluste, qu'on ne doit pas confondre avec un autre Salluste chef de la milice Prétorienne sous Valentinien. Mais nous devons sur tout priser Ammien Marcellin, de ce qu'étant Païen, il a eu cette rétenuë, de ne rien publier, qui fût formellement contraire à nôtre Réligion, & de ce qu'il s'est abstenu d'un nombre d'invectives, dont ses semblables ont souvent usé en ce tems-là contre nos Autels. Car à l'égard des loüanges excessives, qu'il donne à Julien, nous avons fait voir ailleurs, que nonobstant, qu'on ne puisse trop détester cet Apostat à cause de son infidelité & de sa désertion, il ne laissoit pas de posseder, selon les definitions ordinaires de l'Ecole, des Vertus morales & intellectuelles de Chasteté, de Magnanimité, de Doctrine, de Sobrieté, & d'Intelligence, qui ne lui sauroient être disputées, si l'on ne veut revoquer en doute la foi de toutes les Histoires; sans qu'il en soit besoin dans le siécle auquel nous vivons, où il n'y a plus rien à craindre par la grace de Dieu du côté de l'Idolatrie des anciens. Que si l'opinion de Gesner se peut défendre, en ce qu'il soutient, que Marcellin l'Historien est le même

Liv. de la vertu des Païens.

me qui a écrit la vie de Thucydide, il y a moins dequoi s'étonner, qu'il ait usé de tant de moderation à nôtre égard. En effet, l'Auteur de cette vie ne louë de rien tant Thucydide, que d'avoir eu le pouvoir sur soi de ne mettre pas la moindre chose dans toute son Histoire par animosité contre Cléon, ni contre Brasidas, qui l'avoient fait bannir, s'étant bien empêché de témoigner dans pas un lieu le ressentiment d'une si grande injure, quoi qu'à dire la vérité il ne se soit pas entierement abstenu de représenter les mauvaises conditions du premier. Ce n'est donc pas merveille de voir, que le même Marcellin ait pratiqué ce qu'il estimoit si fort aux autres, ni qu'il soit dans l'usage d'une Vertu, qui lui a fait donner de si grands éloges à Thucydide.

Une des considérations, qui nous doit faire le plus estimer l'Histoire d'Ammien, est, que nous n'en avons point d'autre, qui nous donne la connoissance de beaucoup d'antiquités Gauloises, comme fait celle-là, ni qui nous explique si bien les origines des premiers François, Allemans, & Bourguignons, dont elle parle si souvent. L'on y voit d'ailleurs mille choses, qui ne se trouvent point autre part, & que tous les siécles ont approuvées depuis qu'elle est écrite, à cause de l'autorité de son Auteur, & de sa fidelité reconnuë. Aussi devons nous ajoûter à ce que nous avons déja dit de lui, & de ses emplois, qu'il passa ses dernieres années en très grande réputation sous les Empereurs Gratien, Valentinien, & Théodose le Grand.

Cela n'empêche pas néanmoins, qu'on ne l'accuse avec raison d'avoir souvent trop fait le Philosophe, affectant de paroitre savant au delà de ce que le permettent les loix de l'Histoire, qui ne souffrent pas des divertissemens de si grande ostentation, qu'il les prend. C'est le defaut ordinaire de ceux, que la profession distingue des hommes de lettres, & qui a grand rapport à ce vice que les Grecs ont nommé ὀψιμαθίαν ou d'une tardive érudition, parce que ceux, qui étudient dans un âge avancé, & hors les regles du cours accoutumé des Etudes, y sont beaucoup plus sujets que les autres. Quoiqu'il en soit, Ammien Marcellin ne sauroit être excusé dans une infinité d'endroits, où il a quité avec messéance le fil de sa narration, pour entrer en des discours de Philosophie, & d'autres sciences qui n'ont presque rien de commun avec les matieres qu'il traite. Pour rendre la chose plus claire, & par consequent de plus d'instruction, j'en donnerai ici deux ou trois exemples.

Dans le dix-feptiéme livre parlant des tremblemens de terre effroiables, qui arrivèrent fous l'Empire de Conftantius en Macédoine, dans la Province qu'on nommoit alors du Pont, & même par la plus grande partie de l'Afie Mineure, il fait fort à propos une belle defcription des ruïnes étranges, que fouffrit par cet accident la ville de Nicomedie, capitale de Bithynie. Mais il faloit s'en tenir là, & ne pas prendre occafion fur ce fujet de rechercher les caufes phyfiques de femblables écroullemens dans la plus baffe partie de l'Univers. Il confidére d'abord ce qu'en difoient les Pontifes de fa Réligion. De là examinant les raifons d'Ariftote, d'Anaxagore, & d'Anaximandre, fortifiées du témoignage des Poétes & des Théologiens, il montre, qu'il y a quatre fortes de tremblemens de terre. Et enfuite d'une longue énumeration des Isles, qui ont paru de nouveau en divers lieux après de telles fécouffes, il nomme celles, qui ont été englouties par des efforts tout contraires, & une entre autres qui étoit de plus grande étenduë, que toute l'Europe, & qui s'abima dans l'Ocean Atlantique; ce qu'on ne peut pas douter, qu'il n'ait pris du Timée de Platon, encore qu'il ne le nomme point. Enfin après avoir bien

S ij

philosophé de la façon, il reprend sa narration par le séjour de Julien dans Paris, n'étant pour lors que César ou Empereur designé seulement. Certes, il faudroit être un vrai & parfait ami Lecteur, pour prendre en bonne part des excursions de cette nature.

Au commencement du vintiéme livre il remarque une Eclipse de Soleil qui fut grande l'an que les Ecossois, & les Pictes ravagèrent l'Angleterre, qui fut celui du dixiéme Consulat de Constantius, & du troisiéme de Julien. Or comme cette observation étoit bonne à faire, & très digne de son Histoire, aussi n'y a-t-il point d'apparence de se jetter là-dessus dans les plus secrets mysteres de l'Astronomie, non seulement pour ce qui concerne ces défaillances périodiques de la lumiere du Soleil, mais même en ce qui touche les travaux de la Lune, comme parlent les Poëtes, lorsque la terre l'obscurcit de son ombre. Il expose sur ce sujet les opinions de Ptolomée avec les propres termes dont il s'est servi; & non content de traiter des Eclipses, il recherche la cause des Parelies, quand nous croions voir plus d'un Soleil au Ciel; de sorte qu'il n'y a personne qui ne crût, qu'il abandonne pour toûjours le fil de son Histoire, afin de faire une importante leçon d'Aſtronomie. Il le reprend néanmoins par les préparatifs de Conſtantius contre les Perſes, & par les jalouſies qu'il avoit des belles actions de Julien; mais c'eſt après avoir fait ſouffrir ſon Lecteur au delà de toutes les bornes raiſonnables, dans une diſtraction entierement importune.

Je tirerai le troiſiéme & dernier exemple des vicieuſes Digreſſions d'Ammien de ſon trentiéme livre, où il obſerve auſſi utilement que curieuſement, comme l'Empereur Valens fut détourné par ſes Courtiſans d'ouïr les plaidoiries, & d'aſſiſter aux jugemens, tant afin d'y pouvoir faire leurs injuſtes monopoles, que parce qu'ils apprehendoient, vû ſon naturel rigide & ſevere, qu'il ne voulût, qu'on exerçat la juſtice auſſi légalement, qu'on avoit fait depuis peu ſous la domination de Julien. C'eſt de là qu'il prend l'occaſion d'invectiver contre la profeſſion des Avocats, qu'Epicure, dit-il, nommoit l'art des méchancetés κακοτεχνίαν. Et pour mieux repréſenter l'infame procédure de ceux de ſon tems, il exaggere le mérite d'un Demoſthene, qui faiſoit venir toute la Gréce dans Athénes, quand il devoit parler en public; d'un Calliſtrate, qui fit, que Demoſthene même pour l'aller entendre, abandonna Platon dans

S iij

son Academie; bref d'un Hypéride, d'un Cochine, d'un Androcide, d'un Dinarche, & d'un Antiphon, qui fut le premier de toute l'Antiquité, qu'on recompensa, pour avoir plaidé dans une cause d'importance. Des Grecs il passe aux Romains, & nommant ces grands Orateurs Rutilius, Galba, Scaurus, Crassus, Antoine, Philippe, & Scevola, il vient jusqu' au coryphée de tous Ciceron, pour prouver qu'autrefois ceux, qui avoient exercé les premiers charges de l'Etat, après avoir été Censeurs, Consuls, Généraux d'armées, & Triomphans, ne dédaignoient pas de prendre place dans un Barreau, d'ajoûter à la gloire de leurs actions précédentes, comme pour corollaire, celle d'avoir eu en plaidant l'applaudissement de toute une Audience. Après avoir fait voir une si belle Scene, il tire le rideau, pour exposer aux yeux d'un chacun la prostitution honteuse & criminelle des Avocats de son siécle, les divisant en quatre genres, dont il particularise tellement par le menu & si au long toutes les impostures, les impertinences, & les chicanes, qu'on a bien de la peine à se tirer de là, & à se reconnoitre, quand il reprend sa premiere piste, & qu'il revient trouver Valentinien dans Trèves, où il l'avoit laissé.

En vérité, quoique sa déclamation soit très morale & très belle considérée separément, il n'est pas possible, qu'elle ne peine, & qu'on ne la condanne au lieu où elle est, à cause qu'elle interrompt trop notablement le cours de l'Histoire. D'ailleurs, comme ceux qui veulent s'instruire de ce qui concerne la Physique, l'Astronomie, ou la Morale, n'en vont pas chercher des leçons dans un Historien ; lors aussi que quelqu'un a dessein d'aprendre l'Histoire, il n'y a rien qui lui soit plus importun, que de trouver au milieu d'une narration des discours étrangers, qui partagent ou égarent l'esprit, & qui ne vont qu'à faire paroitre le savoir de celui qui les debite.

Outre cette vicieuse ostentation de doctrine, qu'on peut aisément comprendre dans ces trois passages que je viens de produire, on réprend encore Ammien Marcellin d'avoir fait de certaines descriptions si Poétiques, qu'il n'est pas possible de les souffrir, encore que comme nous avons observé ailleurs, l'Histoire & la Poésie soient assez bonnes amies, & qu'elles conviennent en beaucoup de choses. Le Pere Caussin donne divers exemples de ce defaut dans son traité de l'Eloquence ; & ils paroissent si fréquens dans l'original d'Ammien, qu'il est difficile de n'en

En la Section d'Agathias.

Liv. 2. c. 8.

pas trouver à l'ouverture du livre. Cela n'empêche pas pourtant, qu'il ne mérite bien les loüanges, que nous lui avons données. Il y a, généralement parlant, de certaines choses, qui ne plaisent pas dans les livres, qu'il ne faut pas laisser d'y retenir sans les approuver, parce qu'elles servent de base à d'autres meilleurs. Elles sont comme la lie, qui soutient le vin & le conserve dans sa générosité. D'un autre côté les imperfections de cet Historien, que nous venons de toucher, me semblent d'autant moins considérables, que les vertus de son siécle étoient rares. C'est ce qui m'oblige à finir ici mon travail ne trouvant depuis lui quasi que des vices à reprendre dans le reste des anciens, qui se sont mêlés d'écrire une Histoire Latine. Les modernes ne sont pas de mon entreprise; & l'intervalle du tems, qui les divise des premiers, est un juste sujet de faire ici une pause.

PREFACE
POUR UN
OUVRAGE HISTORIQUE.

PREFACE
D'UNE HISTOIRE.

C'EST une chose assez superfluë à ceux qui ont dessein d'écrire quelque Histoire, de commencer par ces protestations ordinaires que l'amour ni la haine de qui que ce soit ne leur feront rien dire de contraire à la vérité. Car comme en ce qui touche les complimens, tout le monde se sert de mêmes termes, & il est presque impossible de discerner une personne, qui parle franchement, d'avec une autre, qui dissimule, parce que tous deux usent d'égales protestations de service. Il n'est pas plus aisé de reconnoître par de belles Préfaces, ni par les plus expresses assurances de probité qu'on puisse donner, celui qui est pour garder réligieusement les loix de l'Histoire, & pour se laisser le moins aller à ses passions; dautant que ceux mêmes, qui pèchent davantage en cela, ne laissent pas d'employer de semblables discours, afin de gagner créance, & de paroître aussi desinteressés, qu'ils le devroient être. Cela m'empêchera d'entrer dans des justifications superfluës, me contentant de donner parole au Lecteur de cette Histoire, qu'il n'y verra rien que je ne sois prêt de lui justifier par des titres irreprochables, & que je ne me puisse vanter d'avoir pris dans les plus curieux regitres, & les plus fideles mémoires de nôtre tems, puisque ce sont les originaux des Ambassadeurs, des Sécretaires d'Etat, & des premiers Ministres de cette Couronne.

Je sai bien, que plusieurs ont crû, qu'il n'appartenoit qu'à ceux-ci de mettre la main à la plume pour une si haute entreprise qu'est celle dont nous parlons. Polybe prend de là sujet de se moquer de Timée, comme de celui qui n'aiant eu aucune connoissance des choses, dont il traitoit, s'étoit laissé abuser par de faux rapports, & par de mauvaises rélations, qui lui avoient été fournies. Et nous voions dans l'une des lettres de Sidonius Apollinaris, que ce grand Prélat ne voulut jamais entreprendre d'écrire l'Histoire de son tems, à la priere d'un des principaux Conseillers d'Euricus & d'Alaric Rois des Gots,

Lib. 12. Hist.

lui mandant, qu'il étoit plus capable de cela
que perſonne, puiſque les plus ſecretes &
plus importantes affaires avoient paſſé par ſes
mains. Mais outre qu'il n'arrive guéres, que
ceux, qui ſont dans de ſi grands emplois,
aient ni le loiſir, ni la volonté de s'amuſer à
cette ſorte d'étude, encore peut-on dire, que
quand même leur Génie les y porteroit, &
que leurs continuelles occupations pour le
bien public ne s'y oppoſeroient point, il n'y
a guéres d'apparence qu'ils reüſſiſſent mieux
que les autres dans une choſe, où du moins
ils ne peuvent éviter le ſoupçon de quelque
partialité. Car il eſt bien difficile de ne pas
s'imaginer, qu'ils aient pour but de faire valoir leurs propres négociations, & de juſti-
fier autant que faire ſe pourra toutes leurs pro-
cedures. Beaucoup de perſonnes mêmes ſe
perſuadent, que ce ſont ceux des hommes,
qui donnent le plus à leurs paſſions, & par
conſequent qui ſont les moins propres de tous
à faire un véritable recit des actions, où ils
ont eu tant de part. Quant aux ſécrets de
l'Etat, dont on peut dire, qu'ils ſont ſeuls capables de nous informer, ce ſeroit être trop
ſimple de croire, qu'ils dûſſent communiquer indifféremment au public tout ce qui
eſt venu à leur connoiſſance. Tant s'en faut,

il n'y en a point, qui tiennent cachés avec plus de soin les mysteres politiques, qu'il n'est pas peut-être expédient de divulguer. Le Roi d'Espagne Philippe Second chargea Christophle de Mora en mourant, de brûler tous les papiers de son gouvernement, qu'il jugeroit ne devoir pas venir en évidence; Et je crois, qu'il ne fit rien en cela, qui ne lui soit commun avec tous ceux, qui ont à ménager l'interêt de quelque Souveraineté. Ce n'est pas à dire, que ce ne soit le propre de l'Histoire d'expliquer autant qu'il lui est permis les actions qu'elle représente. Ceux qui soûtiennent le contraire, comme François Patrice, qui reprend très mal Polybe, d'avoir plus fait en cela le Philosophe que l'Historien, sont d'autant plus ridicules, qu'outre l'usage de tous les bons Auteurs, ils ont pû lire non seulement dans le second livre de l'Orateur de Ciceron, mais encore dans Tacite cette importante loi de l'Histoire, de ne rapporter pas simplement l'évenement des choses; mais d'en dire toûjours les raisons, & les conseils, qui ont précédé. Denis d'Halicarnasse étoit si persuadé de cela, qu'il ne prise de rien tant l'Histoire de Théopompe, que de ce qu'elle apprenoit les causes certaines, & les véritables motifs d'une infinité de

Dial. 10.
Lib. 1.
hist.
non modo casas eventusque rerum, sed ratio etiam causaque noscantur.
Lib. 5.
ant. Rom.
& ep. ad
Cn. Pomp

grandes entreprises. Il le compare là dessus à ces renommés Juges des Enfers, à qui les Poëtes font examiner les raisons de toutes choses. Et il observe que Théopompe s'étant trouvé présent en beaucoup d'expéditions militaires, qu'il décrivoit, & aiant contracté amitié avec les plus grands hommes de son tems, il lui avoit été plus facile qu'à un autre, de toucher les raisons essentielles des principales actions, que contenoit son Histoire. Surquoi l'on doit considérer, que si ces raisons peuvent être mises par écrit, comme personne n'en doute, elles se peuvent aussi fort bien apprendre par ceux, qui prennent la peine de rechercher tout ce qui est propre à leur en acquerir la connoissance. Thucydide ne mit la main à la plume pour nous décrire cette longue guerre Peloponnesiaque, qu'après avoir fait provision de tous les mémoires, qu'il en pût recouvrer, non seulement dans Athènes, de ceux de son parti, mais encore des Lacedemoniens, & du reste des Grecs; en quoi Marcellin, qui a dressé le discours de sa vie, nous assure, qu'il emploia de très grandes sommes d'argent. Il ne laissoit pas d'être lui même témoin de plusieurs actions, où il s'étoit trouvé. Mais aussi n'ignoroit-il pas l'impossibilité d'écrire une Hiſtoire ſans l'aide d'autrui, & ſi l'on n'eſt aſſiſté de beaucoup de rélations différentes; n'y aiant point d'homme, qui ſe puiſſe vanter de connoitre toutes les circonſtances des affaires, où aſſez d'autres ont contribué. Un Général d'armée ne ſauroit rendre compte de tout ce qui s'eſt paſſé dans un fait d'armes, ſi ce n'eſt ſur le rapport d'autrui, parce qu'il n'a pas pû ſe rencontrer en perſonne dans tous les lieux du combat. Et celui qui veut en parler comme Hiſtorien, ne doit pas être moins informé du deſſein des ennemis, & de ce qu'ils ont fait, que de ce qu'il a pû apprendre touchant ceux de ſon côté.

Or comme je penſe, qu'il eſt obligé d'emploier toute ſorte de diligence à s'inſtruire, & à faire l'amas néceſſaire de ces beaux materiaux, qui compoſent le batiment d'une Hiſtoire: Auſſi ne ſuis-je pas de l'avis de ceux, qui ne peuvent ſouffrir, qu'on y commette la moindre faute, ſans condanner tout l'ouvrage, & qui croient, que la plus petite pierre hors d'œuvre eſt la ruine de tout l'édifice. Polybe & Timée ſe ſont ſervis d'une comparaiſon qui a donné lieu à cette opinion, lors qu'ils ont dit, qu'ainſi que la rectitude étoit de l'eſſence de la regle, la vérité devoit être conſidérée de même dans l'Hiſtoire. J'avoue vouë bien, que cette vérité est une qualité si requise en toute sorte d'Histoires, qu'il n'y en a point qui ne soit méprisable sans elle. Mais je nie, qu'elle soit tellement de leur essence, que le moindre mêlange du mensonge les détruise absolument, comme l'entendent ceux, qui veulent qu'on prenne trop à la rigueur la similitude de Polybe. En effet, s'il faloit l'interpréter de la façon, il seroit aisé de prouver en suite, qu'il n'y auroit du tout point d'Histoire au Monde, si l'on excepte la Sacrée, ne s'en trouvant aucune, selon le dire de Vopiscus, où le defaut de notre humanité ne paroisse par le rencontre de quelque faussété. Hérodote est taxé d'avoir fait fuir les Corinthiens à la bataille de Salamine, par un ressentiment de ce qu'il avoit été méprisé d'eux. On se moquoit de Timée, qui tournoit tout à l'avantage de Timoleon, pour reconnoitre les obligations, qu'il lui avoit. Philistus étoit démesuré dans ses invectives contre les adversaires de Denys le Jeune. Et Xénophon n'a pas mieux traité Menon à cause qu'il étoit lié d'amitié avec Platon. Quant à Thucydide, quelques uns de ses admirateurs mêmes ont reconnu, qu'il s'est plû à représenter Cléon dans toute son Histoire comme un fou, pour se vanger de

In Aureliano.

ses calomnies, qui avoient eu le pouvoir de le faire bannir d'Athénes. On y a encore observé, que pour ne pas blesser la mémoire d'Antiphon son Précepteur en Rhétorique, il supprime l'injure que lui firent les Athéniens après sa mort, jettant son corps hors de leur ville, par une omission, qui n'offense souvent pas moins la fidelité de l'Histoire, que le mensonge. Polybe reprend Fabius & Philinus, qui en avoient écrit tous deux une même; le premier d'avoir mis injustement tout l'avantage du côté des Romains; l'autre au contraire de s'être déclaré trop partial des Carthaginois. Et l'on peut voir dans Aulu Gelle, que ce Polybe même qui n'épargnoit pas quelquefois son propre pere, semble avoir voulu flater les Romains en la personne de Scipion, lui faisant exercer un acte de continence si merveilleuse à la prise de Carthagene, lorsque cette belle captive Espagnole lui fut présentée : Car outre les vers de Cn. Nævius, qui rendent l'action fort suspecte, Valerius Antias la démentoit expressément dans son Histoire, assurant que Scipion retint cette fille, & qu'il ne la voulut jamais rendre à ses parens.

Noct. Attic. l. 6. cap. 8.

Ep. 1. l. 6. ad Attic. Mais il me souvient de deux exemples fort exprès que donne Ciceron, pour montrer, qu'il se trouve de certaines faussetés dans les ouvrages, dont elles ne doivent pas pour cela ruiner la réputation. Le premier est de Duris Samien très exact Historien, qui avoit écrit, qu'Alcibiade passant de Gréce en Sicile jetta dans la mer le Poëte Eupolis, renommé parmi ceux de la vieille Comédie, surquoi il fut convaincu de mensonge par Eratosthéne, qui fit voir des Comédies d'Eupolis posterieures à cette navigation d'Alcibiade. Le second exemple touche Théophraste, en ce que, conformément à l'opinion la plus commune, il avoit nommé Zaleucus Legislateur des Locriens, dont il fut rudement repris par Timée. Est-ce à dire, poursuit Ciceron, que Duris & Théophraste doivent être absolument rejettés pour cela; Non certes, c'est une chose trop humaine que de se tromper, même en de telles rencontres, où l'on ne fait que suivre l'erreur des autres. Il y a eu des Auteurs sans nombre, & d'ailleurs très approuvés, qui ont soutenu les uns après les autres, que les Rois de Sparte avoient double suffrage parmi les Ephores; Thucydide néanmoins nous assure, que c'est là une de ces choses, qui sont quelquefois aussi universellement crûës, qu'elles sont fausses, & qu'en effet la voix de ces Rois ne fut jamais

T ij

comptée que pour une dans toutes les Assemblées de Lacédemone. Je ne juge pas à propos de rapporter davantage d'exemples de l'antiquité, pour montrer qu'elle n'a point d'Historiens si renommés, dont on ne pût rebuter les travaux, si la maxime de Polybe étoit certaine, & que la vérité fût aussi essentielle à l'Histoire que la rectitude à la regle, qui perd son nom, & n'est plus bonne à rien, de l'heure qu'elle a cessé d'être droite. Quant aux Auteurs de ce tems, il me seroit aisé de prouver par ceux mêmes de la premiere classe, qu'il n'y en a aucun à qui l'on n'ait voulu reprocher d'assez notables mécomptes, si je n'évitois de tout mon possible les choses odieuses, lorsque je puis bien me passer comme ici de les rapporter. On peut dire des uns & des autres, que comme un mauvais juge dans un fait particulier, ne laisse pas d'être juge, ils ne perdent pas non plus la qualité d'Historiens, quoiqu'ils se soient mépris en quelques endroits. En effet, il y a bien de la différence entre mentir, & dire un mensonge, le premier couvre d'infamie ceux, dont nous parlons, mais il n'y auroit point d'apparence de faire un crime irrémissible du second. Pourvû qu'on n'avance rien contre sa science, ni contre sa conscience, le reste doit être donné à nôtre humanité. Aussi n'est-il pas honteux de se retracter dans ce genre d'écrire, comme il l'est peutêtre dans d'autres professions, qui dépendent de certains principes, & de quelques raisonnemens, où l'on ne peut confesser d'avoir erré, qu'on n'accuse le defaut de son jugement. Mais à l'égard de l'Histoire, qui n'est qu'un regître, ou un mémorial, appuïé le plus souvent sur la fidelité des yeux & des oreilles d'autrui, ce n'est pas merveille, si on s'écarte quelquefois du but de la vérité. Il est même du devoir d'un Historien d'écrire assez ordinairement des choses, qu'il ne croit point, ne fût-ce que pour remarquer ce qui a été tenu pour constant par le peuple. Tite Live en a usé ainsi, rapportant une in- *Lib. 1.& 5.* finité de prodiges incroïables, qu'il proteste au même lieu de ne vouloir pas garantir. Hérodote le plus licentieux de tous, se mo- *Lib. 4.* que le premier de ce qu'il conte d'Abaris, & des Loups garoux de Scythie. Et Quinte Cur- *Lib. 9.* ce declare, qu'il couche beaucoup de choses parmi les gestes d'Alexandre le Grand, de la vérité desquelles il n'est nullement persuadé, n'osant pas néanmoins se dispenser de rapporter les vaines créances du tems auquel il écrivoit.

Que si la séverité de quelque Critique a été trop grande en ce que nous avons dit jusqu'ici, bien qu'elle fût colorée du zèle de la vérité, nous pouvons faire voir qu'ils sont injustes tout à fait en beaucoup de choses, où ils se mêlent de donner des loix à l'Histoire, contre tout ce qui a été pratiqué par ceux, dont nous avons les ouvrages en quelque consideration. Mon dessein n'est pas d'examiner présentement toutes les parties d'un bon Historien, c'est le travail d'un juste volume, & puisque nous nous en sommes déja aucunement acquités au discours, qui fut imprimé il y a quelques années sur l'Histoire de Sandoval, il me suffira d'observer dans cette Préface les points, qui importent davantage à ce que nous proposons maintenant au public, & dont ces Critiques disputent sans raison avec le plus d'animosité.

Leur premier caprice est de condanner absolument toute sorte de Digressions, comme si elles étoient inséparables de la confusion, & incompatibles avec cette claire & méthodique narration, que demande une légitime Histoire. C'est l'ancienne hérésie de Philistus, imitateur au reste de Thucydide, mais si ennemi de la Digression, qu'il n'en voulut jamais pratiquer aucune. A la vérité, il y en a de fort vicieuses, & qui troublent tellement la mémoire du Lecteur, quand elles sont trop frequentes, d'une longueur excessive, ou tout à fait éloignées du sujet principal, qu'il n'y a peut-être rien qui doive être plus soigneusement évité en ce genre d'écrire. Le Sophiste Théon reprend pour cela celles de Théopompe comme ennuieuses, outre qu'elles n'avoient souvent rien de commun avec son thème, qui étoit principalement des actions du grand Philippe, & de ce qui concernoit les Macedoniens. Et Photius nous apprend, que leur penultiéme Roi, cet autre Philippe, qui prit la peine de retrancher les Digressions, dont nous parlons de l'Histoire de Théopompe, reduisit à seize les cinquante trois livres qu'il avoit composés. Mais il ne faut pas conclure pour cela, qu'elles soient toutes à blâmer. Il y a des Episodes, comme les nomment les Grecs, qui sont très agréables, & qui servent même, selon la remarque de Théon, à reposer doucement l'esprit de celui, qui lit un grand ouvrage. Si l'Histoire n'avoit que la simple narration, comme dit Aga- *Lib. 1.* thias sur une Digression qu'il fait de la diversité des Religions, elle seroit assez souvent méprisable. Et en effet, nous voions, qu'il n'y a quasi aucun Historien de nom, qui ne se soit donné la liberté d'user de semblables excursions. Thucydide, Polybe, & Denis d'Halicarnasse, sont les trois de tous les Grecs, qui ont écrit avec le plus de séverité, & néanmoins aucun d'eux ne s'en est voulu abstenir. Le premier rapportant dans son sixiéme livre le soupçon d'impieté & d'affectation de tyrannie où tomba Alcibiade, ce qui fit qu'on l'envoia chercher en Sicile, ajoûte, que le peuple d'Athénes reçût d'autant plus facilement cette accusation, qu'il se souvenoit encore de la tyrannie de Pisistrate. Et là dessus il entre librement dans la narration de ce fameux assassinat commis en la personne d'Hipparche par Harmodius, & Aristogiton, ne prenant point d'autre prétexte de sa Digression, sinon, que cet Hipparche étoit frere d'Hippias, autre oppresseur de la liberté Athénienne, & tous deux fils de Pisistrate. Pour Polybe, il a tant fait de pareilles saillies, que c'est contre lui principalement que declament ceux, qui témoignent de les avoir si fort à contre-cœur. Ils ne peuvent souffrir, qu'il quitte le fil de son Histoire, pour rechercher dans le second livre les causes de la grandeur inopinée des Acheïens, dont la République étoit de son tems la plus puissante, qui fût en Gréce; & dans le quatriéme, les raisons du malheur déplorable, arrivé aux habitans de Cynethe, ville d'Arcadie. La déscription d'un grand Empereur ou Général d'armée, qu'il fait dans son neuviéme livre, avec le discours du dixiéme touchant les *Pyrsies* ou signes qu'on peut donner par des feux allumés, leur sont insupportables. Et ils ne le traitent pas mieux à l'égard de ce beau raisonnement militaire, dont il use en un autre endroit, pour contenter ceux, qui *Lib. 17.* s'étonnoient, que les Legions Romaines eussent enfin surmonté la Phalange Macedonienne, qui s'étoit jusques là conservée dans la réputation d'être invincible. Quant à Denis d'Halicarnasse, après avoir donné un si grand nombre de loix austeres à l'Histoire, il n'a pas laissé de mettre dans son septiéme livre cette notable avanture d'Aristodeme Tyran de Cumes, sans aucune nécessité, & par cette seule consideration, que les Romains avoient envoié vers lui pour avoir du bled en un tems de famine. Les Historiens Latins ne se sont pas donné en cela moins de liberté que les Grecs. Tite Live s'est diverti *Dec. 1.* sur cette curieuse question, de ce qui fut *lib. 9.* vraisemblablement arrivé, si Alexandre le Grand eût converti son courage & ses forces

T v

contre les Romains. Salluste rapporte dans sa guerre Jugurthine l'Histoire de ces deux freres Philenes, qui se sacrifièrent si librement pour augmenter le territoire de Carthage au préjudice des Cyreniens, sans autre fondement que d'avoir dit seulement un mot des Syrtes, proches du lieu où se fit cette belle action. Et Tacite aiant à parler du siége de Jerusalem, prend de là occasion de rapporter ce qu'il avoit appris de l'origine des Juifs, de leur Conducteur & Legislateur Moïse, & de leurs façons de faire contraires à celles de toutes les autres Nations de la terre. Ce peu d'exemples suffit pour montrer, que toutes sortes de Digressions ne sont pas vicieuses, & qu'il n'y a que les mauvaises, qui se font sans discretion, qu'on doive rejetter.

Lib. 5. Hist.

Il semble, que les Critiques, dont nous parlons, soient mieux fondés en ce qu'ils ne peuvent souffrir dans l'Histoire ce renversement des tems, & cette transposition d'affaires, qui se fait par une figure à laquelle nos Ecoles ont laissé le nom Grec d'*Hysterologie*, & de *Hysteron Proteron*, quand on dit les choses beaucoup avant, ou après qu'elles sont arrivées. Et véritablement il n'y a souvent rien de plus contraire que cela à l'ordre, qui est l'ame des Histoires; & pour peu qu'on se donne trop de licence en cette partie, on ne peut éviter de tomber dans une obscure confusion. Il s'en voit de si embrouillées par là, & dont les parties différentes sont tellement hors de la suite du tems, qu'elles ressemblent à ces colosses brisés, de qui l'on cherche la tête ou les pieds parmi les autres membres. Si est-ce qu'il se trouve des lieux, où les meilleurs Historiens sont obligés de dire les choses en une seule fois, qui ne sont avenuës qu'en des saisons différentes, afin de ne pas donner les matieres trop imparfaites, & pour contenter l'esprit de ceux, qui ne pourroient autrement les voir sans dégout séparées, & comme estropiées. C'est pourquoi Théon a observé, que non seulement Hérodote, mais Thucydide même a fait souvent des *Hysteron Proteron* fort à propos, bien que celui-ci se fût donné la loi de diviser toûjours la narration de chaque année en deux parties, l'une pour l'Eté, & l'autre pour l'Hiver, en quoi il a été repris par Denis d'Halicarnasse, comme d'une chose qui l'obligeoit à couper les sujets, qu'il traitoit en tant de portions, que l'esprit du Lecteur n'en demeuroit pas satisfait. Le jugement doit regler ce différend, & nous faire avouër, qu'il y a de ces transpositions nécessaires, & qui ne

In progym.

PREFACE

peuvent être reprises dans l'Histoire sans injustice.

Mais ceux qui censurent indifféremment toutes les harangues Historiques, tant les obliques que les directes, ne sont-ils pas bien admirables de penser réduire le reste du monde à leur sens particulier, qui a ce désavantage d'être contraire à celui de tous les bons Auteurs. J'avouë qu'on voit quelque fois de ces Oraisons aussi importunes que ridicules, & que Plutarque s'est moqué de fort bonne grace de celles que Théopompe, Ephorus, & Anaximene font prononcer à des Généraux d'armée, n'y aiant nulle apparence, qu'ils se fussent amusés à des discours si longs & si étudiés en présence de l'ennemi, & lorsqu'il étoit question de bien faire, plûtôt que de bien dire. Il ne faut pas pourtant conclure de là, que l'Histoire rejette toute sorte de harangues; je crois au contraire, qu'il n'y en a point qu'elle ne reçoive, quand elles sont non seulement bien faites, mais encore à propos; & nous voyons en effet, que Lucien, qui est si rigoureux sur ce sujet, n'en condanne aucune; avoüant que comme les obliques ont souvent meilleure grace, il y a des lieux aussi qui demandent la Prosopopée, ou l'Oraison directe. Patrice & quelques autres moder-

Liv. des instruct. polit.

Dial. de l'Hist.

nes qui la voudroient abolir comme lui, se servent principalement de l'autorité de Diodore, de Justin & de Denis d'Halicarnasse. Quant au premier, comme il déclame au commencement de son vintiéme livre contre l'impertinence de quelques Historiens au fait des harangues; aussi confesse-t-il, que celles qui sont écrites judicieusement, doivent être estimées, & il en a inseré beaucoup lui-même dans ses Ouvrages. Justin, ou pour mieux dire, Trogue Pompée, dont il n'est que l'Abbréviateur, rapportant obliquement celle de Mithridate contre les Romains, reproche de vérité, à Salluste & à Tite Live *Lib. 38.* d'avoir abusé des directes. Mais personne n'a pris cela que pour un trait d'envie contre ce dernier, comme il s'en glisse aisément entre des Ecrivains de même tems; ce qui n'a pas empêché, que Tacite, Q. Curce, & tous les Auteurs de l'Histoire Auguste, n'aient depuis couché beaucoup de discours en forme de Prosopopée dans ce que nous avons d'eux. Et pour ce qui touche Denis d'Halicarnasse, ses livres des Antiquités Romaines en sont si remplis, & il soûtient dans son septiéme, les Oraisons directes si particuliérement, rapportant toutes celles, qui furent prononcées en la cause de Coriolanus, qu'on se pourroit étonner qu'il eût si fort pèché en ce qu'il reprenoit aux autres, si l'on ne savoit bien, que son Histoire est le dernier de ses travaux, où il s'est ainsi voulu retracter avec jugement des maximes qu'il avoit autrefois établies trop legérement contre Thucydide. Outre qu'on peut voir dans le jugement qu'il fait de cet Historien, comme il examine plûtôt avec rigueur ses harangues, selon les sentimens d'un Cratippus, qu'il ne les condanne tout à fait, & de son propre mouvement. Plusieurs ont voulu alléguer aussi le huitiéme livre du même Thucydide, parce qu'il n'a pas une des Oraisons dont nous parlons, à cause qu'il se repentoit d'en avoir trop usé aux précedens. Il est certain pourtant, que sa mort y a laissé cette disproportion avec assez d'autres imperfections, qui ont fait soutenir à beaucoup de personnes, que ce dernier livre n'étoit pas de lui. Quoiqu'il en soit, Hérodote, Xenophon, Polybe, & César, avec ceux que nous avons déja cités, & quantité d'autres que nous pourrions ajoûter, s'il en étoit besoin, montrent bien, que c'est un pur caprice de vouloir rejetter ainsi les harangues de l'Histoire, puisqu'ils n'ont jamais fait difficulté de les y admettre, & qu'au contraire ils en ont fait un de ses principaux ornemens.

Polybe seul nous enseigne, comment on doit emploïer les obliques, les directes, & les mixtes, qui commençant obliquement changent d'organe & finissent droitement: car il s'est servi de toutes les trois façons, selon que les lieux le requeroient.

Or non seulement les harangues ont été jugées telles, que nous disons, par les meilleurs Auteurs, mais ils ont même donné place dans leurs Histoires, aux Lettres Missives, & jusqu'aux Dialogues. Ainsi nous voions des Epitres de Mithridate dans Salluste, de Tibere & de Drusus dans Tacite, & d'Alexandre le Grand dans Arrien. Pour ce qui régarde des Dialogues, il y en a grand nombre & de fort beaux dans Thucydide & ailleurs; mais quant à celui des Deputés d'Athénes & de Mélos, qui fait la fin de son cinquiéme livre, où les premiers s'efforcent de prouver aux autres qu'ils doivent s'assujettir aux Athéniens, il est tel, que je ne pense pas qu'on le doive jamais imiter, à cause de sa trop grande prolixité. La loi qu'il faut observer, à mon avis, tant aux Dialogues, qu'aux Lettres, & aux harangues de quelque nature qu'elles soient, c'est de ne les coucher jamais avec Prosopopée, & directement, que lorsque toutes les paroles en sont si importantes, qu'on n'en peut rien perdre qu'avec dommage; autrement, il faut se contenter d'en rapporter obliquement la substance.

Que dirons-nous de quelques uns, comme Kekerman entre autres, qui croient, que la loüange ni le blâme, ne doivent, jamais se rencontrer dans l'Histoire, parce que ce sont des choses superfluës, & qu'il n'appartient, à leur avis, qu'aux Orateurs d'en user, non plus que d'émouvoir les passions, ce qu'ils deffendent encore très expressément à un Historien. Il semble, à les entendre parler de la sorte, que l'art Oratoire ne puisse jamais avoir rien de commun avec celui des Historiens, contre ce qu'a dit si expressément le premier Rhéteur des Romains, qu'il ne savoit rien qui fût davantage du métier d'un Orateur, que de bien écrire une Histoire. En vérité, c'est bien se moquer de tous ces grands hommes que nous venons de nommer, qui ont toûjours pratiqué le contraire de ce que voudroient établir ceux-ci. Et je m'étonne, qu'ils ne se souviennent au moins du temperament que Lucien apporte en cela, desirant, que son Historien se contente de donner des loüanges moderées, & qui consistent en peu de paroles, afin qu'il différe en ce point de l'Orateur qui les étend, & les amplifie

Opus Oratorium maximè. Cic. lib. 1. de leg.

amplifie selon les regles de son art. La même chose se doit dire des passions, car il n'y auroit point d'apparence qu'un Historien pratiquât tout ce que font Ciceron & Demosthene, pour exciter à la haine ou à la misericorde; mais il lui est permis d'être pathétique comme Tite Live dans l'expression des grandes actions, afin d'imprimer fortement l'amour de la Vertu, ou l'aversion du vice, qui sont les plus précieux fruits, qu'on puisse recueillir de l'Histoire.

C'est encore une fantaisie particuliere de certaines personnes, qui ne pensent pas qu'un Historien moderne doive jamais prendre la liberté de comparer les choses de ce tems aux anciennes. J'avouë qu'on voit peu de ces paralleles dans les Historiens Latins, & qu'ils ne se sont guéres amusés à montrer la ressemblance qu'avoient les actions Romaines, qu'ils décrivoient, avec celles des Grecs. Je tombe même d'accord, que nous avons vû depuis peu des Ecrivains ridicules en cette sotte recherche, montrant, qu'ils faisoient leur principal de l'accessoire, & qu'ils n'avoient point de plus grand soin, que de témoigner par ce rapport curieux, qu'ils étoient hommes de grande étude, la chose du monde la plus importune, quand on l'emploie mal à propos.

Mais encore que cette vaine oftentation foit odieufe, il n'en faut pas pourtant tirer cette confequence, qu'on ne puiffe jamais ufer d'aucune de ces comparaifons, qu'elle ne foit vicieufe. Elles fe préfentent quelquefois d'elles-mêmes, & un Hiftorien judicieux les fçait emploier fi à propos, qu'elles donnent de l'ornement à fon Ouvrage fans dégouter perfonne. Que fi les Latins s'en font abftenus, il y a des Grecs, tels que Polybe & Denis d'Halicarnaffe, d'affez grande autorité pour nous affurer, qu'on s'en peut fervir fans crainte, à leur exemple. Appien aiant rapporté avec quel courage Scipion répondit à l'accufation qu'on lui faifoit d'avoir été corrompu par le Roi Antiochus, allant facrifier au Capitole, au lieu d'attendre le jugement du Peuple Romain; dit qu'il fit en cela plus fagement qu'Ariftide ou Socrate, qui fe laifferent condanner injuftement dans Athénes; & plus généreufement qu'Epaminondas, dont il recite le procedé en une caufe auffi capitale devant le Magiftrat de Thebes. Famianus Strada a fait de ces ajuftemens depuis peu de fi bonne grace, & avec tant de fuccès, qu'on le peut propofer en fuite, & renvoier à la Préface de fon Hiftoire des Païs-Bas, ceux qui feroient les difficiles fur ce point.

Lib. de bell. Syr.

Il me reste à dire un mot touchant ma façon d'écrire. Pline le Jeune a soutenu dans une de ses Epitres, que l'Histoire étoit toûjours agréable, de quelque maniere qu'elle fût couchée. Il semble que son intention soit de donner à entendre par là, que toutes sortes de styles y peuvent être emploiés; & en effet, nous voions d'excellens Historiens en toutes Langues, qui ont eu des genres d'écrire très différens. Salluste & Tacite sont fort concis; Tite Live est plus étendu; Florus est si libre & si fleuri, qu'il se donne même la licence de citer des Hemistiches de Virgile, comme Thucydide, beaucoup plus sévere que lui, a rapporté plusieurs vers d'Homere au sujet des jeux de l'Isle de Délos. Or quand j'aurois été aussi curieux en cette partie, que je l'ai peutêtre negligée, n'aiant eu autre soin que de me rendre intelligible, & de chercher dans la clarté de l'expression la principale recommandation de mon style. Je crois, que je n'aurois pas pour cela contenté tout le monde. Les plus beaux visages ne plaisent pas à un chacun & les styles, qui ne sont pas moins différens, souffrent quelque fois des jugemens encore plus déraisonnables. Alciat a bien osé dire, que la diction de Tacite étoit tout à fait méprisable comparée à celle de Paul Jo-

Lib. 5.
ep. 8.

Lib. 3.
hist.

ve. Et Emilie Ferret n'a point rougi prononçant ce mot ridicule, que le même Tacite ne ſavoit pas bien le Latin. Je ſouffrirai patiemment après cela tout ce qu'on voudra dire de moi pour ce qui regarde mon François. Mais je ſerai bien-aiſe d'ajoûter ici une remarque à l'occaſion de Tacite, & de Salluſte, que beaucoup veulent, qu'on imite ſur tous les autres à cauſe de leur briéveté. C'eſt que la plûpart prennent pour des Hiſtoriens fort brefs, ceux qui ont l'élocution conciſe, qui ſont néanmoins deux choſes fort différentes. Car Salluſte qui a la phraſe fort preſſée, & qui comprend beaucoup en peu de mots, n'eſt pas pourtant un Hiſtorien fort bref, au contraire on pourroit retrancher aſſez de choſes dans ſes Préfaces, & dans ſes Digreſſions, ſans alterer le corps de ſon Hiſtoire. Jule Capitolin reprend Junius Codrus de s'être amuſé à particulariſer des affaires de peu d'importance; comme Guicciardin a été blâmé de s'être de même trop étendu aux choſes de ſa République, qui ne méritoient pas d'être expliquées ſi fort par le menu. Or, quoique le premier, des œuvres duquel il ne nous reſte rien, eût eu la diction la plus courte, qu'on ſe puiſſe imaginer, & bien que Guicciardin eût encore parlé plus laconiquement que lui, ſi eſt-ce que ni l'un ni l'autre n'eussent jamais été bien nommés Historiens brefs; & il n'y a que ceux comme Tacite, dont on ne peut rien ôter sans préjudicier à leurs compositions, qui doivent être appellés de la sorte.

Je laisse à la Postérité, pour qui j'ai mis la main à la plume, le jugement de mes veilles. De même que les Histoires ne doivent être écrites principalement, que pour elle, selon l'avis de Lucien, il n'y a qu'elle aussi, comme plus exempte de passion, qui les puisse mettre à leur juste prix. C'est pour cela, que les Anciens nommoient Saturne le Pere de l'Histoire, & qu'on voioit des Tritons avec des trompettes au haut de son Temple; le tems seul, qui conserve la mémoire de toutes choses, pouvant donner à un chacun la réputation qui lui appartient. Et certes, j'ai toûjours crû qu'il étoit des Histoires comme des Statuës; où l'on observe mille délicatesses, quand elles doivent être vuës de près, que l'art rejette, si elles sont faites pour être regardées de loin. Une narration aussi qui se fait plus pour le présent que pour l'avenir, a besoin de beaucoup de flatteries, comme d'autant de mignardises, qui ne seroient pas bonnes aux siécles suivans, où rien ne se lit plus volontiers qu'une vérité hardie, & s'il faut ainſi dire, groſſiere, & ſans déguiſement. La plûpart des perſonnes, qui ſe ſervent de miroirs, ſont bien aiſes qu'ils les flattent, & il y en a fort peu qui ſe plaiſent à ſe voir dans l'Hiſtoire, ſi elles n'y ſont repréſentées avec avantage. Il eſt donc à propos de tenir couvertes pour quelque tems ces glaces, qui rendent les formes des choſes telles qu'elles ſont, attendant qu'une autre ſaiſon moins intereſſée, & moins ſujette à toute ſorte de paſſions, que les années ſeules peuvent modérer, ſouffre des jugemens plus équitables. Tout ce que je demanderai pour lors au public, c'eſt qu'on apporte à la lecture de cette Hiſtoire un eſprit autant indifférent, & auſſi peu partial, que je puiſe l'avoir eu, quand je l'ai écrite.

DISCOURS
DE LA CONTRARIETÉ
D'HUMEURS
QUI SE TROUVE ENTRE CERTAINES NATIONS,
ET SINGULIEREMENT ENTRE LA FRANÇOISE ET L'ESPAGNOLE.

TRADUIT DE L'ITALIEN
DE FABRICIO CAMPOLINI
VERONOIS.

A MONSEIGNEUR
LE
CARDINAL DUC
DE RICHELIEU.

MONSEIGNEUR,

Aussi-tôt que j'eus pris la resolution de donner du support à l'Ouvrage de ce Veronois, le dédiant à quelqu'un selon la coutume, je fis réflexion sur cette commune façon de parler, avec laquelle nous dédions les Livres, comme on dédie à Dieu ce qui lui est consacré dans nos Eglises. Cette considération me fit croire, que je devois user de beaucoup de circonspection, à faire choix d'un nom plein de grandeur & de sainteté, sur lequel je puisse, comme sur un Autel, poser ce petit présent. Et parce qu'il ne m'en a point paru dans le monde de plus considérable pour cela, que celui de Vôtre Eminence, j'ose la supplier très humblement de vouloir souffrir qu'il soit écrit au haut de ce Tableau votif, qui vous représentera les humeurs différentes des Nations. C'est la coutume des Grands de ne considérer guéres les présens des moindres, que par leur bonne volonté; & c'est le propre de Dieu de les agréer, quand ils lui sont offerts avec pureté & dévotion. Celle avec laquelle je prens la har-

diesse de vous présenter cette Traduction, me fait espérer, qu'elle sera bien reçûë de vôtre bonté, qui sait bien qu'une peau de chevre n'étoit pas moins favorablement prise dans le Temple de Jerusalem, venant de la main d'un Pasteur, que l'or & l'argent de celle des plus grands Princes. Mais puisqu'on ne porte rien aux lieux saints, sans y chanter au moins quelque petite Hymne, Vôtre Eminence me permettra s'il lui plaît, que je prononce foiblement, selon la portée de ma voix, la moindre partie de ce que je conçois de ses heroïques vertus. Un Oracle de la Grèce dit autrefois à l'honneur de Lycurgue, qu'il ne savoit, s'il le devoit mettre au nombre des hommes, ou des Dieux: Si nous vivions encore dans la licence du Paganisme, c'est sans doute que la France feroit des sacrifices à vôtre grand Génie, comme à son Dieu Tutelaire. Elle le contemple, comme le seul qu'elle a reconnu jusqu'à present égal à la grandeur de son Etat ; comme un Soleil, d'où viennent ses meilleures influences, l'éclairant même au milieu de ses tempêtes ; & comme l'Intelligence motrice de son corps, n'aiant rien au dessus d'elle que le premier Ciel, où repose vôtre grand Roi. En effet, ceux qui ont paru le plus jusqu'ici dans le gouvernement des Etats, croioient faire beaucoup de se prévaloir des occasions, que vôtre prévoiance fait naître & servir à ses desseins ; ils attendoient la bonne fortune, vous la faites suivre ; ils dépendoient de je ne sai quelles destinées, vous leur donnés la loi, & tout cède au pouvoir de vôtre conduite. Aussi la moindre partie de vos perfections les eût pû rendre la meilleure de leur Siécle, la Nature vous a choisi pour faire voir au nôtre, qu'elle met plus de graces, quand il lui plaît, en un seul sujet, qu'en tous les autres ensemble, & Dieu, pour mieux dire, par la production de vôtre belle ame, semble avoir prononcé en faveur de ceux, qui ne les tiennent pas toutes égales, la comblant de si extraordinaires bénédictions. C'est ce qui fait, MONSEIGNEUR, que comme vous étes au dessus des loüanges vulgaires, & que les plus rélevés titres d'honneur se trouvent de beaucoup au dessous de ce qui est dû à Vôtre Eminence : Aussi n'y a-t-il personne qui doive être si téméraire, que d'entreprendre le Paranymphe de vos immortelles actions, dont le craion seul se peut voir dans tout ce qu'on a écrit jusqu'ici des plus grands Ministres d'Etats, qui semble n'avoir été dit, que pour vous. Quand on les a figurés tels qu'ils devoient être, plûtôt que tels qu'ils étoient, on a fait sans fiction vôtre véritable portrait : On voit réellement en vous, ce qui n'étoit alors conçû qu'en idée : Vous étes ce grand simulacre que toute la terre respecte, selon le mot de l'Empereur Iulien : Et l'on ne se peut rien imaginer qui vous représente, sans donner jusques dans le prodige, puisque la mémoire des hommes n'a rien fourni jusqu' ici qui approchât si près du miracle, & qui tint si fort de la Divinité, que fait la moindre copie tirée sur l'original de vôtre vie. Mais comme il est vrai, qu'on ne peut mieux reverer vos incomparables vertus qu'avec le silence & l'admiration, aussi ne devons nous jamais cesser de remercier la Bonté & la Providence Divine, d'avoir fait naître parmi nous un si grand Personnage, qui devoit être nécessairement le second Fondateur de l'Empire sous lequel il vivroit, & d'avoir permis que la France ait possedé un esprit si sublime & si transcendant, qui ne pouvoit manquer d'établir une grande Monarchie par tout où il eût été. Après cette action de graces, nous n'aurons pas besoin de beaucoup importuner le Ciel de nos vœux ; nous sommes si heureux, qu'en obtenant de lui la conservation d'ARMAND DE RICHELIEU, nous assurons tout ce qui nous peut être cher en ce monde, vû que le bien de cet Etat, l'avancement de la Réligion, le contentement de nôtre Prince, & la joüissance de nos fortunes & de nos vies, dépend de la subsistence d'une si précieuse Personne. Ce seroit, MONSEIGNEUR, mal garder le respect qui lui est dû, & préjudicier très notablement à l'interêt public auquel vous donnés tous vos soins, si je vous importunois d'un plus long discours : celui-ci suffira pour vous dévoiler avec cet écrit ma très humble servitude.

D. L. M. L. V.

DISCOURS

DE LA CONTRARIETÉ D'HUMEURS,
QUI SE TROUVE
ENTRE CERTAINES NATIONS,
ET SINGULIEREMENT
ENTRE LA FRANÇOISE
ET L'ESPAGNOLE.

Ce n'est pas seulement entre les hommes qu'on remarque de certaines convénances ou repugnances naturelles, elles ont été observées dans tous les ordres de la Nature. Parmi les pierres mêmes, le Diamant est en dissension (pour user du propre mot de Pline) avec l'Aimant, & son Théamedes d'E- thiopie rejette le fer avec autant d'animosité que la Calamite l'attire. Entre les mineraux

Hist. Nat.
l. ult. c. 4.
L. 36. c. 16.

& les métaux, il y en a qui ne peuvent s'allier; l'or & vif argent se cherchent & s'unissent au contraire avec ardeur. Les Plantes font voir les mêmes amitiés ou inimitiés entre elles. La Vigne s'accorde fort bien avec l'Orme; elle ne peut souffrir le Chou, & hait mortellement le Laurier. Le Roseau & la Fougere sont à bon droit un signe hiéroglyphe de guerre irréconciliable, puisque le Laboureur qui veut purger son champ des racines de la derniere, ne fait qu'attacher au soc de sa charrue un Roseau, qui acheve de faire périr ce que le feu n'avoit pû consumer. Bref, il y a divers Auteurs qui ont attribué aux Palmiers l'amour masculin & féminin; & ce Romain dit en son Histoire Naturelle, que le Chêne & l'Olivier exercent des inimitiés capitales; l'impieté rustique des Manichéens, comme l'appelle Saint Augustin, aiant bien passé outre, lorsqu'ils donnoient aux Plantes jusqu'à la vie raisonnable. Quant aux animaux, non seulement le bien ou le mal qu'ils se peuvent faire, & les interêts du boire & du manger, causent la concorde ou la discorde, que nous voions parmi eux, à les considérer de même ou de différente espece; mais il semble qu'outre cela il y ait quelque chose de plus caché à nôtre connoissance, qui produit les mêmes

Pier. in hierogl.

Lib. 24. cap. 1.
Lib. 2. de mor. Man. c. 17.

effets. Car il est aisé de comprendre d'où procede, que la Brebis vit si bien avec la Chevre, & hait si fortement le Loup. L'aversion qu'a la Poule du Milan, le Cigne du Dragon, & le Dauphin de la Baleine, a ses causes manifestes. Quand la Linote & le Serin persécutent l'Ane, Aristote, Pline, AElien, & les autres Historiens des animaux assurent, que c'est, parce qu'il gâte leur nourriture en se frottant contre les buissons, dont il se repait encore à leur préjudice; aussi que son seul braire fait périr leurs petits, & corrompt même les œufs de la Linote. Mais s'il faut rendre raison pourquoi l'Elephant fuit devant le Bélier; d'où vient que le Lion ne peut souffrir la seule voix du Coq; à cause dequoi le Cheval tremble à la vuë & à la seule odeur du Chameau, ce qui rendit Cyrus vainqueur de Crœsus, ainsi que le conte Herodote; comment il se peut faire, que le sang de deux oiseaux ennemis, la Linote & le Bruant (s'il est l'Anthus d'Aristote & de Pline) ne se peut mêler même après leur mort; c'est alors que les plus grands esprits sont contraints d'avoir recours à des proprietés occultes, & d'alléguer des sympathies & antipathies naturelles, qui ne sont, à l'égard de beaucoup, que de beaux termes inventés pour mettre à couvert

Sextus Pirrh. hyp. l. 1. c. 14.
Lib. 1.

nôtre insuffisance. Sans doute que c'est par là que Démocrite, l'un des plus grands Génies qu'ait eu la Philosophie, se démêloit de tant de merveilles qu'il attribuoit au Chaméleon dans ce Livre qu'il fit exprès pour les expliquer. Car comment pouvoit-il autrement faire comprendre la vertu de ce petit animal, bien plus étrange que celle de la Remore, qu'on ne fait agir qu'en touchant, quand il assuroit, que les oiseaux de proie les plus forts d'aile, étoient contraints de tomber, s'ils voloient pardessus lui. Je sai bien que Pline l'a accusé de vanité Grecque sur ce sujet, & que Aulu Gelle, pour defendre un si grand personnage, nie que l'ouvrage fût de lui. Mais quoiqu'il en soit, la vérité n'étant pas toûjours requise en cette sorte d'exemples, on en peut au moins recueillir cette leçon, qu'il n'y a point de partie plus impure dans toute la Philosophie, comme l'a fort bien observé le Chancelier Bacon, que celle, qui traite des sympathies & antipathies, & qu'on a bâtisée du nom de Magie naturelle. Car de penser rendre raison de tant d'effets merveilleux par les simples qualités premieres des Elemens, comme on fait au reste de la Physique; c'est peut-être ainsi que dit Scaliger, avoir l'esprit trop grossier & trop Elementaire. De dire aussi

Plin. Nat. hist. l. 28. c. 8.

Nat. Att. l. 10. c. 12.

aussi nuëment, que cela se fait par des vertus occultes, & par des propriétés de toute la substance des choses, c'est s'expliquer si peu philosophiquement, que si Fernel, Fracastor & quelques autres, qui ont traité ces matieres expressément, ont fait mine de s'en contenter, plusieurs au contraire ont nommé ces qualités secrettes des Afyles de l'ignorance humaine, & ont avoüé ingenûment, que toutes ces conditions spécifiques, propriétés internes, & émanations des formes, sont autant d'ingénieuses paroles, & de mots inventés exprès pour se sauver des mauvais passages, & pour jetter du sable aux yeux de ceux, qu'on veut paier d'une fausse apparence de tout savoir. C'est en ce sens, qu'Aristote se moque d'Empedocle au troisiéme Livre de sa Metaphysique, de ce qu'il ne rendoit point d'autre raison de beaucoup de choses, que le bon plaisir de la Nature. Si est-ce que ce Prince des Dogmatiques de nôtre tems, n'a pas laissé de comparer à la vûë du Hibou la portée de nôtre esprit en beaucoup de rencontres: Et s'il a eu sujet de prononcer avec son disciple Théophraste, que c'étoit peutêtre faire contre raison, de vouloir rendre raison de toutes choses, on le peut bien dire en cette matiere de sympathies & antipathies de la Nature, où *Cap. 4.*

ὁ ἥτως πέφυκεν.

nous ne voions rien de plus manifeste, sinon qu'elle a mieux aimé s'y faire admirer que connoitre, & nous instruire de sa volonté, que de sa façon d'operer.

Or s'il faut recourir à ces idiosyncrasies, & à ces qualités formelles, pour rendre raison de certaines bienveillances ou mauvaises inclinations, qui se voient entre le reste des animaux ; j'estime que la nécessité ne se trouvera pas moindre de le faire à l'égard de celle des hommes, soit qu'on les considére dans le général ou dans le particulier, dans l'espece ou dans l'individu. Car c'est chose facile d'assigner les causes de la mauvaise intelligence, qui se trouve entre des mêmes Artisans, & généralement entre tous ceux dont les interêts aliénent manifestement les esprits. L'animosité, qui se voit entre des Nations voisines, qui ont tous les jours de nouveaux différens à démêler ensemble, n'a pas aussi son fondement plus obscur. Quand les Perses & les Grecs se sont faits des guerres mortelles, quand les Républiques de la Gréce se sont si furieusement acharnées les unes contre les autres, & que la Romaine a persecuté si longtems la Carthaginoise, tout le monde a reconnu, que les uns combattoient pour la liberté, & les autres pour l'Empire : De sorte que c'étoit là le principe de toutes leurs mauvaises volontés; comme les bons offices & les mutuelles assistances, que se rendent d'autres peuples, engendrent la bienveillance qu'on y remarque quelquefois. Le même sujet qui fait dire à l'Ecclesiastique, que son ame hait seulement deux Nations, les Philistins & les Sichimiens, parce qu'ils étoient en des guerres perpetuelles avec les Israëlites, nous a fait autrefois abominer la fureur des Normans, & consécutivement la rage des Anglois & des Bourguignons, lors que nous ne reconnoissions point de plus dangéreux voisins que ceux-là. Mais de dire, pourquoi dès la premiere rencontre nous sommes portés de bonne ou de mauvaise intention, contre des personnes tout à fait inconnuës, pourquoi, entrant dans un tripot, nous nous engageons aussi-tôt d'affection pour l'une ou pour l'autre des parties, que nous n'avions jamais vûës; pourquoi il y en a, qui ont des aversions mortelles de certaines choses, qui sont affectionnées par d'autres, comme quand le Roi de France Henri Troisiéme ne pouvoit durer, où il y avoit quelque chat, encore qu'il ne sçût pas qu'il y fût; c'est ce qui est bien plus difficile, les causes prochaines, & telles que les demandent les Philosophes, man-

Cap. 50.

quant alors au besoin. Dom Juan Rol Palomeque, Chevalier d'Alcantara ou de Calatrava (je ne me souviens pas duquel des deux Ordres) ne pouvoit ouïr seulement prononcer le mot de *lana* sans tomber en syncope bien qu'il pût manier & porter de la laine sans cet inconvenient; si le Marquis de Mirabel, qui étoit Ambassadeur en France il y a peu de tems, & qui disoit l'avoir connu, me peut être garant de cet exemple. Je sai bien, qu'il choque la plus commune opinion des Ecoles, qui ne veut pas, que des paroles toutes nuës puissent d'elles-mêmes produire aucun effet: mais aussi s'est-il trouvé assez de personnes, qui en ont pensé tout autrement. Pomponace a été depuis peu du dernier avis sans sortir de l'enclos de son Lycée; & nous pouvons dire, avec peut-être plus de raison, que Pline ne faisoit de son tems, que tout le monde suit ce sentiment & y défere à toute heure sans s'en appercevoir, *omnibus horis credit vita, nec sentit*. Or qui est-ce qui peut rendre raison de tels & autres semblables effets qu'on rapporte à l'infini, sans donner dans ces qualités occultes & dans ces proprietés substantielles, dont nous avons parlé? ou sans avouër ingenument, que nous ne sommes pas plus clairvoians en ce qui nous touche à cet égard,

De Incant.

L. 28. c. 2.

qu'en ce qui concerne les autres animaux, que nous nommons déraisonnables? Certainement nous éprouvons tous les jours en nous mêmes de certaines sympathies ou antipathies, qui nous dominent si puissamment, qu'il ne semble pas bien, que nôtre discours s'en puisse rendre le maitre, ni beaucoup moins en pénétrer la cause. C'est ce que j'ai été obligé d'avancer par forme d'avant-propos, parce que m'étant proposé de parler de la contrarieté d'humeurs que nous voions entre les deux peuples de France & d'Espagne, & croiant la pouvoir représenter comme une aussi parfaite antipathie qu'il y en ait dans la Nature; j'ai crû me devoir expliquer auparavant de ce que je pense en général des sympathies & antipathies naturelles, beaucoup plus aisées à reconnoitre dans leurs effets que dans leurs causes.

La raison la plus générale de la concorde ou discorde des nations, se tire du temperament, dont la ressemblance concilie par tout les amitiés, autant que sa différence aliéne manifestement les esprits. Or le temperament des hommes, considérés ainsi en gros, dépend principalement de celui des regions, qu'ils habitent, & celui des regions de leur position naturelle, selon qu'elles sont pleines ou montueuses, qu'elles ont quantité d'eaux, qui les arrosent, ou qu'elles en manquent, qu'elles sont exposées à des vents contraires, & que le Ciel les regarde avec de différens aspects. Ainsi Strabon remarque, que les mœurs des Mèdes & des Arméniens étoient semblables, parce, dit-il, que leur païs n'est en rien différent. Et Galien observant les diverses conditions des Asiatiques & des Européens, les fait dépendre de leur différente habitation; comme Hippocrate avoit auparavant attribué la grande ressemblance des Scythes entre eux, à l'égalité de leur demeure, & leur peu de rapport avec les autres hommes, à la diversité des climats. Que si nous considérons de même la différente assiette de la France & de l'Espagne, separées naturellement par de si hautes montagnes, que sont les Pyrenées; la premiere, à l'Orient & au Nord; la seconde, au Couchant & au Midi, en leur regard réciproque; l'Espagne chaude & seche, la France froide & arrosée de tant de rivieres; l'Espagne rarement battuë des vents, & cela regulièrement selon les saisons; la France perpetuellement agitée par eux; l'Espagne si peu mouillée des eaux du Ciel, la France si sujette aux pluies en tout tems; & que nous allions ainsi remarquant toutes les diversités de l'une & de l'autre Province; nous ne nous étonnerons pas en suite, que des païs si diffé-

n. Geogr.
L. quod animi mores &c.
L. de aëre, locis, & aquis.

rens produisent des hommes de temperament dissemblable, qui cause à la fin cette repugnace d'esprits, que nous voions entre eux. Aussi tous ceux, qui ont parlé des mœurs de ces deux Nations, ont toûjours représenté la Françoise aussi changeante que son air, & aussi legère, que les vents, qui y dominent; l'autre aussi constante, que son ciel & ses saisons. Les François froids & humides comme leur terre, d'où vient leur blancheur; les Espagnols chauds & secs comme la leur, ce qui les rend bazanés. Les François d'ailleurs gais, francs, hospitaliers, liberaux, réligieux, sans cérémonies, bons cavaliers; mais volages, pleins de boutades, causeurs, médisans de leurs compatriotes chez les étrangers, ne pouvans souffrir la faim ni les autres incommodités de la guerre, combattans plus de forces du corps que de l'esprit, & avec plus de férocité que d'artifice & de conseil. Les Espagnols tout au rebours mélancoliques, dissimulés, inhospitaliers, avares, superstitieux, importuns en civilités; mais constans, posés, taciturnes, se prisans les uns les autres hors de leur païs, bons à l'infanterie, endurans la faim, la soif, & toutes les fatigues de la guerre, exécutans plus de la tête que de la main, & faisans plus par ruses & par stratagèmes, qu'à force ouverte. Je laisse à part si toutes ces qualités ont un parfait rapport au tempérament présupposé des uns & des autres. Mais il faut que je rapporte encore ici, ce que j'ai ouï observer par tout. C'est que le Soldat François se fait toûjours craindre d'abord, jurant & pestant quand il entre quelque part; & néanmoins dès le lendemain il s'est accommodé avec tous les domestiques, & se trouve grand ami de la maison. L'Espagnol joüe un personnage tout différent, car il use de courtoisie en arrivant, se contentant de remarquer doucement ce qui est des commodités du lieu; mais il n'y a rien de plus rude que sa sortie, car c'est alors, qu'il fait son coup, pillant & desolant tout sans remission; d'où vient peut-être le proverbe qui dit, qu'on se garde de la furie Françoise, & de la retraite Espagnole. Ce n'est donc pas merveille, que des Génies si contraires s'accommodent si mal ensemble, puisque les amitiés n'ont de fondement plus naturel que la ressemblance, & que, selon l'observation de Sextus l'Empirique, les choses mêmes inanimées s'unissent, quand elles sont pareilles, comme le font voir les diverses semences dans un crible, qui vont chacune à celle de son espece; & comme le montrent encore les petites pierres,

7. adversus Mathem.

que la mer jette sur son rivage, dont les monceaux se font selon les figures, les rondes s'y voiant assemblées en un, & les longues de même. Mais si nous voulons porter encore plus avant nôtre considération, & examiner plus par le menu l'opposition du naturel de ces deux nations, peutêtre aurons-nous de la peine à rapporter tous les effets qui en dépendent aux seules qualités premieres, qui forment le tempérament; & peutêtre remarquerons-nous une si grande antipathie de corps & d'esprit entre elles, que nous commencerons à douter avec un certain Espagnol, que ceux de son païs sortent de même façon du ventre de leurs meres, que font les François; ou pour le moins, nous serons contraints de recourir à ces causes occultes dont nous avons parlé. Le François est grand de corps, l'Espagnol petit, le premier a le poil ordinairement blond, l'autre l'a noir; l'un porte les cheveux longs, l'autre courts; le François mange beaucoup & vite, l'Espagnol fort peu & lentement; le François se fait servir le boüilli le premier, l'Espagnol le rôti; le François met l'eau sur le vin, l'Espagnol le vin sur l'eau; le François parle volontiers à table, l'Espagnol n'y dit mot; le François se promene après le repas, l'Espagnol s'assiet au moins

X v

Cent. 1.
pag. 98.

s'il ne dort ; le François foit à pied foit à cheval va vite par les ruës (d'où vient que Boccalin, pour bien punir Ronfard, le monte fur un cheval n'allant que le pas, fans lui donner de gaule ni d'éperon,) l'Efpagnol va toûjours fort pofément ; Les laquais François fuivent leurs Maitres, ceux des Efpagnols vont devant ; le François pour faire figne à quelqu'un de venir à lui, hauffe la main & la ramene vers le vifage, l'Efpagnol pour le même fujet baiffe la fienne & la rabat vers les pieds ; le François donne un baifer aux Dames en les faluant, l'Efpagnol ne peut fouffrir cette privauté ; le François n'eftime les faveurs de fa Maitreffe qu'autant qu'elles font connuës pour le moins de fes amis, l'Efpagnol ne trouve rien de plus doux en l'amour que le fecret ; le François ne raifonne que fur le préfent, l'Efpagnol que fur le paffé ; le François demande l'aumône avec mille foumiffions de geftes & de paroles, l'Efpagnol avec gravité & fans baffeffe, pour le moins, s'il ne paffe jufqu' à l'arrogance ; le François reduit à la neceffité, vend tout hormis fa chemife, c'eft la premiere chofe dont l'Efpagnol fe défait, gardant la fraize, l'épée & le manteau jufqu' à l'extrémité ; le François porte fes habits d'une façon, l'Efpagnol d'une autre, qui n'a rien de semblable à les considérer de pied en cap ; le François met le matin son pourpoint tout le dernier, l'Espagnol commence à s'habiller par là ; le François pour se boutonner prend du collet vers la ceinture ; l'Espagnol tout au rebours ferme le bas premierement & finit sous le menton : le François met le pourpoint bas pour se battre en duel, l'Espagnol prend alors une jaque de maille s'il peut ; le François croit, qu'il n'y a que des écroüellés en Espagne, & fait peur à ses enfans d'un Espagnol comme d'un démon infernal, l'Espagnol tient tous les François aussi gueux que ses *aguadores* de Madrid, les trouve *gavaches*, & croit qu'il ne sont nés que pour faire rire le monde ; le François se voyant contraint d'estimer le vin d'Espagne, & d'avouër que les draps, les chevaux, les gans, & sur tout les pistoles y sont très bonnes, ajoûtera aussi-tôt, qu'il n'y a rien qui vaille en ce païs là que ce qui ne parle point ; l'Espagnol obligé de reconnoitre qu'il se nourrit des bleds de France, & se sert utilement de son sel, de ses toiles, de ses cordages, & de mille manufactures, qui lui en viennent, assurera, que ce n'est que par le mépris, que font ceux de sa nation, de cultiver leur terre, & de travailler aux arts méchaniques, n'estimans que le métier de la guerre, sans jamais donner aucune supériorité à la France. Qui ne dira, faisant réflexion sur toutes ces antithèses & plusieurs autres qu'on pourroit faire suivre, qu'un François ne peut être mieux defini, qu'en disant qu'il est un Espagnol renversé? Et qui ne croira qu'Héraclite a eu grande raison de mettre la contention & le debat pour un principe Physique? Car on ne peut pas attribuer une si grande contrarieté à la seule différence du ciel & de la terre, dont jouïssent ces deux nations, puisqu'on en voit de climat beaucoup plus dissemblable, qui n'ont néanmoins rien de si ennemi. Je sçai bien que les Astrologues dressent les horoscopes des peuples & des Monarchies, comme ceux des individus, & que comme ils donnent un merveilleux pouvoir à leurs *synastries* pour la conciliation des amitiés, ils ont aussi d'autres constellations très puissantes, & de certains aspects, dont ils font naitre les hostilités. Mais on ne trouvera point dans tout leur art dequoi nous satisfaire ici, ni de raison pour laquelle les François doivent avoir plus de convenance avec le Polonois ou le Persan, qu'avec l'Espagnol. L'Italie est en même éloignement des Gaules que l'Espagne; elle a ses eaux, son air & son ciel différens; la séparation des Alpes est plus haute & plus difficile que celle des Pyrenées: & néanmoins les François n'éprouvent point une si grande antipathie avec les Italiens, que celle qu'ils ont avec les Espagnols. Il y a donc quelque cause plus cachée & vraisemblablement plus puissante, qui opère ici, ou qui concourt pour le moins avec une merveilleuse force à la production d'un si grand effet. Que si nous voulons laisser pour cette heure la recherche des causes occultes aux Philosophes, une partie desquels se contente de les avoir ainsi bâtisées sans passer plus outre, & l'autre s'en moque comme d'un masque trompeur qui couvre nôtre ignorance; peutêtre trouverons-nous des raisons mêlées de Physique & de Morale, qui nous donneront plus de satisfaction.

Ce n'est pas sans sujet, qu'Epicure nommoit les bêtes, des miroirs de la Nature. Si nous y voulons jetter les yeux, nous reconnoitrons facilement, que comme ils ont leurs interêts, qui les unit ou les divise, selon que nous disions tantôt, & qu'Aristote l'observe plus particulierement au neuviéme Livre de leur Histoire; les hommes ont les mêmes sentimens d'amour ou de haine, à proportion du bien ou du mal qu'ils se font les uns aux autres. Ceci nous peut servir comme d'un paſſage pour conſidérer en ſuite, ſi ce n'eſt point de là que vient cette grande inimitié entre les François & les Eſpagnols; & s'il eſt ainſi, pourquoi ils ſont portés à s'entre-malfaire de la ſorte. Car de dire, que c'eſt à cauſe du voiſinage, qui fournit des ſujets de noiſe, cette raiſon ne ſatisferoit pas, puiſque les uns & les autres ont aſſez d'autres voiſins, avec qui ils n'exercent pas de ſi grandes animoſités. D'alleguer ſimplement les différens politiques de l'une & de l'autre Couronne, il n'y auroit pas non plus dequoi ſe contenter, parce que les méſintelligences d'Etat, qu'ont eu les François avec les Anglois, les Italiens & les Allemans, n'ont pas engendré les mêmes effets. Tachons donc de pénétrer plus avant, & de trouver une cauſe particuliere, qui touche de plus près ſon effet. Chacun ſait, comme les deux Puiſſances de France & d'Eſpagne ſont celles aujourd'hui qui balancent les forces de l'Europe, & qui tiennent en équilibre tout le Chriſtianiſme. Quand il leur plaît de ſe repoſer, elles font dormir les autres en toute ſûreté; s'il leur prend envie de faire battre la caiſſe, il faut que tout ce qui reſte de conſidérable dans le monde Chrétien, s'enrolle pour l'un ou pour l'autre parti. Ces deux Etats, comme deux Aſtres dominans, influent le bien &

le mal à tous les autres; ceux qui les gouvernent font les arbitres d'une paix, ou d'une guerre univerfelle; & la France & l'Efpagne peuvent être confidérées comme deux principes de concorde ou de divifion. Or eft-il que fuivant la doctrine commune des Ecoles, les principes doivent naturellement être contraires; d'où il s'enfuit, que tant que ces deux Nations feront des principes politiques, elles auront néceffairement une perpétuelle & formelle oppofition. Il eft aifé à comprendre de là, pourquoi les différens, que ces Nations ont eu avec leurs autres voifins, n'ont jamais caufé de fi grandes contrarietés, que celles, que nous venons de rémarquer; parce que n'étans pas de fi grande importance, & les guerres des François contre les Anglois ou les Bourguignons, n'engageant pas le refte des hommes, comme celle de France & d'Efpagne, elles ne doivent pas produire de fi notables effets, la contrarieté n'y étant pas effentielle, & n'y aiant pas une oppofition de principes comme en celle-ci. Car puifque les polices ont leur fondement en la nature, comme le refte des chofes du monde, on fe peut facilement imaginer dans la fubordination des caufes, & dans cet enchainement des unes avec les autres, felon qu'elles font considérées des Philosophes, que les mêmes raisons naturelles, & les mêmes causes superieures, qui ont rendu la France & l'Espagne des principes politiques, tels que nous les venons de considérer, n'ont pas manqué de leur donner la contrarieté formelle, qui doit nécessairement accompagner tous principes. C'est une raison Physique & Morale, qui nous fait voir assez clairement, à mon avis, que ce puissant instinct de repugnance entre le François & l'Espagnol est si naturel, qu'après Dieu il n'y a que la cessation de la cause, que nous avons touchée, qui puisse empêcher un tel effet. Et parce que pendant qu'il dure, chacun mettant la Justice de son côté, donne le tort à son compagnon, & lui impute les calamités du tems, qui ne sont pas petites; examinons un peu ce qui se dit de part & d'autre, & jugeons sans passion, si faire se peut, du droit des parties. Je sai assez, que pour le bien faire, il faudroit posseder beaucoup de connoissances, qui me manquent, & qu'il n'y a que les premiers Ministres, qui aient les lumieres requises pour connoitre ces grands différens des Etats. Mais puisque leurs continuelles occupations au bien public ne souffrent pas qu'ils s'en expliquent par écrit ni qu'ils en parlent autrement, que par leurs belles

les & hautes actions; ne laiſſons pas d'y donner quelque atteinte ſous leur bon plaiſir, & de témoigner dans cette recherche nôtre zèle pour le repos commun de toute l'Europe. S'il n'eſt pas défendu aux hommes en général de parler du Ciel & du cours des Aſtres, quoique ſi éloignés de leurs ſens, & par conſéquent de leur ſcience, pourvû qu'ils le faſſent probablement, en rendant quelque raiſon des apparences; puiſqu'il y a beaucoup moins de diſproportion de ma condition, telle qu'elle eſt, & de ma baſſe connoiſſance, au ſujet que nous traiterons, il nous peut bien être permis, il me ſemble, de l'entreprendre, moiennant que nôtre Diſcours ait ſes fondemens raiſonnables. Et s'il faut pourſuivre cette comparaiſon, peutêtre que comme les Etoiles s'obſervent beaucoup mieux des lieux bas, les perſonnes auſſi de moindre élevation & de plus baſſe fortune, ſe trouveront quelquefois avoir plus d'habilité aux ſpéculations politiques, & à conſidérer de meilleur œil la révolution des Empires, que ceux, qui ont leur aſſiette beaucoup plus élevée dans le monde, dont il ſeroit aiſé de rendre aſſez de raiſons, ſi elles ne nous éloignoient un peu trop du thème, que nous nous ſommes donné.

 Les Eſpagnols, qui ſavent ce que vaut le

prétexte de la Réligion aux choses temporelles, & combien son unité est importante à un Etat, font gloire aujourd'hui de n'avoir donné aucune entrée à l'hérésie chez eux, & de l'avoir non seulement persécutée dans les païs de leur domination, mais même partout au dehors, où l'on a voulu recevoir leur assistance. C'est sur cela qu'ils reprochent aux François, qu'ils seroient tous Huguenots, sans le secours que la Ligue Catholique reçût des Espagnols du tems de nos peres; & que c'est user d'une extrême ingratitude, non seulement de ne leur rendre pas la pareille contre les Hollandois, mais même d'assister contre eux ces Hérétiques rebelles. Et parce que les ainés de la Maison d'Autriche, qui dominent présentement en Espagne, ont laissé l'Empire comme en partage à leurs cadets, les Espagnols s'attribuent l'honneur de tout ce qui s'est fait aux guerres d'Allemagne, pour y conserver la Réligion Catholique, imputans aux François d'y avoir toûjours porté le parti contraire, jusqu' à traverser de tout leur possible le Concile de Trente, qui doit toute sa subsistance à l'Espagne. Ils ajoûtent que le même Esprit de contradiction & de jalousie les a empêchés de ramener l'Angleterre à l'Eglise, sous le regne de la Reine

Marie, qu'ils n'avoient épousée, que sur cette esperance; qu'il sait, qu'on s'allie même des Infideles contre eux, & que depuis peu on a conjuré avec tous les Rois du Nord, qui sont venus les uns après les autres, pour empêcher l'extirpation, qu'ils vouloient faire de l'hérésie dans l'Empire. Bref, à leur dire, dans la guerre qui se voit à présent entre les deux Couronnes, l'interêt de la vraie Religion est tellement joint à leur parti, qu'elle ne couroit pas moins de fortune qu'eux, s'ils avoient du pire. En suite de cela, suivant le génie de leur Nation, ils se vantent, que cette grande étenduë de leur Monarchie, pour laquelle le Soleil ne se couche point, est la récompense du zèle, avec lequel ils ont porté l'Evangile jusqu' au nouveau monde, & que le Ciel ne leur donne à sucer les mammelles de l'une & l'autre Inde, qu'en reconnoissance de ce qu'ils y ont les premiers annoncé les mysteres de nôtre Foi. Surquoi prétendant, que le rang & les prérogatives des Couronnes se doivent regler par leur grandeur, qui varie selon le tems, & ce qu'il plait au Ciel d'en ordonner, ils émeuvent cette grande dispute de préséance entre les deux Rois, qui n'est pas un des moindres sujets d'animosité entre leurs peuples.

Y ij

Les François répondent, que les Espagnols se servent de ce voile spécieux de la Réligion, qu'ils jettent devant les yeux des simples, lors qu'ils les veulent tromper, bien qu'en effet il n'y ait gens sous le Ciel, qui la considérent moins, quand elle heurte en quelque façon leurs interêts. Ils veulent, que les Espagnols n'estiment la Réligion, que comme un fard, dont ils embellissent leur visage, & qu'ils tiennent pour un poison au dedans, puisqu'en effet toutes leurs actions, bien pénétrées, démentent ces belles apparences, & font voir nûement qu'ils épouseroient l'hérésie même, si elle leur apportoit en dot quelque Couronne. Ils ajoûtent, que quand en l'année mil six cens dix les Espagnols chassérent neuf cens mille Morisques d'Espagne, où leurs prédecesseurs avoient habité plus de neuf cens ans continuellement, ils firent paroitre plus de crainte, d'avarice, d'inhumanité & de raison d'Etat, que de Réligion. En effet, Philippe Troisiéme se souvint alors avec apprehension de cette fameuse revolte des Alpuxarras du regne de son pere, où la foiblesse des Espagnols chez eux parut si évidemment, puisqu'aiant emploié toutes leurs forces du dedans & du dehors, contre un petit nombre de Morisques desarmés, ils n'en pûrent venir à bout en trois ans sous ce grand Capitaine Jean d'Autriche, qu'en faisant assassiner avec trahison les Chefs de la faction. Ce fut en cette occasion que l'on reconnut, que la seule peur ou la nécessité rendent les Espagnols sages & vaillans chez autrui, n'étans pas moins que les autres dans le desordre domestique; & qu'il faloit aller brûler la moustache de l'Espagnol chez lui, selon le dire de Drak, ce Cacus ne pouvant être mieux défait que dans son antre. Ces grandes & reïterées expulsions des Juifs au nombre de huit cens mille têtes pour une seule fois sous Ferdinand & Isabelle, ne pouvoient pas avoir d'autre fondement, que la considération d'Etat puisqu' autrement ce seroit accuser d'irréligion le Pape, & tant de Princes Chrétiens, qui les laissent vivre impunément dans leurs païs. L'Inquisition même, établie alors contre eux & les Mahometans seulement, doit être rapportée à ce seul principe, & c'est vouloir avec impieté prendre Dieu pour crédule aussi bien que les hommes, de penser mériter ces grandes recompenses d'un zéle, qui ne fut jamais. Aussi voit-on que les Espagnols se savent bien gouverner autrement avec les Hérétiques & les Infideles, quand la raison de bon gouvernement le requiert. Par toute l'Allemagne les Sujets suivent la Réligion de leurs Princes, excepté ceux de la Maison d'Autriche, & tous les Historiens ont remarqué, que Charles Quint y laissa croitre l'hérésie pendant trente ans, pour profiter des divisions qu'elle engendroit. Car il n'y a peutêtre pas sujet de croire qu'il la favorisât par inclination, quoique son Confesseur Constantin, qui gouverna sa conscience dans sa retraite aux Hiéronymites jusqu'à la mort, & qui perit bientôt après lui empoisonné pour cause d'hérésie, ait fait douter beaucoup de la pieté de ce Prince. Au fond, les plus moderés Théologiens condannent d'irréligion la violence au fait de la conscience & de la Réligion, qui veut être encore plus libre que la volonté; d'où vient, que la volonté, forcée, demeure toûjours volonté, là où la Réligion *Lib. 5. de* forcée n'est plus du tout Réligion, *jam sublata,* *Inst. c. 20. jam nulla est*, dit Lactance. Justin Martyr n'estime rien de plus contraire à la Réligion, que la contrainte: Tertullien montre dans son Apologetique qu'il n'y a nulle apparence qu'un culte forcé pût être agréable à Dieu, puisqu'il n'y a point d'homme, à qui il ne déplût *Sulp. Sev.* de se voir servi & honoré par force, *nemo ab* *lib. 2. s. invito coli vellet, ne homo quidem*; Saint Mar-*hist.* tin fut intercesseur vers Maximus pour les Hérétiques de son tems, à ce qu'on n'usât point d'extréme violence en leur endroit: & les Conciles de Nicée, de Constantinople, d'Ephèse, & de Chalcedoine sont pour ce sentiment. Il n'y a donc pas beaucoup, dequoi les Espagnols se puissent vanter d'avoir tant exterminé de créatures humaines sous un faux prétexte de Réligion, comme ils n'ont pas un plus grand sujet de vouloir passer pour bien meilleurs Chrétiens que les autres, n'y aiant pas cent cinquante ans, que les Mahometisme & l'infidelité possedoient encore les plus considerables parties de l'Espagne. Aussi, que nonobstant ce zèle consideré de nouveaux Chrétiens, ou plutôt cette précaution craintive & ordinaire aux Conquerans, chacun sçait, qu'il n'y a pas moins de Maranes, d'*Alumbrados*, de Juifs, & de Mahometans secrets en Espagne, qu'il peut y avoir de Huguenots reconnus, & par consequent moins à craindre dans la France.

Quant aux assistances pieuses que les Espagnols disent avoir donné à leurs voisins, les François comparent celle, qu'ils ont reçuë d'eux durant leurs guerres civiles pour le fait de la Réligion, à l'obligation que peut avoir un furieux, qui se veut défaire, à celui, qui lui fait présent d'un couteau pendant sa manie. Et tant s'en faut, que la conservation de la

Réligion fût le motif des armées, que les Espagnols ont envoiées par diverses fois en France, qu'en le faisant ils savoient bien, qu'ils abandonnoient aux Hérétiques des Païs-Bas ces belles Provinces héréditaires, ce qui ne leur étoit d'aucune considération au prix de dominer la France, suivant le projet qu'en avoit fait Antoine Perrenot, depuis Cardinal Granvelle, dès l'an mil cinq cens cinquante huit, qu'il jetta les premieres semences de la Ligue de France à la Conference de Peronne, où il s'ajusta si bien avec le Cardinal de Lorraine. En effet, il est constant, que comme les Espagnols, par un gouvernement inexcusable, sont cause de la revolte temporelle & spirituelle des Hollandois, considérée dans son origine; rien aussi n'a tant contribué à former cette nouvelle République, à la mettre en vigueur, & à lui donner les forces, qui la font à présent subsister d'elle même, que la diversion de celles d'Espagne, qu'on jettoit en France pour tacher de s'y établir à la faveur des troubles de la Ligue, tandis qu'on laissoit en proie aux Hollandois, la plûpart du païs, qu'ils possedent aujourd'hui. Mais quand on tomberoit d'accord d'une véritable assistance, les François pensent l'avoir bien méritée & rendue en diverses rencontres, qui ont préce-

Thuan. hist. l. 20.

dé ou fuivi. Le paſſage par la France que le Roi François Premier permit à l'Empereur Charles Quint, pour aller mettre les Gantois à la raiſon, lui ſauva toute cette contrée, qui s'engageoit dès lors dans une revolte générale. Et toute l'Europe a depuis peu reconnu, que l'Ambaſſade du Duc d'Angoulême vers les Princes d'Allemagne, & le Traité d'Ulm procuré par le Roi de France, ont conſervé l'Empire dans la Maiſon d'Autriche, & donné à l'Empereur les grands avantages, qu'il avoit, s'il en eût uſé avec plus de modération. Ce ſont quelques exemples pris de beaucoup, que les François alleguent, quand on les veut taxer d'ingratitude. Et pour l'aſſiſtance donnée par eux aux Hollandois, que les Eſpagnols veulent faire paroître ſi criminelle, ils croient la rendre aſſez légitime, tant parce qu'ils ſont reconnus peuples libres & ſouverains, par ceux mêmes qui prétendoient ſur leur liberté, que parce qu'ils ne les aſſiſtent pas, comme hérétiques, & ne favoriſent pas l'héréſie, mais ſimplement leurs Alliés. C'eſt en ce ſens, que le Cardinal Cajetan, Tolet, & autres graves Théologiens, interpretent la Bulle *in Cœna Domini*, qui ne condamne, diſent-ils, les fauteurs d'hérétiques, que quand ils les ſecourent comme tels, & autoriſent

leur schisme. Aussi voions nous, que l'Egli
se, qui prie Dieu pour l'extirpation des héré-
sies, l'invoque seulement pour la conversion
des Sectaires. Le bon est, que lors même,
que les Espagnols crioient le plus haut contre cette distinction, ils s'en servoient en faveur des Huguenots de France armés contre
leur Roi; & leur Conseil de conscience leur
permettoit de traiter avec le Duc de Rohan
pour maintenir sa rébellion, comme ils avoient
fait autrefois avec le Roi de Navarre, lors
qu'il étoit Chef du même parti. Les exécu-
tions faites à Touloufe de Canredon, de Bernard Pels, & d'autres Négotiateurs du traité de
ce Duc avec le Roi d'Espagne, dont on voit
même les articles; & la paix de France en
mil six cens vingt neuf, par laquelle on lui
pardonne nommément ce traité, en sont des
témoignages assez authentiques, pour ne rien
dire des instructions & dépositions de du Clau-
sel, arrêté enfin & exécuté à mort l'an mil six
cens trente cinq dans la Valteline, où il étoit
allé, pour un pareil & plus honteux dessein,
aiant été autrefois le principal entremetteur de
ces belles affaires. Mais parce que nous en-
tendrons tantôt, comme les François se ju-
stifient en général de tant d'autres alliances,
qu'ils ont même avec les infideles; voions

premierement ce qu'ils repliquent aux E-
fpagnols, fur l'avantage, qu'ils prennent d'a-
voir tant fait pour la Réligion au refte du
monde.

Pour toucher d'abord ce qui eft le plus éloigné, les inhumanités prodigieufes par eux
exercées aux Indes Occidentales, ont été une
fort mauvaife préparation Evangelique; le
maffacre de huit cens mil hommes tués dans
une feule Isle de Saint Dominique, n'étoit
pas un trop bon moien pour apprivoifer à la
Foi ceux du Continent; & la defenfe expref-
fe d'apprendre à lire & à écrire à ces pauvres
Sauvages, qui fe lit dans les propres Hifto- *Cevallos.*
riens Efpagnols, montre bien, qu'autre cho-
fe les menoit fi loin, que la converfion des
Infidelles, & que fi l'on y portoit des Chape-
lets de verre, c'étoit pour les convertir en
grains d'or. C'eft une chofe étrange, qu'ils
confeffent eux mêmes, d'avoir reduit ces pauvres Ameriquains à un tel point de defefpoir, *Barth. de*
qu'ils ne vouloient plus ufer de leurs femmes *las Cafas.*
naturellement, de peur de faire des efclaves
aux Efpagnols. Et nous voions dans tous
leurs livres, que le feul myftere du Chriftia-
nifme qu'on enfeignoit aux Neophytes du
nouveau Monde, c'étoit de leur faire appor-
ter tous leurs biens aux pieds de ces nouveaux

Apôtres, qui les en dépouilloient avec toute forte de barbarie, & de la vie même, encore qu'ils n'euffent rien retenu. De vouloir après cela fe parer du zèle de la Réligion, c'eft en vérité fe moquer de Dieu & des hommes, parmi lefquels on peut même dire, qu'eu égard au Ciel il y a grande apparence, que ces pauvres Indiens ont encore empiré de condition, vû que felon les plus équitables Scholaftiques, vivans, comme ils faifoient la plûpart, dans l'innocence de la loi naturelle, ils s'y pouvoient fauver; au lieu, qu'aiant reçû de fi mauvaife main la lumiere de l'Evangile, s'ils l'éteignent comme il leur arrive tous les jours de defefpoir, ils tombent dans les maledictions de l'apoftafie.

On ne trouvera pas que ceux d'Orient, Idolâtres, ou Mahometans, aient plus profité au fpirituel avec les Portugais, que ceux-là avec les Caftillans. L'or de Sofala les a fait fortir de Lisbonne pour doubler le cap de Bonne Efperance; les perles d'Ormus les ont attirés jufqu' au Golfe Perfique : les pierreries de Bengala & du Pegu leur ont fait pénétrer le fein Gangetique, & les épiceries des Moluques les ont portés au delà de la Cherfonefe dorée de Malaca ; fans qu'on puiffe rapporter avec vérité, ni la découverte de tant de côtes, ni la continuation de ces voiages de long cours, à d'autres confidérations, que purement humaines. Mais c'eſt une choſe digne d'être confidérée, de quel front, & avec combien d'injuſtice les Eſpagnols veulent bien, qu'il leur ſoit permis de contracter l'alliance, qu'ils ont avec tant de peuples mécréans, & tant de Rois infideles ou idolatres pour le ſeul reſpect d'un peu de poivre ou de gingembre, dont ils trafiquent avec eux, & qu'ils ne peuvent ſouffrir celle du Roi de France avec le Turc, qui a pour fondement, outre le commerce, la conſervation des Lieux Saints, & le bien général de toute la Chrétienté.

Rentrant dans l'Europe, tant s'en faut, qu'à commencer par l'Angleterre on accorde aux Eſpagnols, qu'ils y aient fait quelque choſe pour la Réligion Catholique, qu'on les taxe non ſeulement d'être cauſe en partie du ſchiſme de ce beau Roiaume, par les violences dont ils uſèrent à Rome, pour faire que Henri Huitiéme y fût traité avec toute rigueur en l'affaire de la diſſolution de ſon mariage, (quoiqu'ils s'alliaſſent de lui depuis qu'il fut hérétique) mais de plus, de l'avoir achevé de perdre en ſuite ſous la Reine Marie par leur mauvais gouvernement, & cauſé finalement les plus grandes perſécutions qu'y ſouffrent les

Catholiques, par les intelligences odieuses, qu'ils entretiennent avec eux. A la vérité, quand ils ont eu sur ces côtes des armées, qu'ils nommoient invincibles, ils ont prétendu, y faisant valoir les droits imaginaires de l'Infante, & ceux en vertu desquels ils ont envahi la Navarre, d'y rétablir par même moien la Réligion Catholique. Mais d'autre côté, comme remarque fort bien Cambdenus, en beaucoup de lieux de son Histoire, les Papes ont toûjours été empêchés par eux de le mettre en Interdit, quand ils ont crû les François capables d'en faire exécuter le ban, par le moien de l'Ecosse, dont ils disposoient sous le regne de Marie Stuart. Cela montre bien, si c'est par zèle de Réligion, ou d'Etat, qu'ils nourrissent tant de pratiques en toutes ces Isles, & si les seminaires d'Anglois, d'Ecossois, & d'Irlandois, qu'ils ont établis en tant de lieux, n'ont autre but, que la gloire de Dieu. Pour le moins peut-on voir dans les Considérations Politiques du Chancelier Bacon, qui en parloit comme savant, que rien n'a tant augmenté le mauvais traitement, que reçoivent les Catholiques en Angleterre, & rien tant surchargé leurs miséres, que de les voir venir de ces maisons étrangeres, comme autant d'émissaires conjurés à la ruine de leur païs. Aussi n'est-ce pas seulement aux Anglois à qui ces liberalités Espagnoles ont été suspectes. Quand par le Traité d'alliance du Roi d'Espagne avec les Suisses de l'an 1587. il s'obligea de païer la pension de deux jeunes Ecoliers de chaque Canton en l'Université de Milan ou de Pavie, chacun jugea bien, qu'au lieu de les y instruire aux sciences libérales, le dessein étoit de leur apprendre une leçon, qui leur fit perdre leur liberté. Et lorsque depuis en l'an 1634. il promit d'entretenir à chaque Canton deux autres Ecoliers en la Comté de Bourgogne, laquelle il fit entrer en ce second Traité, personne ne douta, qu'ils ne fussent pour en sortir plus instruits en l'art de servitude, qu'aux arts libéraux; & qu'au lieu du bonnet de Docteurs ils n'y prissent celui des esclaves. Or si de telles gratifications Espagnoles ont été ruineuses aux Catholiques Anglois, les bons offices que les Espagnols ont feint de leur vouloir rendre depuis peu, pendant le traité de mariage du Prince de Gales avec leur Infante, ne leur ont pas été moins préjudiciables. Il est certain, que le Roi d'Espagne n'eût jamais intention d'exécuter ce mariage, lui même l'aiant depuis déclaré, & que son dessein a toûjours été de suivre la destination de son pere, qui lui avoit recommandé en mourant, de faire de sa sœur une Imperatrice. Aussi renvoia t-on en Angleterre toutes les lettres du Prince écrites à la maitresse encore cachetées, & tous ses présens de même, pour lui justifier clairement, qu'on s'étoit moqué de lui en lui faisant faire un voiage de Chevalier de la table ronde. Le mystere de toute cette négotiation, outre plusieurs avantages qu'en tiroient les Espagnols, regardoit principalement la conquête du Palatinat, qu'ils venoient d'envahir, & qu'ils se vouloient assurer en se joüant ainsi de l'humeur pacifique de ce bon Roi Jacques. Ils ne laissèrent pas, pour faire bonne mine, de demander d'abord quelques gratifications mediocres pour les Catholiques en faveur du futur mariage, & puis tenant le Prince chez eux, ils en obtinrent de bien plus grandes, ne leur étant rien refusé, afin qu'il pût revenir. Or outre l'injure de la tromperie, puisque tout cela n'étoit qu'un jeu de Comédie, les Catholiques d'Angleterre jettèrent de grands cris, quand ils sentirent leurs persécutions doublées en suite, & qu'il n'y avoit que les Espagnols, qui profitassent de toutes ces menées, qui avoient enfin augmenté leurs miséres. Le procédé du Roi de France se peut remarquer bien différent, & comme il fut plus sincere selon Dieu & les hom-

D'HUMEURS.

hommes, aussi fut-il suivi de bien meilleur succès. Voiant qu'il ne restoit plus de Princesse Catholique que sa sœur, qui pût procurer par un mariage l'avantage de la Réligion en Angleterre, & qu'à son defaut, s'il eût fait comme l'Espagnol, l'Anglois prenoit une femme Protestante, & la Réligion Catholique s'en alloit être du tout perduë en ce païs là, il sacrifia franchement tous ses interêts pour un si saint dessein, effectua cet heureux mariage, & faisant cesser la persécution des Catholiques, leur fit sentir plus de bien en effet, qu'ils n'en pouvoient espérer de l'alliance d'Espagne. Sans s'amuser à demander, comme on avoit fait, des choses, qui leur étoient plus perilleuses qu'utiles dans la condition du tems; sans stipuler, qu'ils pûssent aller à une Eglise publique de la Princesse, ce qui n'étoit bon, qu'à les faire tous assommer dans Londres; il leur procura une sûre & douce liberté, fit donner un plus grand nombre d'Ecclésiastiques, & plus privilegiés, à Madame de France, qu'on n'en avoit accordé à l'Infante d'Espagne; obtint pour celle-là la nourriture de ses enfans jusqu'à treize ans, qui sont trois davantage que l'autre n'avoit eu, & fit passer cette promesse générale, & cette importante déclaration, au Roi d'Angleterre, &

au Prince de Galles, qu'ils feroient plus pour les Catholiques en contemplation de l'alliance Françoise, qu'ils n'eussent fait en vertu d'articles quelconques accordés par le Traité de mariage qui étoit auparavant intervenu avec l'Espagne. De dire que ç'ont été de vaines stipulations, auxquelles on renonçoit au même tems qu'on les exigeoit, & faire parler là dessus les Ambassadeurs de France, en des termes, dont un honnête crocheteur ne voudroit pas user, comme a fait depuis peu un auteur d'intrigues politiques, c'est ce me semble donner trop de liberté à son imagination, & je m'étonne, qu'un tel discours puisse sortir d'une personne sérieuse.

Si les Catholiques Anglois ont peu de sujet de se loüer du zèle des Espagnols, leurs voisins de terre ferme le detestent. Nous avons déja ouï les grandes causes de plaintes des Flamans, abandonnés en faveur de la Ligue de France aux Hollandois, que les mauvais ordres de Madrid ont plus que toute autre chose précipités dans l'hérésie, & dans une resistence temporelle, aussi admirable pour le moins, que celle de leurs digues contre l'Ocean. Dix huit mil hommes, que le seul Duc d'Albe se vantoit d'avoir fait mourir par la main du bourreau en six ans de son gouvernement, faisoient une vilaine perspective à des peuples si jaloux de leur liberté, & qu'on vouloit rappeller à l'obéïssance spirituelle & temporelle. Se plaindre de quelques Images de bois ou de pierres abatuës par des Schismatiques, tandis que sans aucune distinction d'âge, ni de sexe, on exterminoit par toutes sortes de cruautés les images vivantes de tout le païs; c'étoient des traits de la Politique Espagnole, que personne n'a pû comprendre, & dont l'hérésie seule a profité. En effet, les Espagnols seront justement blâmés de la postérité, de n'avoir fait aucune distinction du Génie des Nations, voulant gouverner de même façon ces peuples du Païs-Bas, que leurs Morisques d'Afrique. Et on leur reprochera peut-être avec raison, que comme avant eux on ne connoissoit pas seulement le mot de Mutinés dans la milice de Flandre, on ne sauroit point non plus dans toutes ces Provinces ce que c'est qu'un Arminien, un Anabaptiste, ou un Protestant, s'ils se fussent voulus abstenir d'y planter par force leur Inquisition. Quoiqu'il en soit, les Croix de Bourgogne n'ont pas reçû grand lustre dans leurs armes: & les Flamans, qui feront quelque jour une époque de ce tems de subjection, comme les Israelites en faisoient une de leur captivité Babylonique, reconnoiſſent bien, ſans l'oſer dire, que les Eſpagnols ne font état de leur Toiſon d'or, que parce qu'ils les traitent comme de ſimples moutons, & de vraies *pecores*, dont ils tondent la laine impitoiablement juſqu'à la peau & au ſang, ſans qu'il leur ſoit permis ſeulement de ſe plaindre.

Quant aux Allemans, leur Hiſtoire ne favoriſe guéres le deſſein des Eſpagnols & de la Maiſon d'Autriche ſur ce point de Réligion. Elle fait voir, comme Charles Quint, & le Roi Ferdinand ſon frere, pouvans chaſſer Soliman de la Hongrie, qui s'étoit déja retiré en grand deſordre vers Conſtantinople, le premier néanmoins aima mieux l'an 1532. paſſer en Italie pour ôter Milan & Gènes aux François. Comme le même Charles Quint penſa perdre Vienne, l'abandonnant aux Infideles pour courir ſus au Duc de Cleves, qui s'allioit avec le Roi de Navarre. Comme par la même animoſité il laiſſa miſérablement perir Rhodes pour faire du mal à la France. Comme il accorda aux Princes de l'Empire dans Ratisbone la liberté de conſcience à la charge de ſe departir de l'alliance de France, leur aiant refuſé cette même liberté, lors que pour l'avoir, ils s'offroient d'aller contre le Turc. Et finalement elle montre par une suite de circonstances semblables, que vraisemblablement l'Europe seroit aujourd'hui exemte de Protestans, sans l'ambition démesurée de ce Prince, si grande en toutes choses, qu'après ses victoires, non content *Thua. 10.* des pièces d'artillerie prises sur ses ennemis, *hist.* il en faisoit encore fabriquer d'autres portant leurs armes qu'il distribuoit en divers lieux. Mais pour venir à nôtre tems, n'avonsnous pas vû en mil six cens vint quatre l'Empereur Ferdinand Second aimer mieux s'accorder avec Bethléem Gabor, & faire la paix avec les Turcs, qu'il pouvoit alors aisément chasser, que de manquer à ses desseins sur le Palatinat & sur la Valteline? Ne l'avons-nous pas vû depuis laisser entrer ce grand Roi de Suede dans l'Allemagne, regarder ses progrès sans s'émouvoir, & recevoir quasi l'échec & mat, pendant que, comme a depuis reproché nôtre Saint Pere à ses Ambassadeurs, il consommoit toutes ses forces & ses finances contre un Duc de Mantouë, le plus Catholique & le plus injustement opprimé qui fut jamais, pour appuïer les intérêts de sa Maison, & pour satisfaire à la passion des Espagnols, qui ne pouvoient souffrir une si laide vûe que leur étoit, disoient-ils, un Prince François Souverain dans le cœur de l'Italie. Ce fut une violence, dont le Ciel punit visiblement l'iniquité par la mort de trois Chefs d'armée, qui l'exécutoient, du Duc de Savoye, du Marquis Spinola, & du Comte Collalte. Or ce qui donne le plus de noirceur à ces actions, c'est qu'on en voit en même tems éclater de toutes contraires du côté de la France. On remarque Louis Treize après avoir franchi les Alpes, commandé dans le Piémont une armée, qui n'avoit rien qui empêchât d'assujettir toute la Lombardie, arrêter néanmoins ses forces & son courage, pour retourner dans son Roiaume y achever d'ensevelir l'hérésie sous les ruines de la Rochelle. Certainement voilà une opposition de grand relief, & une contrarieté bien diamétrale. Aussi est-ce un avantage, que les François prétendent grand de la part de leurs Rois, d'avoir toûjours témoigné par de belles actions une vraie & essentielle dévotion, & de s'être toûjours montrés vrais fils ainés de l'Eglise. Ils n'ont jamais marchandé le passage des Alpes, quand ils ont jugé nécessaire d'aller en personne secourir les Papes, & conserver au Saint Siége ce qu'ils lui ont donné. Et s'il a fallu se croiser contre les Infideles, ils ne se sont pas contentés, d'envoier quelque bâtard de leur Maison en cette expedition, ils y sont allés eux mêmes, exposant leurs vies & leurs Couronnes pour le bien commun de toute la Chrétienté. Leurs Ligues saintes n'ont point été feintes, & on ne leur a jamais ouï alleguer en un si bon dessein le defaut de leurs peuples, comme fit Charles Quint, que Ulloa, Historien Espagnol cautionne à cet égard, assurant, qu'il ne pût jamais faire consentir les Etats d'Espagne à aucune contribution pour la guerre contre le Turc. Leurs peuples y ont toujours emploié leurs biens & leurs personnes, voians leurs Souverains, qui exposoient si franchement la leur. Saint Louïs y a laissé une fois la liberté, & l'autre fois la vie; & douze ans après le Roi d'Arragon, sous prétexte d'équipper une flotte à son imitation, prenoit l'argent de Philippe le Hardi son fils, & de Charles d'Anjou son frere, qu'il distribuoit à Jean Prochyte & à ses autres émissaires pour exécuter les Vèpres Siciliennes, & dépoüiller Charles de son Etat, se moquant des excommunications du Pape Martin Quatriéme. Ne prirent-ils pas la mê- *Thuan.* me couverture d'armer contre le Turc en *hist. l. 50.* l'an mil cinq cens septante un, lors qu'ils surprirent Final, disant après pour toute raison, qu'ils avoient crainte qu'il ne fût pour les François? On n'a point vû les Rois de France vivre si bien avec les Mahometans, que de *Mariana*

l. 7. c. 13. leur paier cent filles de tribut, comme ceux
Mariana d'Espagne ont fait long tems à des Mores.
l. 7. c. 16. On ne lira point, qu'ils aient laché des Taureaux irrités contre leurs Evèques, comme le Roi Ordonius fit contre Atulphe Evèque de Compostelle, qui l'étoit venu trouver en ses habits Pontificaux; ni faire couper la langue à leurs Confesseurs, comme Jacques Roi
Mariana d'Arragon fit à l'Evèque de Gerunde ou de
l. 13. c. 16. Girona, pour avoir révelé quelque chose de sa confession. On ne leur reprochera point d'avoir été en si bonne intelligence avec les ennemis de nôtre Foi, que de leur mettre en main des places importantes, comme Charles Quint remit Tunis à Muleassen, & son successeur Arzilla au Roi de Maroc, pour l'empêcher de donner secours à Don Antoine, sous ce prétexte ridicule, de ne pouvoir dé-
Thuan. fendre une place, qu'un petit Roi de Portu-
hist. l. 75. gal defendoit bien. Et on ne remarquera
& 78. point dans leur Histoire, des absolutions de deux milles Prètres & Moines massacrés, comme Philippe Second en prit, où ce nombre étoit specifié après la conquête du Portugal, aiant toûjours excepté dans son pardon général les Prètres & les Moines, qu'il permettoit à un chacun de tuer impunément, au même tems, qu'il se moquoit des Théolo-

giens, les priant de mettre sa conscience en repos, pour ce qui étoit de ses droits & prétentions sur ce Roiaume.

Tout ce que les Espagnols mêmes imputent aux François de plus criminel sur ce sujet, c'est d'avoir fait venir Barberousse avec cent dix Galeres jusques dans la côte de Provence, pour la sauver de leur invasion. Comme si les Papes Paul Troisiéme, Alexandre Sixiéme, & Jules Second, avoient fait difficulté de recourir à cette même assistance des Turcs, quand ils se sont vûs reduits à l'extrémité. Comme si les Florentins ne s'étoient pas servis de Mahomet Second, contre Ferdinand Premier, Roi de Naples; & les Veniciens du Soudan d'Egypte, pour chasser les Portugais du Levant, où faisant mine de planter la Foi, ils gâtoient tout leur commerce. Comme si on ne se servoit pas alors des Chevaux & des Eléphans, à plus forte raison des hommes, tels qu'ils soient, disent les Casuistes sur ce sujet. Et comme si le droit de nature ne rendoit pas légitimes tous les moïens desquels dépend nôtre conservation. L'alliance qu'a la France avec la Porte du Grand Seigneur, que l'Espagne tâche de rendre si odieuse & si criminelle, reçoit encore plus de justification. Quiconque considérera l'utilité qui en re-

Camillo Portio l. 1.

Mariana l. 28. c. 10.

vient à tout le Chriſtianiſme, par le témoignage même des Papes, qui ont ſouvent fait des complimens là deſſus aux Ambaſſadeurs des Rois Très Chrétiens; & qui péſera les exemples de tant de Patriarches, de David, de Salomon, des Machabées, & de tant d'autres, qui ont eu de pareilles alliances avec des Infideles, comme quantité de Livres faits exprès le montrent plus au long, s'étonnera ſans doute, qu'on veuille blâmer une choſe qui mérite plûtôt recommandation. Mais il s'émerveillera bien plus, que ce ſoient les Eſpagnols, qui s'efforcent de la diffamer, s'il ſait, qu'eux mêmes ſont alliés avec tant de Mahometans & d'Idolatres dans toutes les parties du Monde; que l'Empereur de Calecut eſt le plus grand ami, qu'ils aient aux Indes; que le Sophi de Perſe le ſeroit encore ſans la priſe d'Ormus, & qu'eux mêmes ont recherché avec toute ſorte d'artifice, l'alliance qu'ils trouvent ſi mauvaiſe, pour ne l'avoir pû obtenir. Car ce n'eſt pas Sleidan ſeul qui a dit, que Ferdinand Premier offrit par ſes Ambaſſadeurs, un tribut annuel au Turc, & demanda avec des ſoumiſſions indignes, l'inveſtiture de la Hongrie à Soliman; l'Hiſtoire de Paul Jove, & celle de Hongrie écrite par un Conſeiller d'Etat des Empereurs

Oſſat. l.51.

Lib. 43.

Iſthuanffi l.14.

Maximilien & Rodolphe, ajoûtent, que les mêmes Ambaſſadeurs parlèrent pour Charles Quint, & que le Turc rebuta inſolemment les propoſitions d'alliance, faites au nom des deux freres. Amurath Troiſiéme ſe moquoit publiquement des mêmes recherches de Philippe Second, & on a vû trois ans durant un Nogerio Milanois à Raguſe, & un Juif à Conſtantinople, dont parle le Cardinal d'Oſſat, qui n'y étoient, que pour cela. L'Hiſtoire d'Auguſte de Thou porte, qu'il y eût enfin un traité pour trois ans entre eux; celle de Conneſtagio de la conquête de Portugal, remarque, que ce Philippe Second détourna quelque tems le Roi Sebaſtien de ſon expedition d'Afrique, afin qu'elle ne troublât cette paix, qu'il tramoit pour lors avec le Turc; & le Sieur de Breves écrit avoir empèché la réſidence de ſon Ambaſſadeur à la Porte. Il n'y a pas douze ans, qu'un Antonio Barili, Réligieux Dominicain, traitoit à Conſtantinople cette grande affaire pour le Roi d'Eſpagne; & ceux, qui doivent ſavoir ce qui s'y paſſe, n'ignorent pas les offices qui s'y font encore préſentement pour en venir à bout. Au moins les Eſpagnols ne peuvent-ils pas nier, que leurs plus proches parens, comme eſt l'Empereur & tant d'autres Princes Chrétiens,

Lib. 67.
Lib. 10.

n'y aient des Ambaffadeurs auffi bien que le Roi de France; que Ferdinand, qui a acquis le nom de Catholique à fes fucceffeurs, n'ait envoïé Pierre Martyr en Ambaffade vers le Soutan d'Egypte, dont il a écrit trois Livres; & que Frederic d'Arragon, Roi de Naples, n'en ait fait autant vers le Turc, à qui il demandoit du fecours, puifque le Jéfuite Mariana leur Hiftorien le rapporte. Pourquoi donc imputer comme un crime à un feul Roi, ce qu'ils croient licite à tous les autres?

Lib. 27. c. 8. & 9.

C'eft avec la même injuftice, qu'ils declament contre l'alliance des Hérétiques, à l'occafion des Suédois & des Hollandois, pendant, qu'à la vûë de tout le monde, ils vivent étroitement unis avec l'Angleterre & le Danemarc, qu'ils viennent de faire une ligue particuliere avec le Duc de Saxe, & qu'ils offrent carte blanche à tous les Luthériens d'Allemagne, qui voudront y entrer. L'Eglife primitive fouffroit les mariages des Fideles avec les Infideles; elle en autorife tous les jours avec des Hérétiques, & la Bulle de Grégoire Treize permet aux Catholiques du Japon de contracter ce Sacrement avec des Idolatres. Combien doivent être plus permifes les alliances des Etats de différente Réligion, qui fe font fans toucher à la Réligion, qui n'ont pour

objet que des considérations temporelles, &
qui ont pour fondement les droits de la Nature & des Gens, selon lesquels chacun peut
chercher sa subsistance, où il la pense trouver? Mais quoi, les Espagnols, qui se disent les premiers hommes du monde en la
Théologie Scholastique, trouvent dans leurs
distinctions, que tout ce qui est défendu aux
autres, leur peut être permis; & par de mêmes subtilités, ce que le droit divin & humain souffre, est prohibé dans leur école,
s'il heurte leurs interêts. Il n'y a de chemin
pour aller au Ciel, si on les en croit, que
celui de S. Jacques; & la clef dorée de Castille, sera bien plus nécessaire, à leur dire, pour
y entrer, que celle de Saint Pierre.

Ils se vantent avec même vanité, d'avoir
donné à l'Eglise le Concile du Trente, pour
l'avoir toûjours appuïé de leur autorité. Les
François repondent, qu'encore qu'Henri Second eût fait faire ses protestations contre l'assemblée partiale, qui étoit en certain tems à
Trente, par l'Evèque Amiot, alors Abbé de
Bellozane, rien néanmoins n'avança tant ce
Concile, & ne reduisit le Pape Pie Quatrié- *Thuan. 8.*
me à le convoquer tout de bon, que les avis, *hist.*
que lui fit donner à Rome le Grand Duc Cosme, son prétendu parent, que sans doute à

faute de Concile Oecumenique les François en tiendroient un National, comme il avoit été arrêté aux Etats d'Orleans sous François Second l'an mil cinq cens soixante, & continués sous Charles Neuf par l'avis de ce Grand Chancelier Michel de l'Hôpital. De sorte, qu'on peut dire, que cette resolution des Etats de France a plus contribué à la tenue & conclusion de ce Concile, que toute autre chose: comme il se voit, que nonobstant l'opposition des Parlemens de France, en ce qui regarde les privilèges ou libertés de l'Eglise Gallicane, fondées sur le droit commun, & même sur celui de la nature, il ne laisse pas d'y être reçû aux choses de la Foi, & observé en beaucoup d'autres plus ponctuellement qu'il n'est en Castille, ni peut être dans l'Italie même.

En vérité, le Catholicon d'Espagne est aujourd'hui une drogue trop éventée par toute l'Europe, pour faire que les Espagnols s'en puissent promettre un grand effet, & vû qu'on y brûle les Sorciers, qui abusent du nom de Dieu, on peut admirer avec quel front ils mettent celui de la Réligion au devant de leurs interêts temporels. Car ils n'ont pas honte de dire, que l'étenduë de leur Empire n'est que le recompense de leur piété, & que le seul zèle de l'Evangile a fait Madrid la Capitale du Monde, selon les termes de leurs rodomontades ordinaires; prétendant en conséquence la préséance sur toutes les Puissances de la Terre. Voions la replique des François à ces deux points.

Pour le premier, ils disent que les Espagnols sont dans la même insolence des Romains, que Saint Augustin & les autres Peres de la primitive Eglise ont si bien sçû reprimer, leur faisant voir, qu'il n'y avoit point d'apparence, qu'une domination acquise par tant d'injustice & de mauvais moiens, pût être le salaire d'un vrai culte divin, comme ils prétendoient, puisque le Ciel conserve plûtôt à un chacun ce qui lui appartient. Quand on demandera aux Espagnols à quel titre ils tiennent les Roiaumes de Sicile & de Naples, avec le Duché de Milan, & la Navarre: de quel droit ils ont dépossedé les Empereurs de Cusco & de Mexico, & pris aux proprietaires tout ce qu'ils occupent en cette longue côte d'Afrique & des Indes Orientales: avec quelle justice ils ont usurpé tant d'Etats en Allemagne, & rendu l'Empire héréditaire en leur Maison, qui étoit électif par les loix fondamentales: peut être rougiront-ils de honte, d'attribuer au Ciel tant de ra-

4. de Civ. Dei.

pines, & de le rendre complice de tant de crimes.

Quant à la préféance, qu'ils croient leur être dûë en conſequence de cette grande Monarchie, les François oppoſent non ſeulement leur poſſeſſion immémoriale ſelon leur droit d'aineſſe, mais même les jugemens contradictoires intervenus en pleine Cour de Rome, (dont le Cérémonial regle toutes celles de la Chrétienté) & par tout où les Eſpagnols ont oſé rémuer cette queſtion. L'aiant fait à Veniſe l'an mil cinq cens cinquante huit, & demandé le même rang ſous Philippe Second, qu'ils avoient du tems de Charles Quint, comme Empereur, ce ſage Sénat le leur refuſa, & donna l'avantage à François de Noailles Evèque d'Acqs, alors Ambaſſadeur de France; ce qui fit retirer pour quelque tems l'Eſpagnol. Aux Etats de Pologne l'an mil cinq cens ſeptante trois, les rangs aiant été balancés pour les audiences des Ambaſſadeurs, le premier fut adjugé au Cardinal Commendon, qui y étoit de la part du Pape, le ſecond à l'Ambaſſadeur de l'Empereur, le troiſiéme à Monluc Ambaſſadeur de France, & le quatriéme à celui d'Eſpagne. A la canoniſation de Saint Diego de Alcala d'Hénares, dont les Eſpagnols faiſoient la dépenſe, croïant que
la

a considération de ce bon Saint, étant de leur païs, leur seroit avantageuse, ils demandèrent en grace l'exclusion de l'Ambassadeur de France; lequel n'y pouvant consentir, à cause des conséquences, il fut enfin determiné par la Cour de Rome, que celui d'Espagne ne s'y trouveroit point, s'il ne vouloit céder, comme il ne fit, mais bien le Cardinal Deza en sa place. Si ces exemples, & les raisons, qui les appuient, dont il y a des livres faits exprès, ne suffisent aux Espagnols, & que leurs conquêtes de l'une & de l'autre Inde les éblouissent si fort, qu'ils ne se reconnoissent plus, au moins doivent-ils prendre garde à conserver leur avantage contre les Hollandois qui sont tantôt en état de leur disputer la primauté par leurs propres argumens, s'ils continuent leurs progrés en l'Amerique, & qu'ils les y traitent aussi mal, comme ils ont déja fait en Levant. Mais quoi, les Espagnols ne sont pas faits à prendre les raisons comme le bien d'autrui, & pour déferer aux Decrets des Papes, il faut qu'ils mettent en leur faveur des Roiaumes en Interdit, qu'ils leur adjugent de nouveaux Mondes, & que par une ligne imaginaire ils fassent des partages de toute la terre habitable à leur profit. Encore si après cela leur Sainteté trouve mauvais, que les Rois d'Espagne les veüillent rendre leurs Chapelains, comme ils se vantent d'avoir fait l'Empereur leur premier Ministre, on les menace aussitôt d'un Concile, & de faire d'eux comme le Grand Seigneur de son Mouphti, qu'il depose quand il lui plait. C'est le sens des paroles audacieuses, que reçût Alexandre VI. du Grand Consalve, qui lui dit nettement, que Ferdinand & Isabelle sauroient bien faire valoir les déreglemens de l'Eglise, pour lui donner un autre Chef, s'il n'étoit plus respectueux en leur endroit, selon le propre texte de Mariana. Si comme Peres communs ils voient de mauvais œil, qu'un cadet veüille prendre la droite sur le fils ainé de l'Eglise; s'ils s'opposent tant soit peu à la violence de ces Turcs Occidentaux, qui veulent tout envahir, on leur fait apprehender un nouveau saccagement de Rome, & de mettre encore une fois Saint Pierre aux liens. En effet, toute la Chrétienté a remarqué, que les Espagnols ne baisent les pieds des Papes, que pour leur lier les mains, au même tems, qu'ils ne les respectent comme Pontifes que pour faire un pont à leurs desseins, & qu'ils ne leur ont jamais rendu de

Lib. 26. c. 15.

véritable obédience, que quand leurs affaires ont été bien malades; comme ceux, qui ont seulement recours aux Saints, lorsque les autres remèdes ne leur servent plus de rien. Pie Quatriéme est un impie à Philippe Second, Clement Septiéme ne vaut pas mieux à Charles Quint, & les autres sont des fauteurs d'Hérétiques, s'ils ne manient pas le timon de Saint Pierre à leur fantaisie. Pour bien conduire la barque à leur gré, il faut, qu'elle n'ait de rafraichissemens ni de graces que pour eux, & que tous les Canons d'anathêmes fulminent sur leurs ennemis. Il faut que la Maison d'Autriche ait droit de faire assassiner les Cardinaux André Batthori, & George Martinuce, le premier quand elle se mécontentera de lui, le second lors qu'elle se voudra approprier son bien. Il faut qu'elle puisse enlever celui de Clesel, & faire prisonniers les Electeurs Catholiques de l'Empire, quand bon lui semblera, sans qu'on trouve rien à dire en toutes ses actions: Et que si Henri Trois est reduit, pour sauver sa vie & son Etat, à traiter de même le Cardinal de Guise avec son frere, on fulmine aussitôt une excommunication majeure sur sa tête, sans esperance d'absolution, & que son Roiaume soit abandonné au premier occupant. Autrement ils feront renaitre le siècle des Antipapes, qui sont les seuls, qui ont trouvé retraite chez eux; ils feront descendre en Italie tous les Luthériens d'Allemagne par le chemin, qu'ils leur ont marqué dans la Valteline, & ils rétabliront les droits de l'Empire dans Rome, tels qu'ils étoient du tems de l'Eglise Primitive. N'ont ils pas déja un autre S. Pere tout prêt en Sicile pour une telle occasion, quelque instance, & quelque plainte qu'aient pû faire de cette insolente dignité, je ne dirai pas les Nonces ni les Légats, car ils n'en reçoivent point là, mais les Papes mêmes à leurs Ambassadeurs? C'est ainsi que les Espagnols prétendent faire trembler sous eux le Chef & les membres du sacré College, & par eux le reste de l'Italie, qui n'attend sa liberté que de la France. Il n'y a sorte d'artifice, dont on n'ait usé pour lui ôter cette unique esperance & invention, dont on ne se soit servi pour fermer le passage à ce secours. Mais, graces à Dieu, comme l'Hercule Gaulois a surmonté les Alpes, franchi le Pas de Suse, & ouvert la porte de Pignerol, les Italiens aussi n'ont plus sujet de craindre, comme autrefois, que la licence & l'hérésie les viennent troubler de ce côté là. Ce qui leur faisoit apprehender l'entrée des François en leur païs du vivant de Henri Quatre, & souhaiter aux plus simples l'échange du Marquisat de Salusses; c'étoit la crainte, qu'une contraire Réligion ne se glissât parmi eux, sous un Roi, qui en avoit fait profession, & qui étoit tout nouvellement converti. Il n'y a rien à présent à redouter de tel, du Regne d'un Monarque si juste & si pieux, qui vient de domter ce monstre d'héréfie, & de mettre si bas ceux, qui composoient autrefois un parti dans son Etat, sous le prétexte d'une Réligion reformée, qu'aujourd'hui ils n'y sont tolerés qu'en vertu des Edits & de la foi publique, qui laisse vivre les Juifs dans Rome, & les Grecs dans Venise. Il ne faut donc pas craindre, que des personnes se puissent étendre & accroitre, qui dépérissent & s'anéantissent à vuë d'œil, par les bons moiens que fait tenir sa Majesté Très Chrétienne, dont tous les étrangers, qui habitent dans ses Etats peuvent rendre par tout un témoignage assuré. Car il est certain, qu'il n'y a plus en France que l'ombre de ce qu'on nommoit autrefois le corps de ceux de la Réligion, & qu'on pourroit dire à toutes personnes, qui consideroient les Huguenots d'à préfent comme les premiers, qu'elles prendroient l'ombre pour le corps. Auſſi eſt-ce une choſe de conſidération à tous les Alliés des Fleurs de Lis, qu'outre l'impuiſſance où ſont les Réligionnaires de plus nuire au bien de l'Etat, ils s'y trouvent dans un ſi grand repos, que hors peutêtre quelques factieux, qu'on ſaura toûjours bien reprimer, le reſte s'eſtime heureux d'y joüir de la liberté, qu'il a plû au Souverain de leur accorder, & d'y vivre en la même aſſurance, que font ſes autres ſujets.

Si l'Italie attend ſon ſecours de la France contre les invaſions Eſpagnoles, l'Allemagne lui tend les bras d'un autre côté, ne pouvant plus ſouffrir le rude joug de ces étrangers, qui pour repréſenter les ainés de la Maiſon d'Habſbourg, enſeveliſſent ſous la ruine des autres familles beaucoup plus anciennes, la liberté Germanique. Pour le faire avec plus de commodité, ils ſe ſervent de l'artifice ordinaire, de faire qu'elles ſe ruinent d'elles-mêmes, en les diviſant & faiſant en même tems, que l'un des partis prenne d'eux ſa ſubſiſtence. Ainſi dans la Palatine ils ont transferé depuis peu l'Electorat de la ſouche des Electeurs, en celle des Ducs de Bavieres. Ainſi dans celle de Saxe les cadets reçûrent sous Charles Quint le même avantage, au préjudice de ceux de Weimar. Ainsi le Marquis de Dourlac fut dépouillé en mil six cens vint deux, du Marquisat superieur de Baden, en le donnant aux enfans du Marquis Edoüard. Ainsi l'année suivante ils adjugèrent au Landgrave de Hesse de Darmstad, la succession de Loüis le vieil Landgrave de Hesse de Marbourg, en privant Maurice Lantgrave de Hesse de Cassel. Par ce moien abaissant les plus élevés, & mettant les autres, qu'ils obligent dans la nécessité de leur assistance, ils font que toute l'Allemagne plie sous leurs injustes volontés. Que n'ont-ils point fait à même fin, dans la succession du Duc de Cléves, sinon qu'en assistant le Duc de Neubourg contre l'Electeur de Brandebourg, ils se la fussent toute appropriée, si les Hollandois n'en eussent pris leur parti? Quant aux Electeurs Ecclesiastiques, s'ils témoignent quelque générosité Allemande, s'ils font voir, qu'ils ne peuvent souffrir de sourcil Espagnol, & que cette orgueilleuse & ruineuse domination leur déplait, on leur fait bientôt voir, qu'ils n'ont pas été canoniquement élus; au cas qu'ils ne soient plus durement traités, & ils envoient incontinent un Comte d'Ognate Guevare, ou quelque autre Ambaſſadeur, qui dit hautement dans la Cour de l'Empereur, que les Evêques d'Allemagne ont de trop longues robes, & qu'il les leur faut accourcir. Bon Dieu, que l'injure accroit par la conſidération de celui qui la fait; & que l'indignité doit être ſenſible à ces bons Prélats, de voir que ceux-là viennent de quatre cens lieuës les menacer de reformation, chez qui l'on a vû dans une ſeule bataille trois Evêques Eſpagnols combattans pour les Mores! Que ceux-là ſe mêlent de les catéchiſer, qui font des Proceſſions dans Madrid pour le bien de l'Egliſe, au même tems qu'ils en prennent le Chef priſonnier, qu'ils ſaccagent Rome, pillent ſes Temples, & violent tous ſes lieux Saints. Et que des perſonnes leur veüillent donner des loix de pieté, qui danſent la Sarabande avec leurs caſtagnetes devant les Autels; qui refuſent le Dais chez eux à un Legat neveu de Pape, venant de le donner à un Prince Hérétique, & qui nomment par dériſion le Succeſſeur de Saint Pierre leur Porte-manteau, parce que la Réli-

Mariana lib. 8. c. 10.

gion sert de couverture à toutes leurs injustices.

C'est néanmoins en usant de la sorte, qu'ils prétendent assujettir tout le monde; aiant sous leurs pieds l'Italie & l' Allemagne, il faut que le reste de l'Europe plie le genoüil; & cette partie du Monde conquise, voilà le grand dessein de la Monarchie universelle reüssi, & tout le monde recevant les loix d'un Roi spirituellement & temporellement Catholique. Si est-ce, que contre l'opinion, qui prévaut en beaucoup d'esprits, que les Espagnols soient assez bons Politiques pour arriver à ce point, il y en a qui tout au contraire les en estiment les plus incapables des hommes. Et véritablement, si on jette l'œil sur les grands avantages qu'il semble que Dieu leur donnoit à cet égard, & qu'on considére d'ailleurs le peu de profit, qu'ils en ont recueilli par la mauvaise correspondance de leur part; on trouvera assez dequoi admirer cette grande reputation de prudence raffinée, qu'on leur a voulu donner, ou qu'ils se sont attribuée. Il n'y a point de Maison dans le Monde, à qui les alliances aient apporté tant d'Etats sans coup ferir, comme l'on dit, qu'à celle d'Autriche, dont ils font les aînés: Le tems & la Fortune l'a fait riche du bien d'autrui, leur convoitise achevant de rendre cette allusion parfaite. On a vû toutes les richesses des Indes Orientales & Occidentales tomber entre leurs mains, le seul nouveau Monde leur fournissant de l'or assez pour en acheter tout le vieil: La Ligue de France, l'Hérésie d'Angleterre, & la disposition des affaires quasi de toute l'Europe, leur donnoit les moiens d'agir sans recevoir que peu de contradiction: Et néanmoins qu'ont-ils fait avec tout cela, que de travailler toute la Chrétienté, acquerir la haine de tous les peuples, & donner à connoitre, qu'ils ont pris un dessein beaucoup au dessus de leur portée & de leurs forces? L'Histoire ancienne nous enseigne que Philippe fils d'Amyntas, comme le nomment les Grecs, & que nous connoissons beaucoup mieux pour avoir été le pere d'Alexandre, se servit de deux moïens avec lesquels il fonda l'Empire Macédonien, du prétexte de la Réligion, & de l'or de ses mines de Chrysite, aujourdhui Siderocapsa. Philippe Second Roi d'Espagne n'a pas emploié le premier avec moins d'artifice, &

il a eu les mines de Mozambique & de Potofi, l'or de Sofala & celui du Perou en telle abondance, qu'il n'y a nulle proportion ; mais le fuccès a fait voir, que les Efpagnols ne font pas capables de former une grande Monarchie, comme firent les Macédoniens. C'eft chofe étrange que ce Roi a retiré fi peu de profit d'une dépenfe de fept cens millions d'or, comme le porte la rélation de l'Ambaffadeur Venitien Soranzo à fes Maitres. Une fi grande fomme ne fera pas trouvée incroiable, à qui faura que les Regitres de Seville font voir plus de feize cens millions d'or, dont l'Amerique a fait préfent aux Efpagnols ; & qu'un feul équipage maritime de dix-fept mille ducats leur valût dès fa premiere découverte foixante millions d'or. N'étoit-ce pas là dequoi s'élever un thrône fur toute la terre, & dequoi faire des deux Mondes un feul Empire, à une main qui eût fçû emploier à propos de fi prodigieufes richeffes, & fe prévaloir de la toute-puiffance des métaux ? Nous avons vû au contraire, qu'ils ont confumé tout cela en des guerres mal entreprifes contre leurs propres fujets, & en des corruptions infames de ceux de leurs voifins. Nous leur avons vû confumer toutes leurs forces à tyrannifer les corps & les efprits des Flamans, comme s'il n'y eût eu aucune diftinction de conduite & de gouvernement à faire, entre les peuples du Païs-Bas & ceux de la Mauritanie. Nous leur avons vû par diverfes fois chaffer le quart de leurs peuples fous prétexte de pieté, lorfqu'ils avoient le plus de befoin de fujets naturels, pour fournir à tant de guerres & de colonies néceffaires à repeupler les Mondes, que d'ailleurs ils defertoient. Nous leur avons vû tenir leurs Souverains toûjours dans l'enclos d'un Palais, pendant que de dignes têtes couronnées ont paru contre eux à la tête des armées fans que la leçon des Céfars ou des Alexandres, ni l'exemple de tous les Conquérans (qui n'eûrent jamais tant de moiens externes, qui favorifaffent leurs conquêtes) les ait pû porter à quelque généreufe démarche. Bref, nous leur avons vû généralement faire ce qui n'étoit bon, qu'à s'attirer la haine de tout le genre humain, par des cruautés fi inhumaines, par une avarice fi infatiable, & par un orgueil fi ridicule & infupportable tout enfemble, que quiconque confidérera bien la Politique des Efpagnols depuis cent ans en çà, examinant par le menu les choses, qui se sont passées, & que nous nous contentons de toucher du bout du doigt, sera contraint d'avoüer, qu'en ce qui leur a reüssi ils ont été bien plus heureux que sages. Il n'y eût peutêtre jamais d'hommes politiques ou statistes, comme ils se disent, qui sçûssent si mal se prévaloir des occurrences favorables, de la revolution des tems, & de la conjoncture ou du passage des affaires, bien que, comme c'est toûjours la coûtume, on ait souvent attribué à leur prudence & bonne conduite des succés, qui dépendoient purement de leur bonne fortune, & qui n'étoient qu'une suite ordinaire de la révolution des Etats. Après quoi on peut conclure, que tant s'en faut, qu'ils soient si consommés Politiques, qu'ils se publient eux-mêmes, il n'y a vraisemblablement Nation sous le Ciel moins née à commander les autres, que la leur, & qui avec les merveilleux avantages, dont nous venons de parler, n'eût aisément acquis la gloire, d'avoir fondé chez soi la plus grande de toutes les Monarchies, dont il nous reste quelque souvenir, rendant sa principale ville la Capitale des deux Mondes. D'une chose ne peut-on pas douter, qu'ils ne foient comme Chrétiens infiniment blâmés de la pofterité, d'avoir fi mal ufé de tant de moïens, lefquels entre les mains de perfonnes, qui euffent été portées d'un véritable zéle à la Réligion, étoient plus que fuffifans pour effacer de la terre tout ce qui lui eft contraire, & ruiner tout ce qu'il y a d'infidelité dans le monde.

Jufqu'ici nous avons permis aux François de repliquer aux Efpagnols avec toute forte de liberté, afin que nous reconnuffions mieux dans cette franchife l'extrème antipathie de ces deux Nations, qui eft le fujet de nôtre difcours. Et parce que cette contrarieté d'efprits donne aux uns & aux autres beaucoup de licence de parler, non feulement de leurs adverfaires, mais mêmes des Puiffances Souveraines, qui les dominent, & que nous reconnoiffons mériter par tout un extrème refpect, nous dirons pour marque de celui, que nous portons à cette très grande & très illuftre Maifon d'Autriche, que comme nous ne croions pas qu'on puiffe jamais ufer de trop de révérence vers une famille en laquelle on compte plufieurs Rois, & jufqu'à onze Empereurs: auffi ne nous femble-t-il pas, qu'il y en eût en toute l'Europe, qui meritât mieux l'étroite alliance & consanguinité, où elle est avec celle de France. Le Ciel seul, qui est l'auteur d'une si nécessaire conjonction, peut encore par sa toute-puissance modérer cette merveilleuse contrarieté d'humeurs, qui se voit entre leurs peuples, ce que nous ne lui pouvons demander avec d'assez instantes prieres, puisque le bien de la Chrétienté est tellement attaché à leur reconciliation, que les Turcs ne cessent de l'importuner tous les jours dans leurs Mosquées, pour l'inimitié perpetuelle de la Nation Françoise & Espagnole. Et parce qu'il faut, que les hommes cooperent avec lui, nous prierons l'Espagne de se souvenir, qu'il n'y a point eu Etats qui aient plûtôt trouvé leur fin, que ceux, qui ont témoigné de n'en vouloir point avoir, & qu'à l'égard des Empires, aussi bien que des hommes, la santé est bien plus souhaitable dans une stature mediocre, qu'une complexion infirme dans un corps de Géant. Ce fut ce qui obligea l'un des Scipions étant Censeur, à faire changer le Rituel des prieres publiques, par lequel les Dieux immortels étoient invoqués pour l'agrandissement de la République Romaine, jugeant plus à propos de leur en demander seulement la conservation. S'il plait aux Espagnols de mettre un clou à la rouë, qui les a portés si haut, quiter cette insatiable convoitise du bien d'autrui, & renoncer à cette charmante, mais diabolique imagination d'une Monarchie universelle, il y aura sujet de commencer à bien esperer. Leurs Histoires disent, qu'autrefois le Roi Henri de Castille recommanda en mourant à son fils Jean, sur toutes choses l'amitié des François; ils doivent croire, qu'encore à préfent elle ne leur peut être que très utile, s'ils se mettent aux termes de la contracter. La France de son côté contribuera, s'il lui plait, à un si grand bien, & considérera qu'elle n'a de puissant ami ou ennemi, que l'Espagnol, qui lui doit être par conséquent de très grande considération. Les vents du Nord sont véritablement très impétueux quelquefois, mais aussi s'appaisent-ils quasi en un instant. Ceux du Sud tout au contraire, excitent des tempêtes, qui durent ordinairement longtems, après même, qu'ils ont cessé de souffler. La position de l'Espagne eu égard à la France, m'oblige à faire cette remarque, selon laquelle l'Histoire témoignera assez, que ce n'est pas pour les

les François qu'a été fait le Proverbe, que tout le mal vient du côté de l'Aquilon. Mais il faut que les uns & les autres se représentent, s'il leur plait, que comme il n'y a rien de plus agréable à ouïr, de plus souhaitable à désirer, ni de plus utile à posseder, selon le dire de Saint Augustin, que la paix; aussi n'y a-t-il rien de plus abominable entre les hommes que la guerre, d'où vient, que son nom Latin la rend le propre des Bêtes brutes. Parmi elles mêmes celles-là ont la haine de tout le monde, qu'on voit avoir toûjours les armes au poing, comme les Tigres & les Lions; *Lib. 19. de Civit. Dei cap. 11.*

> *Odimus accipitrem, quia vivit semper in armis;* *Ovid. 2. de art. am. Hist. l. 12.*

Et nous pouvons dire, que le soldat est la terreur & la haine de tout le genre humain. C'est pourquoi Polybe compare fort proprement la paix à la santé que tous les hommes désirent, & la guerre à une dangereuse maladie, qui doit être apprehendée d'un chacun. En effet, il n'y a vraisemblablement personne, qui n'aime mieux être éveillé par le chant du coq, que par le son de la trompette, & pour moi je ne feindrai point de dire après ce grand Capitaine An-

Tite Live decad. 3. lib. 10. nibal, qu'une paix certaine vaut bien mieux qu'une victoire esperée, puisque la premiere est la fin de la seconde, & qu'en toutes choses les moiens ne sont estimés qu'à cause de leur fin. Le Pere commun de tous les Fideles, sera sans doute le mediateur d'un si grand Ouvrage, il jettera son Caducée entre les deux Couronnes, fera revenir la belle Astrée du Ciel en Terre, & calmant les orages de l'Europe, rendra les jours de nôtre vie aussi tranquilles que ceux des Alcions.

EN QUOI
LA PIETÉ
DES FRANÇOIS

DIFFE'RE

DE CELLE

DES ESPAGNOLS

DANS UNE PROFESSION
DE MEME RELIGION.

EN QUOI LA PIETÉ DES
François différe de celle des Espagnols,
dans une profession de même Réligion.

C'EST une des plus certaines maximes de la Philosophie, que les mêmes causes produisent toûjours de mêmes effets. Elle n'est pourtant vraie, que sous cette condition, qu'il y ait une pareille disposition aux sujets sur qui ces causes agissent. Autrement nous voions, que la même chaleur du Soleil, qui fond la cire, durcit la boue, est aussi la même cause, qui blanchit la toile, & qui noircit l'Ethiopien. Dieu même, qui est la cause de toutes les causes, n'agit ordinairement que de la sorte, & ses divines inspirations, qui amolissent le cœur des bons, endurcissent souvent celui des méchans par la resistance qui s'y trouve. Il n'y a donc pas dequoi s'étonner, si une même Réligion excite de divers mouvemens en ceux, qui ont des dispositions contraires, & par consequent s'il sort de la pieté des uns & des autres des effets fort différens. Les François & les Espagnols font profession d'une même Foi Catholique Apostolique & Romaine; tous deux prétendent comme enfans de l'Eglise avoir ses interêts en singuliere récommandation; voions par leurs actions ce qu'on en peut penser, & remarquons la différence de leur zèle par ses effets, puisqu'il est comme impossible d'en juger autrement: J'avancerai peu de chose en cela comme François, que je ne prouve par des Historiens Espagnols; & pour être fort court, je reduirai ce petit Discours sous deux Chapitres, qui décident en effet la matiere proposée. Voici le premier.

LES BONS ET LES MAUVAIS
traitemens que l'Eglise & les Papes ont reçû des François & des Espagnols.

CHAPITRE PREMIER.

AUTANT que la donation de Constantin le Grand au Pape Silvestre est difficile à prouver, vû principalement, qu'on doute qu'ils fussent de même tems, il est aisé de montrer par toutes les Histoires, que la grandeur temporelle des Papes doit son commencement aux Rois de France Pepin & Charlemagne son fils, qui en jettèrent les fondemens sur les ruines de l'Empire des Lombards. Car Astolphe leur Roi, aiant conquis l'Exarchat de Ravenne, & voulant faire le même de Rome, le Pape Etienne Troisiéme jugea, qu'il devoit faire comme ses prédecesseurs Zacharie, & Gregoire Troisiéme, recherchant plûtôt le secours des François, que des Grecs. Pour cet effet il vint jusqu'en France, où il fut si bien ouï de Pepin, qui fut couronné par lui à S. Denis, que ce Roi plein de pieté passa deux fois en Italie, & força Astolphe par les armes, d'abandonner l'Exarchat, composé de quantité de bonnes villes, comme Boulogne & Ferrare entre autres; le Pentapole, où étoit toute la Marche d'Ancone; & ce que les Historiens nomment les Justices de Saint Pierre. Tout cela fut donné à ce Prince des Apôtres, & à ses successeurs par Pepin, qui envoia son Chapelain Folrad présenter au Pape les ôtages de toutes les villes conquises, & en mettre les clefs sur l'Autel de la Confession de Saint Pierre & de S. Paul. C'est ainsi que Sigonius parle de la premiere liberalité de nos Rois, conformément à toutes nos Chroniques & Annales;

Eginhardus ad an. 755. & 756.

In vita Steph. III. L. 1. Chr. cap. 7.

le Bibliothecaire Anaſtaſe y ajoûte toute l'Emilie, qui eſt un fort grand païs; & Leo Oſtienſis y comprend même l'Isle de Corſe.

Le Pape Adrien Premier ſe voiant prêt d'être opprimé par Didier ſucceſſeur d'Aſtolphe, reçût la même aſſiſtance de Charlemagne, que ſon pere & ſon aieul avoient donnée au Saint Siége. Il prit priſonnier dans Pavie l'an 774. le Roi Didier, & acquit par ce moien le Roiaume des Lombards, qui avoit duré plus de deux cens ans, au même lieu, où François Premier penſa perdre celui de France en 1525. par ſa priſon. Or non ſeulement Charlemagne approuva dans Rome la donation de Pepin, mais il y ajoûta les Isles de Sardaigne & de Sicile, avec celle de Corſe ſelon quelques uns, le territoire Sabin, & les Duchés de Spolette, & de Toſcane; ſauf la puiſſance Roiale ſur ces Duchés, qu'il retint, comme porte l'acte de la donation. Il faut rémarquer, que ſa liberalité étoit celle d'un Roi de France victorieux, & qui donnoit ce que lui & ſes prédeceſſeurs avoient juſtement acquis par les armes, car il ne reçût que depuis le titre d'Empereur.

Sigonius l. 3 de regno Ital. Anaſt. Bibl. in vita Hadr. I.

Ce fut Leon III. qui lui mit la Couronne Imperiale ſur la tête, apres avoir été rétabli par la puissance Roiale des François dans son siége Pontifical, & que ceux, qui lui avoient crevé les yeux, & coupé la langue, eûrent été punis de la même autorité. *Eginhardus ad an. 800.*

Depuis Louïs le Debonnaire, confirmant ces donations, les augmenta de la proprieté de la ville de Rome, & de tout ce qu'on apelle la Campagne de Rome, qu'il accorda au Pape Paschal Premier & à ses successeurs; comme il fit aux Romains l'élection des Papes, obligeant seulement les nouveaux Pontifes à donner avis de leur consécration aux Rois de France, & à vivre en amitié avec eux. *Sigonius 4. hist. de regno Ital.*

Quelques-uns assurent de plus, que Charles le Chauve, étant à Rome, ratifia tous ces titres, & rendit encore plus grands les bienfaits de nos Rois envers le Saint Siége. *Contin. Eutrop. an. 875.*

C'est chose certaine, que les Papes en leurs plus grandes afflictions n'ont point cherché ni trouvé de protection plus présente, ni plus utile, que celle de nos Rois.

Jean VIII. maltraité des Allemans, eût son recours au Roi Louïs II. & vint en France, où il tint un Concile à Troies. *Platina passim l'an. 880.*

Paschal II. fait le même voiage, pour solliciter Philippe Premier & Louïs le Gros son fils, contre l'Empereur Henri Quatriéme. *L'an. 1100.*

Bb v

L'a. 1112.   Gélase II. & Califte II. se retirèrent auffi en ce Roiaume, durant leur mauvaise intelligence avec Henri V. Empereur; & le dernier y tint un Concile à Rheims fous Louïs le Gros.

L'an.1130.   Innocent II. y préfida à celui de Clermont en Auvergne du même regne : s'étant abfenté d'Italie à caufe de la puiffance d'Anacletus Antipape.

L'an.1160.   Alexandre III. fût reçû par Louïs VII. dit le Jeune, qui le maintint contre un autre Victor Antipape, & contre l'Empereur Frideric Barberouffe, duquel il eût fi bien fa raifon à Venife. Deux Conciles l'un à Clermont, & l'autre à Tours furent affemblés par ce Pape.

L'an 1227.   Innocent IV. chaffé par Frideric II. vint implorer l'aide de Saint Louïs, & tint un Concile à Lyon.

L'an 1264.   Urbain IV. s'adreffa au même Roi pour être maintenu contre le Tyran Mainfroi.

L'an 1305.   Clement V. tranfporta fous Philippe le Bel le Saint Siége dans Avignon, où il demeura 70. ans fous ce Pape & fix autres tous François comme lui : à favoir Jean XXIII. Benoit XII. Clement VI. Innocent VI. Urbain V. & Gregoire XI.

Clement VII. se retira encore dans Avignon *L'an 1384* sous le regne infortuné de Charles VI. parce que Urbain VI. étoit le plus fort dans Rome.

Enfin autant de fois, que les Papes ont eû besoin des Puissances temporelles, ils n'en ont point trouvé, comme nous avons dit, de plus avantageuse, ni de plus assurée, que celle des Rois de France; Leon X. le sçût bien dire du regne de François I. Paul. IV. de celui de Henri II. & s'il étoit besoin de parler de ces derniers tems, j'oserois soutenir, que les armes victorieuses de Louïs le Juste, n'ont pas moins assuré le patrimoine de Saint Pierre, que la succession des Ducs de Mantouë, contre ceux qui voudroient par la sujettion de l'Italie, former l'établissement de leur Monarchie universelle. Si ce n'est que quelqu'un doute encore, que la conservation de Cazal importe à celle du Vatican, & que la porte de Pignerol soit celle du secours de Rome, aussi bien que de Mantouë.

Or si les Papes & le Saint Siége ont reçû tant de témoignages du zèle des François, la Réligion n'a pas moins senti par tout ailleurs les effets de leur dévotion, autant de fois, qu'il a falu hazarder leurs biens & leurs personnes pour son avancement. Les Croisades faites en divers tems pour le recouvrement des lieux Saints, occupés par les Infideles, en font des preuves, qui ne fauroient être contredites, & le nom des Francs, qui défigne depuis ce tems-là par tout le Levant, tout ce qu'il y a de Chrétien dans l'Europe, eft un titre glorieux de la réputation de leurs armes. Cette Croifade exécutée fous Philippe Premier par Pierre l'Hermite Gentilhomme François, & qui eût pour Chef Godefroi de Boullion, fut fi mémorable, qu'elle n'a pas moins donné de véritables Héros à la Poëfie, que le fiége de Troie lui en a fourni de fabuleux. S. Bernard fût le promoteur de celle où Louïs VII. alla en perfonne jufques dans Jerufalem. Il y en eût une autre fous Philippe Augufte qui fit le même voiage, pour lequel on leva la dixme appellée Saladine; fans parler de la Croifade qui fe fit alors fous le Comte de Montfort contre les Albigeois. Et nôtre glorieux Saint Louïs, non content d'avoir déja perdu la liberté en une femblable entreprife contre le Soudan d'Egypte, voulut hazarder fa vie dans un fecond voiage d'Afrique, où il la facrifia au bien commun de toute la Chrétienté. Car on ne peut pas penfer, que d'autres confidérations, que celle du fervice de Dieu, puiffent avoir obligé ces grands Rois de s'expofer & leurs Couronnes à tant

Environ l'an 1061.

1145.

1190.

1257.

de perils. Voilà donc des marques suffisantes de la pieté des François, tant envers l'Eglise, qu'envers la personne des Papes. Faisons maintenant quelques réflexions sur celle des Espagnols.

Tant s'en faut que les Rois d'Espagne aient jamais rien contribué au bien temporel du Saint Siége, qu'on peut voir, que la meilleure partie de ce, qu'il possedoit par la liberalité de nos Rois, est maintenant sous la Couronne de Castille, & que ce qui étoit de la Justice de Saint Pierre, comme on parloit alors, est à présent de celle de Saint Jacques, & de la Jurisdiction de Madrid. Je ne veux pas dire, que les Espagnols aient usurpé cela immediatement sur l'Etat Ecclesiastique. Je sai bien, que ce qu'ils en tiennent a passé par d'autres mains avant que de venir aux leurs. Mais tant y a qu'il y est présentement, & qu'au lieu d'en enrichir l'Eglise, comme nous avons fait, à peine lui laissent-ils la jouïssance libre du peu qui lui reste. Pour le moins avons-nous vû souvent Rome saccagée par eux, & un Vicaire de Jesus Christ, qu'ils ont tenu deux fois en un an prisonnier dans le Chateau Saint Ange. Sandoval produit une lettre de Don Diego de Mendoçe, Gouverneur pour lors de Siene, par laquelle il assure Charles *L.* 25. *C.* 29.

Quint, que l'Etat Ecclesiastique lui appartient mieux qu'au Pape. Et bien que cet Historien soit un Evêque, il ne laisse pas de qualifier Mendoçe, qui avoit un tel sentiment, le plus sage & discret Cavalier de son tems. S'il étoit permis de juger des intentions, il y auroit lieu là-dessus de présumer celles des Espagnols assez mauvaises, & de croire, vû la façon dont ils ont traité Rome, que si Avignon étoit en Espagne, comme il est en France, nos Saints Peres ne le possederoient pas si paisiblement qu'ils font, & que les voies de droit, & de fait auroient été employées il y a long-tems, contre la vendition de la Reine Jeanne.

Pour ce qui est de l'assistance particuliere des Papes, les Espagnols ne trouveront guéres dequoi se les rendre redévables dans toute l'Histoire, & vous n'y verrés point, que les Souverains Pontifes aient été chercher du secours en Espagne comme chez nous, quand ils en ont eu besoin. A peine un Benoit XIII. Schismatique, condanné par deux Conciles, se resolut d'aller trouver Alphonse Roi d'Arragon, qui non content de l'appuier, porta même après sa mort un autre Antipape, qui se faisoit nommer Clement VIII. contre Martin V. que toute la Chrétienté avoit reconnu.

Comment les Papes trouveroient-ils de la sûreté parmi les Espagnols, s'ils ne les laissent vivre qu'avec inquietude chez eux? Clement VII. fut traité en 1526. par le Viceroi de Naples, & un an après par Charles de Bourbon, & ceux qui eûrent après lui le commandement des armes Espagnols, comme chacun sait. On le menaça même de lui ôter sa Tiare pour un defaut de naissance, & de prouver qu'il avoit été créé Cardinal sur une fausse information, contre la Bulle qui exclud les bâtards de cette dignité. Paul III. vit assassiner Pierre Louis son fils, & fut accusé d'intelligence avec Barberousse. Paul IV. est nommé un hypocrite par Sandoval, qui dit, que ce vieillard de quatre vints ans trompoit tout le monde d'une feinte apparence de Sainteté; & Cabrera, qui a écrit la vie du Roi Philippe II. reconnoit franchement, que les Espagnols furent fort soupçonnés du poison, pour lequel le Cuisinier de ce Pape fut pendu. Ces grands Scholastiques de Salamanque determinèrent en suite, qu'il lui faloit faire la guerre, & le Duc d'Albe fut l'exécuteur de leur décret. Le même Cabrera écrivant la conjuration des Acolti, qui devoient poignarder Pie IV. dans une audience, qu'ils lui demandoient, temoigne, qu'il fut toûjours depuis ennemi cou-

Sandoval. l. 15. c. 4. & s.

Sandoval. l. 29. c. 26. & 27. & l. 25. c. 49.

L. 32. c. 29.

L. 2. c. 3. & c. 6.

Catholique d'Etat.

vert des Espagnols. Beaucoup de plumes ont écrit, que Sixte V. eût vécu davantage, si l'Ambassadeur d'Espagne eût voulu. Et si la mémoire de semblables exemples n'étoit fort odieuse, on en pourroit bien rapporter davantage.

A la vérité, quand les Espagnols ont eu un Adrien VI. un Jules II. & quelques autres aussi affectionnés à leurs interêts que ceux-là; quand il s'est trouvé des Papes qui ont mis en leur faveur des Roiaumes en interdit, qui leur ont adjugé des Mondes nouveaux, & partagé d'une ligne imaginaire toute la terre à leur profit; ils leur ont rendu beaucoup de respect. Mais si comme Peres communs ils ont témoigné tant soit peu, qu'ils étoient pour s'opposer au dessein de la Monarchie universelle; qu'ils ne jugeoient pas raisonnable, que contre les Loix de l'Empire il demeurât dans la seule Maison d'Autriche; & qu'ils trouvoient mauvaise la cause d'un Cadet, qui est si téméraire que de disputer la main droite au Fils aîné de l'Eglise: ç'ont été alors des usurpateurs, des fauteurs d'hérétiques, & des Corsaires indignes de gouverner le timon de Saint Pierre.

Les Espagnols ne se peuvent pas beaucoup vanter non plus de Croisades, qu'ils ont entreprises

treprises en faveur de la Réligion. S'ils en ont fait qui lui aient été de quelque utilité, ç'a été chez eux mêmes, quand ils ont été contraints de défendre leurs foiers contre les Mores, qui leur ont tenu le pied sur la gorge, pendant près de huit cens ans. En quoi je ne pense pas qu'ils aient plus mérité que nos ancêtres, lorsqu'ils combattoient contre les Normans encore infideles, qui les vouloient chasser de la France. Chacun conserve naturellement une possession, qui lui est utile, & ce seroit être ridicule de rapporter à l'amour de Dieu ce que nous faisons à cause de nous mêmes, & pour nôtre propre conservation. Mais nous pouvons dire avec vérité, que les Espagnols ont souvent empèché le bon succès des Croisades Chrétiennes, pour en tirer leur avantage particulier, & que quand ils ont fait mine de s'y enroler, ç'a été quasi toûjours pour surprendre quelque Prince Chrétien, plûtôt que les ennemis de nôtre Foi.

 Lorsque Simon Comte de Montfort Général de la Croisade publiée par Innocent Troisiéme, contre les Hérétiques Albigeois, faisoit de grands progrès dans leur païs, le Roi d'Arragon ne s'y opposa-t-il pas, en secourant le Comte Remond? Et Mariana n'avouë-t-il pas, que ce fut par une maxime d'Etat, *Hist. l. 21. c. 2.*

Tome IV. Part. II.   Cc

qui l'obligeoit d'empêcher l'établiffement d'un Conquérant, capable de fe faire redouter étant fi voifin.

Un peu après la mort de Saint Loüis, Pierre d'Arragon publia qu'il équipoit une Flotte à fon imitation. Il prit même de l'argent de Philippe le Hardi, & de Charles d'Anjou fur ce beau prétexte. Cependant toute fa Croifade aboutit aux Vêpres Siciliennes, où il employa fes forces, & l'argent même de Charles, qu'il dépouilla de fon Etat, fe moquant des cenfures du Pape Martin Quatriéme, qui avoit horreur, avec tout le monde Chrétien, d'une infidelité commife avec tant de barbarie & d'irréligion.

Et pour approcher plus près de nôtre tems, combien de fois l'Empereur Charles Quint a-t-il exigé des Allemans de grandes contributions, fous cette couverture fpecieufe d'armer contre le Turc, pour les employer contre François Premier Roi Très Chrétien, & faire la guerre à la France Catholique, avec les nouveaux Luthériens, qu'il nommoit fes Bandes noires.

Les Venitiens étoient ligués avec lui en l'an 1538. mais ils l'accufèrent d'avoir par fes ordres empêché André Doria fon Général, de combattre tout de bon contre Barberouffe à la Journée de la Prévife, comme n'aiant voulu que les engager à la guerre contre le Turc.

Ils imputèrent femblablement à Philippe Second fon fils, la perte de Nicofie en 1570. & de Famagoufte avec le refte de l'Isle de Cypre en l'année fuivante, parce que Dom Jean d'Autriche, & Jean André Doria fe retirèrent de l'armée Chrétienne fans rien faire, celui-ci, qui avoit le fecret de Madrid, aiant refufé d'obeïr à Marc Antoine Colonne, Général du Pape Pie Cinquiéme. *Cabrera l. 9. c. 17.*

Le même Philippe Second aiant pris la réfolution de fe rendre maitre de Final, n'eût point de meilleur expédient, que de faire fes préparatifs comme voulant aller attaquer le Grand Seigneur.

Avec cet artifice il furprit la place en 1571 & crût juftifier affez fon action, par l'appréhenfion qu'il difoit avoir euë, que les François ne le prévinffent. *Thuan. l 50. hift.*

En effet, les Efpagnols ont toûjours procedé avec autant d'artifice, & quafi toûjours de repugnance en toutes leurs Croifades contre les Infideles, que les François y ont témoigné d'ardeur & de franchife. Il y eût en 1519. une ceffation des chofes divines pendant quatre mois dans l'Efpagne, à caufe qu'on vouloit obliger les Ecclefiaftiques à contribuer *Sandov. l. 3. c. 35.*

Cc ij

quelque dixme pour un armement contre les Infideles. Aux Etats de Valladolid en 1527. *L. 16. c. 2.* jamais, à ce que dit Sandoval, Charles Quint ne put obtenir un fol du Clergé, de la Noblesse, ni du Tiers Etat, pour s'opposer à Soliman, qui venoit d'envahir la Hongrie. Et Ulloa fait encore plus grande la dureté de sa Nation, pour justifier son Prince.

Puisque lui & son successeur sont deux des plus grands Monarques qu'ait eu l'Espagne, & qui ont le plus fait profession d'affectionner les interêts de l'Eglise; voions sommairement par leurs plus importantes actions, si on peut dire que leur zèle ait égalé celui de nos Rois. Les Regnes plus éloignés ne sont pas si connus, & on ne parle guères de ceux, qui sont plus recens, avec assez de liberté.

Personne ne peut ignorer, que la prise de Belgrade par Soliman en 1521. n'ait été reprochée à Charles Quint, parce que sa qualité d'Empereur, son interêt comme voisin, & ce qu'il devoit au Roi d'Hongrie comme Beaufrere, l'obligeoient plus que tout autre à secourir cette place. Et cependant, au lieu de le faire, il occupoit toutes ses forces & celles de l'Empire contre son grand ennemi François Premier.

DIFFÉRE DE CELLE DES ESP. 405

Cette perte fut suivie de celle de Rhodes l'année d'après, qui fit murmurer toute la Chrétienté contre le même Empereur & son Précepteur le Pape Hadrien, parce que le réspect du Maitre vers l'Ecolier, empêcha qu'il n'envoiât trois mille Espagnols au secours, qui furent employés contre les François dans la Lombardie, au rapport du même Sandoval. *L. 10. c. 30.*

La mort du Roi Loüis mit Bude entre les *& l. 10.* mains du Grand Seigneur en 1526. & cette chaine de malheurs ne peut être rapportée qu'à un seul principe.

Mais la retraite de Soliman en 1532. à la vuë d'un armée Chrétienne de trois cens mille combattans, sans être suivi, quelque instance qu'en fit le Roi Ferdinand à Charles son ainé, qui n'avoit à cœur que les guerres d'Italie, fit bien une autre brèche à sa reputation.

On vit en suite abandonner par les Espagnols en 1534. Coron échelle du Péloponnese & de toute la Grèce, que le Pape, les Venitiens, & le reste des Princes Chrétiens, regrettèrent hautement, comme celle qu'on pouvoit fort bien garder, si les forces qui étoient dedans n'eussent été destinées ailleurs.

Tunis fut pris par nous en 1535. mais l'utilité n'en fut pas grande, pour deux raisons. La premiere, que l'Empereur au lieu de la

Cc iij

rendre Chrétienne, la laissa entre les mains de Muley Hazem Mahometan. La seconde, qu' encore qu'il ne falût alors que se présenter devant Argel pour la prendre, & même ce redoutable Corsaire Barberousse, selon les pro- *Sandoval* pres Histoires d'Espagne, Charles Quint ai- *l. 22. c. 45.* ma mieux repasser promptement aux gueres des Chrétiens.

La même considération pensa faire perdre Oran en 1534. & lui fit mépriser toutes les ouvertures que lui proposoit alors dans Naples le Roi de Tunis contre les Turcs, pour attaquer le Duc de Cleves à cause qu'il s'étoit allié de la France.

Enfin Tripoli de Barbarie fut enlevée aux Chevaliers de Malte en 1551. & la ville de Bugie en 1555. où Pierre de Navarre avoit arboré la Croix trente cinq ans auparavant, faute d'être secouruës par cet Empereur, qui sembloit avoir laissé à Dieu le soin de tous les interêts, tant il paroissoit attaché à ceux de sa Maison.

Il ne laissoit pas de vouloir être tenu pour grand persecuteur de l'hérésie de Luther. Et néanmoins, comme a fort bien remarqué le Duc de Nevers, il n'eût jamais entrepris la guerre contre les Lutheriens, sans l'intention qu'il avoit, de rendre héréditaire dans la Maison d'Autriche la Couronne Imperiale; à quoi la ruine des Electeurs Proteſtans lui étoit très utile. Autrement, comme il dit, eût-il attendu depuis ſon élection en 1519. juſqu'en 1549. à prendre les armes contre eux ? Quand il eut fait priſonnier l'Electeur Frederic, les conditions de ſa liberté, très rigoureuſes d'ailleurs, eûrent-elles un ſeul article en faveur de la Foi ? Ne donna-t-il pas toute liberté de conſcience aux Allemans, à la charge de ſe ſeparer de l'alliance de France, la leur aiant refuſée, lorſque pour l'acquerir ils lui offrirent de le ſervir contre les Infideles ?

Ce n'eſt pas ainſi que nos Rois en ont uſé. Ils ont d'abord perſecuté l'héréſie par le fer & par le feu ; c'eſt un monſtre, qu'ils ont tâché d'étouffer dès ſa naiſſance, & la ſeule néceſſité du mal devenu trop grand, a extorqué d'eux des Edits d'accommodement, pour ne pas perdre les ſaints avec les malades. Pour le moins ne les ont-ils donnés qu'en rétabliſſant les Autels, aux lieux où ils avoient été abatus ; au contraire que Charles Quint, chaſſa par le ſeul *Interim* la Meſſe de plus de quatre mille places, où elle ſe diſoit auparavant.

Philippe Second vit prendre ſur lui Tunis & la Goulette par Sinam Bacha, ſans jamais détourner ſes penſées des affaires de France, où il entretenoit les troubles de la Ligue. Il

Cabrera l. 10. c. 20.

armoit ce phantôme de Réligion, & faisoit mine de le vouloir obliger, comme ceux, qui prêtent à un furieux le couteau, dont il se veut défaire.

La Hollande fut abandonnée par un même zèle, & les armées qu'il en tira pour les faire entrer en France, donnèrent moin au Prince d'Orange de former un Etat, qui a toûjours augmenté depuis.

La crainte, que Marie Stuart Reine d'Ecosse affectionnée à la France, ne vint à la Couronne d'Angleterre, lui fit protéger Elisabeth, avant qu'elle fût montée sur le Thrône Roial, bien qu'apparemment la ruine de la Réligion Catholique en ce païs-là dût venir d'elle, comme Cabrera le reconnoit ingénument.

L. 1. c. 10.

Quand il entreprit la conquête du Portugal, sa plus grande crainte étoit du côté d'Afrique, de sorte que pour opprimer sans obstacle Don Antoine, il gagna le Roi de Maroc, en lui faisant présent d'Arzilla, & livrant par ce moien une place Chrétienne entre les mains d'un Infidele, pour dépouiller un Roi Catholique.

C'est ainsi que la raison d'Etat prévaloit dans l'esprit de ces Princes sur celle de la Réligion. Cela n'empêchoit pas pourtant, que hors les considérations politiques, ils ne puſſent avoir de très bons & très pieux ſentimens. Mais tant y a qu'on ne peut pas nier, que le temporel ne l'ait emporté ſur le ſpirituel, dans les principales actions de leur gouvernement.

Car de vouloir faire paſſer pour œuvres de pieté des grandes expulſions, tantôt de Juifs, & tantôt de Moriſques hors de l'Eſpagne, c'eſt ſe moquer de Dieu & du Monde, où perſonne n'a ignoré, qu'il n'y eût plus de crainte, d'avarice & d'inhumanité en tout cela, que de Réligion, qui ſouffre les Juifs dans Rome, & en aſſez d'autres lieux très Catholiques.

Les Eſpagnols ne ſont pas moins ridicules, s'ils penſent avoir beaucoup mérité du Ciel & de la Terre, par leurs voiages de long cours, & par la découverte des mondes nouveaux. La façon, dont ils ont annoncé nôtre Foi, eſt trop différente de celle des Apôtres, & quand ils ont fait perdre l'Etat & la vie à un grand Monarque, pour avoir jetté par terre un bré- *Sandov. l.* viaire, qu'il ne connoiſſoit point, on peut dire *13. c. 30.* qu'ils n'avoient rien d'Evangelique. Les ſeules richeſſes des Indes Occidentales, comme les pierreries & les épiceries de l'Orient, leur ont fait exécuter ces grandes entrepriſes, & c'eſt commettre un pèché, pour lequel on brûle les Sorciers, quand ils abuſent du nom de Dieu, de le faire auteur des choses, qui n'ont point d'autres principes que la convoitise humaine. Mais quoi, chaque Nation a ses defauts, & semble être sujette à de certains vices, qui lui sont comme naturels. Les François pour la plûpart sont legers, impatiens, & accompagnés d'une simplicité fort contraire à la prudence humaine. Les Espagnols ont leurs manquemens comme les autres, & il semble, que quelque constellation particuliere *L. 8. c. 16.* leur infuë cette humeur hypocrite, dont parle nôtre Philippe de Comines, qui leur fait prendre en toutes choses le prétexte de la Réligion, dont ils couvrent leurs plus violentes passions, & qu'ils font servir à leurs plus injustes desseins. Ceci suffira pour le premier Chapitre, passons au second.

LES DIVERSES FINS DES ALliances, qu'ont euës les François & les Espagnols avec les Hérétiques & avec les Infideles.

CHAPITRE SECOND.

Encore que les Espagnols ne cessent jamais de nous reprocher les alliances des Hérétiques, & des Infideles, & bien que ce soit le lieu commun où les Théologiens de Louvain se jettent le plus volontiers, nous imputant mille calomnies sur ce sujet: Si est-ce qu'autant de fois que la thèse a été proposée dans les Ecoles Chrétiennes, à savoir, si un Prince Catholique pouvoit sans offenser Dieu contracter de ces alliances; tous les Docteurs Italiens, Allemans & Espagnols même, ont été pour l'affirmative, Jean de Chartagena, Moine Espagnol, le Pere Molina Jesuite, le Cardinal Cajetan, Bannes Professeur à Salamanque, & généralement tous les plus renommés Scholastiques, n'y ont point fait de difficulté; & ils ont passé jusques-là, qu'un Prince Chrétien pouvoit secourir en guerre un Infidele, même contre un autre Prince Chrétien. Leur opinion s'appuie sur l'autorité & sur la raison. L'autorité est prise de la Bible, où l'on voit, qu'Abraham a combatu pour le Roi de Sodome, & David pour Achis Philistin, contre les enfans d'Israël; pour ne rien dire des alliances de Salomon avec le Roi Hiram idolatre, des Machabées avec les Lacedémoniens & les Romains infideles, & de quantité d'autres semblables, qui se lisent dans l'Ecriture Sainte. La raison est fondée sur ce que la Réligion ne détruisant pas la Nature, puisque Dieu est auteur de l'une & de l'autre, on ne peut pas dire, que ce qui eſt naturellement juſte, ſoit injuſte dans la Réligion, ſi quelque précepte Divin ne nous oblige à le croire. Or eſt-il que le droit de la Nature rend honnêtes tous les moiens dont nôtre conſervation dépend; comme par celui des Gens chacun peut chercher ſa ſubſiſtence où il la penſe trouver. Par conſequent les alliances, dont nous parlons, n'étant faites, que pour nôtre conſervation, qui en dépend ordinairement, ne peuvent pas être condannées, vû même qu'au lieu d'être defenduës par la loi Divine, elles ſont autoriſées des exemples, que nous venons de rapporter.

Et à la vérité, ſi l'Egliſe primitive ſouffroit bien le mariage des Fideles avec les Infideles; ſi elle en autoriſe tous les jours avec des Hérétiques, & ſi la Bulle de Gregoire Troiſiéme permet aux Catholiques du Japon de contracter ce Sacrement avec des Idolatres; Pourquoi eſt-ce qu'elle defendroit les alliances des Etats de différente Réligion, qui ſe font ſans toucher à la Réligion, qui n'ont pour but que des fins Politiques, & qui ſont fondées ſur le droit des Gens & de la Nature.

P. Iovius l. 2. hiſt. Auſſi voions-nous dans l'Hiſtoire, que les Papes mêmes, ſi elle ne leur a rien impoſé, n'ont pas fait difficulté de recourir à l'assistan- *Guichar.* ce des Infideles, contre des Princes Chré- *l. 2. histor.* tiens, quand ils ont crû être reduits à la né- *Gonç. de Illescas l.* cessité de le faire. Paul Trois, Alexandre *6. hist.* Six, & Jules Second, se sont tirés de grandes *Pontif.* extrémités en reclamant l'aide des Turcs. *Thuan. l. 6. hist.*

On peut remarquer encore que tous les Empereurs Chrétiens ont eu des alliances avec des Nations barbares & mécréantes; & que les Républiques Chrétiennes n'ont pas été plus scrupuleuses en cela que les Monarques. Ma- *Camillo* homet Second assista les Florentins qui l'en *Portio* requirent instamment, contre Ferdinand Pre- *histoir. des troubles* mier Roi de Naples. Et les Venitiens se ser- *de Naples* virent des forces du Soudan d'Egypte pour *l. 1. Maria-* chasser les Portugais du Levant, où ils in- *na l. 28. c. 10.* commodoient leur trafic. Mais ce qui est fort considerable, c'est que les Docteurs Espagnols, que nous avons nommés, confirment leur opinion par l'autorité de Charles Quint, lequel, disent-ils, du conseil de beaucoup de très graves Théologiens, s'est aidé des Infideles contre les Fideles, c'est à savoir contre les François; ajoûtant, que plusieurs autres Princes Chrétiens ont fait le même. Ce sont les paroles formelles dont ils usent dans la Thèse générale; & néanmoins quand ils descendent à l'Hypothése, '& qu'il est question, si le Roi de France joüira du même privilège contre la Maison d'Autriche, leur injustice est si grande, qu'ils lui imputent à grand crime ce qu'ils avoüent être licite à tous les autres Souverains.

C'est ainsi, que les Espagnols, qui se vantent d'être les premiers hommes du monde en la Théologie Scholastique, croient avoir d'assez subtiles distinctions, pour persuader à tout le monde, que ce qui est permis de droit Divin & humain, à parler généralement, doit être defendu en particulier, s'il choque tant soit peu leurs interêts.

Ils sont alliés dans toute l'Afrique & toute l'Asie avec des Rois Mahometans, Idolatres, & dont quelques uns n'adorent rien que le Diable. Ils tachent depuis cent ans avec des soins d'autant plus grands, qu'ils sont artificieux, de noüer quelque bonne intelligence avec le Grand Seigneur. Ils ne peuvent pas nier, que l'Empereur & assez d'autres Princes Chrétiens n'aient à sa Porte des Ambassadeurs aussi bien que nôtre Roi. Et avec tout cela il n'y a que lui, qui soit coupable, & qui commette, à leur dire, une impieté punissable devant Dieu, & détestable devant les hommes.

Certainement, il faut être bien aveuglé de passion, pour s'emporter de la sorte, & il faut avoir bien mauvaise opinion du reste des hommes de leur vouloir faire passer pour bons raisonnemens les plus injustes fantaisies du monde.

Elles n'empêcheront pas pourtant, que la pieté de nôtre Grand Roi ne soit estimée par toute la terre, & qu'il ne reçoive les benedictions d'une infinité de Chrétiens, qui recueillent tous les jours les fruits de cette alliance, que les Espagnols voudroient rendre si odieuse.

Car au lieu, que la leur avec les Infideles n'a pour fondement que l'ambition ou l'avarice, le desir de dominer, ou de s'enrichir, & que la seule consideration de distribuer le poivre dans l'Europe, les fait vivre en societé avec tous les Gentils du Levant. Celle du Roi avec le Turc n'a pour but, outre le commerce de quelques-uns de ses sujets, que le soulagement & le rachât des pauvres esclaves Chrétiens, avec la conservation des lieux Saints, où se sont passés les sacrés mystères de nôtre Redemtion. C'est pourquoi nos Ambassadeurs ont souvent reçû des remercimens dans Rome, de ce que leurs Collegues exécutoient de bon & d'avantageux pour la Réligion dans Constantinople, & quand ceux-ci ont souffert quelque dégoût à la Porte Ottomane, comme il arrive quelquefois, les Pa- *Cardin. d'Ossat. l. 91.*

pes ont toûjours prié le Roi de ne les point rappeller, & de ne pas rompre pour cela une alliance si utile à toute la Chrétienté.

Il ne tint pas à Ferdinand Premier, qu'il ne fût non feulement allié, mais feudataire, & tributaire de Soliman, à qui il demanda avec des foûmiſſions indignes l'inveſtiture de la Hongrie. Charles Quint après avoir été beaucoup de fois refuſé, obtint enfin de lui une trêve de cinq ans; & le grand déſir qu'avoit cet Empereur de vivre en bonne intelligence avec les Turcs, paroit aſſez par l'inſtruction, qu'il donna à Philippe Second ſon fils, lui recommandant ſur tout par le XII article d'obſerver réligieuſement cette trêve. Cela n'empêcha pas pourtant, qu'Amurath Troiſiéme ne ſe moquât publiquement un peu après de la recherche de paix, que faiſoit faire Philippe Second à ſa Porte. Et on peut aſſez juger, combien il la ſouhaitoit, puiſqu'il détourna quelque tems le Roi Sebaſtien de ſon entrepriſe d'Afrique, de peur, qu'elle n'apportât du trouble à ce Traité, comme l'a remarqué Coneſtaggio dans la conquête du Portugal.

P. Iove lib. 43. Iſthuanff hiſtoire de Hongrie l. 14. Sandoval l. 20. c. 5. & 7. & l. 30. c. 5.

Liv. 1.

Je ne dirai rien par reſpect des Rois qui ont ſuivi, mais ceux, qui doivent être informés de ce qui ſe paſſe, ſavent aſſez, que la ſeule jalouſie

jalousie de voir les François en possession d'une chose, que les Espagnols n'ont jamais pû obtenir, est ce qui fait crier si haut les Canonistes de Brabant; ne considérant pas, qu'on laisse jouïr ceux-ci paisiblement & sans envie de la bonne intelligence, où ils sont avec les Rois de Fez & de Maroc.

Car sans cela que pourroient-ils trouver d'étrange en nôtre alliance, puisque l'Histoire d'Espagne est pleine d'exemples de Rois Catholiques, qui se faisoient la guerre les uns aux autres à l'aide des Mores, dont ils ont acheté quelquefois l'amitié jusqu'au prix de cent filles de tribut. Alphonse surnommé le Grand leur livra même son fils Ordonius pour être élevé parmi eux. Et un autre Alphonse célebre tant par l'amour qu'il portoit aux Mathématiques, que par le mépris qu'il faisoit du grand & du petit Monde, où il trouvoit mille defauts, fut chassé par son fils Sanchés, assisté des Mahometans de Grénade. Si d'autres que des Espagnols rapportoient ces choses, leurs partisans les pourroient nier, aussi bien que le secours demandé au Turc par Frederic d'Arragon, que Mariana écrit si précisément. *Mariana l. 7. c. 6. 7. & 13.* *L. 27. c. 8. & 9.*

Mais parce que la condition de ces derniers tems les porte à former des instances particulières fur l'alliance, que nous avons avec des Hérétiques, prétendant, que nous ne les pouvons aider, ni recevoir leur affiftance, fans faire un notable préjudice à la Réligion, examinons encore ce point, & leur montrons, qu'ils ne font pas moins injuftes & ridicules à la fin qu'au commencement.

Les mêmes raifons, qui m'ont obligé jufqu'ici de faire mes principales réflexions fur les Regnes de Charles Quint, & de Philippe Second, feront caufe que j'obferverai encore la même chofe en ce lieu. Charles Quint faifoit une profeffion particulière de perfecuter les Hérétiques, parce que cela lui étoit avantageux au deffein que nous avons déja remarqué, qu'il avoit de perpétuer l'Empire dans fa Maifon. Cela pourtant ne l'a jamais empêché, non feulement de traiter fouvent avec les Princes Proteftans de l'Empire, mais encore de s'allier très étroitement au dehors, avec ceux qui s'étoient feparés de la communion de l'Eglife. Sur tout il étonna toute la Chrétienté, qui le favoit être caufe plus que perfonne du fchifme de l'Angleterre, par les inftances violentes, qui avoient été faites à Rome de fapart contre Henri VIII. lorfqu'on vit, que ni l'égard de fa Tante, qui venoit d'être deshonorée par ce Roi, ni la confidération d'une héréfie naiffante, & par là beaucoup plus odieufe, ne l'avoient pû divertir de faire une ligue offenfive & defenfive avec lui contre François Premier. Je demande aux plus paffionnés pour l'Efpagne, fi ce n'eft point là s'allier avec des Hérétiques contre les Catholiques.

Quant à Philippe Second, bien qu'il tint apparemment le parti de la Ligue, il ne laiffoit pas d'avoir fes intelligences avec le feu Roi, avant fa converfion, lorfqu'il n'étoit encore que Roi de Navarre, lui fourniffant & au parti Huguenot, les moiens de fubfifter, & d'entretenir les troubles de la France. C'eft une chofe, qui a été fi connuë, qu'un grand Prince n'a pas fait difficulté de l'écrire à un Pape. *Monfieur de Nevers au Pape Sixte V.* Et qu'y a-t-il en cela, qui ne vienne d'être pratiqué avec Monfieur de Rohan, pendant que comme Chef de ceux de la Réligion, il a été armé contre fon Roi? Ce font des chofes à la vérité qui doivent être oubliées, puifque la clemence du Roi les a mifes à couvert. Je ne les rapporte auffi, que pour faire voir avec étonnement, de quel front les Efpagnols nous peuvent reprocher l'affiftance que reçoivent de nous des peuples, qu'ils ont reconnus pour Souverains, eux, qui la donnent aux Sujets du Roi, que le feul prétexte

Dd ij

de la Réligion avoit jettés dans une manifeste rebellion. Ils difent, que les Hollandois ont été leurs Sujets. Nous en fommes d'accord, & qu'ils l'ont auffi été de la France. Mais les Suiffes n'étoient pas moins autrefois Sujets de la Maifon d'Autriche, que les Hollandois. Si eft-ce que les Efpagnols même reconnoiffent les Suiffes pour libres, par les Ambaffadeurs, qu'ils tiennent auprès d'eux, & ceux de cette belliqueufe Nation furent reçûs comme les autres au Concile de Trente.

On ajoûte pour rendre nôtre crime bien plus grand, que les Hollandois & les Suédois font hérétiques, & que dans la guerre, où ils font joints avec nous, la Réligion fouffre en beaucoup de lieux. Comme fi le dernier Empereur Ferdinand Second venoit de faire quelque difficulté de couvrir de Lutheriens la Lombardie, de faccager Mantouë, profaner tous fes Temples, & en chaffer le plus Catholique Prince du monde, pource qu'il étoit François. Et comme fi les Cofaques & les Croates dont fe fert la Maifon d'Autriche, cédoient aux Hérétiques, aux Turcs, & à tous les Infideles, en toute forte de cruautés & d'impietés. Les mauvais defleins, & le pire procédé des Efpagnols, ont jetté le Roi dans une guerre avec tant de violence, & de néceffité, qu'on peut soutenir avec raison qu'elle est purement défensive de sa part. Sa Majesté obligée à la conservation de ses Etats attaqués de tous côtés par la Maison d'Autriche, emploie le secours des Suédois, & des Hollandois, qu'elle considére ici comme ses Alliés, & non pas comme Hérétiques. Que lui peut-on reprocher en cela avec justice devant Dieu ni devant les hommes? Quand Charles Quint, & ses successeurs, qui l'ont imité, se sont servis, comme ils font encore présentement, de toute sorte d'hérétiques & de mécréans contre nous; leurs Casuistes ont trouvé que c'étoit bien fait, & qu'on usoit bien de chevaux & d'Elephans en semblable occasion. En tout cas, que la Maison d'Autriche pouvoit employer les Hérétiques & les Infideles, si non comme tels, pour le moins comme étant ses Sujets. Mais si celle de France parle de la nécessité, où elle est de chercher sa subsistence où elle peut; si elle remontre que ses interêts l'obligent à se tenir unie avec les Suédois, les Grisons, & les Hollandois, comme avec ses anciens Alliés & non pas comme avec des Hérétiques; toutes les raisons qu'elle allegue ne valent rien, & au cas que de petits Scholastiques de Salamanque & de Louvain en soient crûs, elle demeurera convaincuë d'impieté.

Infames calomniateurs que vous étes, vous parlés méchamment & insolemment, de la plus ancienne, la plus pieuse, & la plus illustre Famille de la Terre. Vous taxés l'honneur du plus grand & du plus juste Roi qui vive, sans considérer que le Ciel a beni jusqu'ici ses conseils & ses actions de telle sorte, qu'elles ont été plus heureuses, plus hautes, & plus utiles à la Réligion, que celles de tous ses prédecesseurs, dont nous venons de toucher la moindre partie. Et vous, qui approuvés les amitiés de vos Rois avec tant d'Infideles, pour la seule considération du trafic; qui trouvés bon que tous les Hérétiques d'Allemagne inondent l'Italie, & ravagent la France, pour établir une Monarchie imaginaire; & qui excuseriés les alliances, avec l'hérésie même, si elles vous étoient avantageuses; vous osés bien condanner celles, qui ont des fondemens pleins d'équité, & qui outre les interêts de l'Etat, ont en singulière recommandation ceux de la Réligion.

Sachés, que les Grisons sont alliés de cette Couronne dès le tems de Louïs XII. avant la naissance du Lutheranisme. Que nos Rois ont été de tout tems reconnus pour Protecteurs de la Nation Germanique. Que Louïs le Juste ne fait rien qu'entretenir les Traités, faits avec les Hollandois par Henri le Grand. Et que ceux où il eſt entré avec les Suédois ſont plus au profit de l'Egliſe, dont ils empêchent la totale ruine dans l'Empire, que tout ce que les Eſpagnols ſe peuvent vanter, d'avoir fait pour elle depuis cent cinquante ans, qu'ils achevèrent de purger leur païs du Mahométiſme.

Je proteſte, que je ſuis fort éloigné de toute animoſité contre eux, quand j'écris ceci. Je reconnois, qu'ils ont beaucoup de bonnes qualités, dont celle d'être très affectionnés à leur Roi & à leur patrie n'eſt pas des moindres. Et je les aime chez eux, & au delà des Pyrenées auſſi franchement & auſſi Chrétiennement, que Dieu & les loix de l'humanité nous y obligent. Mais j'avouë auſſi, que je ne les puis voir que très mal volontiers gourmander les autres Nations, diſpoſer du fer d'Allemagne à leur fantaiſie, prendre tous nos dehors pour nous mettre à leur merci, & ſur tout ſe ſervir du prétexte de la Religion pour couvrir leur avarice, & leur ambition, comme s'ils ne commettoient le mal même, que pour l'amour de Dieu. Nous ſommes obligés d'honorer la Majeſté de leurs Rois avec tout le reſpect, qui eſt dû à leur ſacré caractère. Il eſt impoſſible pourtant d'apprendre

P. Iove sans indignation dans l'Histoire, que Ferdinand
l. 1. hist. & Isabelle pour retirer Perpignan des mains de
Charles Huit, par de faux scrupules de conscience, aient corrompu jusqu' au Confesseur
du Roi son Pere, avec des bouteilles pleines
de monnoie d'or, au lieu de vin. Dieu soit
loüé, qui a si bien disposé jusqu' ici le cœur
de nos Rois, qu'on ne leur peut rien reprocher de semblable. Et graces lui soient renduës à jamais, de ce que les premiers & plus
fideles Ministres de nôtre grand Monarque ont
des conseils plus généreux, & tels, que les Ennemis de cet Etat ne les peuvent souffrir. La
rage avec laquelle on déchire leur réputation
dans tant de Satyres, est une marque indubitable de leur grande intégrité; & comme ils
ne pourroient plaire à l'Espagne sans être suspects au Roi & à la France, ils ont cette satisfaction, que tout ce qui est dit pour les
rendre odieux, tourne à leur récommandation. C'est ainsi que la vertu triomphe de l'envie, & qu'on peut facilement remarquer par
ce petit Discours, en quoi la pieté des François différe de celle des Espagnols, dans une
profession de même Réligion.

Chez JEAN TOBIE SIEFARD.

Contraste insuffisant

NF Z 43-1   -1

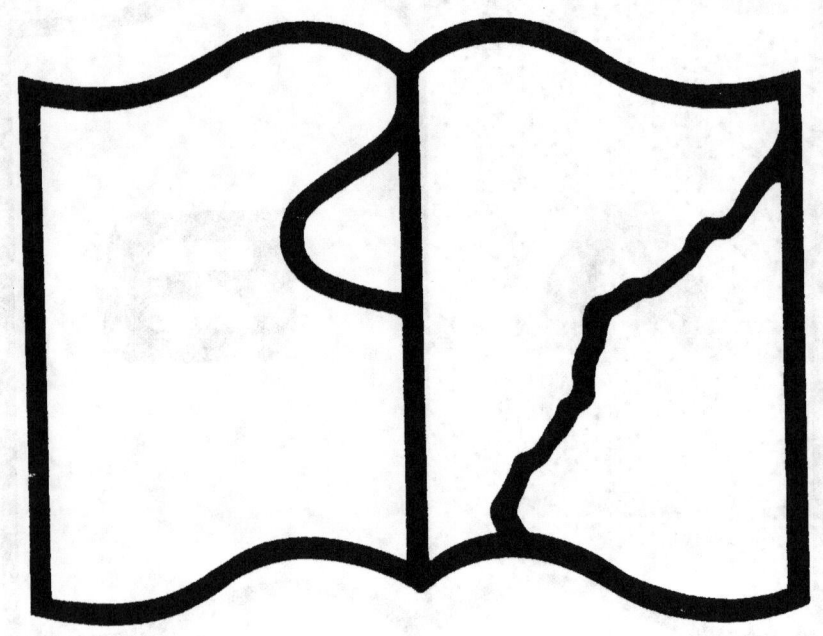

Texte détérioré — reliure défectueuse

NF Z 43-120-11

www.ingramcontent.com/pod-product-compliance
Lightning Source LLC
Chambersburg PA
CBHW070527230426
43665CB00014B/1590